The research of Video Game Art

电子游戏艺术研究

虞 翚 周书勤 著

U0892887

中国美术学院出版社

责任编辑：邓秀丽
执行编辑：周　赟
排版制作：胡一萍
责任校对：李　颖
责任印制：张荣胜

图书在版编目（CIP）数据

电子游戏艺术研究 / 虞斝，周书勤著. -- 杭州 : 中国美术学院出版社，2022.6 （2023.8重印）
ISBN 978-7-5503-2861-7

Ⅰ. ①电… Ⅱ. ①虞… ②周… Ⅲ. ①电子游戏—研究 Ⅳ. ①G898.3

中国版本图书馆 CIP 数据核字（2022）第 103100 号

电子游戏艺术研究

虞　斝　周书勤　著

出 品 人：祝平凡
出版发行：中国美术学院出版社
地　　址：中国·杭州市南山路218号/ 邮政编码：310002
网　　址：http://www.caapress.com
经　　销：全国新华书店
印　　刷：浙江省邮电印刷股份有限公司
版　　次：2022年6月第1版
印　　次：2023年8月第2次印刷
印　　张：10.25
开　　本：889mm×1194mm　1/32
字　　数：300千
书　　号：ISBN978-7-5503-2861-7
定　　价：48.00元

前言

随着电脑、网络及移动终端的普及，电子游戏成为当今世界最重要的数字娱乐产业之一。数字化的交互方式为传统游戏带来了巨大的变革，不仅在外延上丰富了游戏的媒介形式，同时在互动方式和游戏规则上，也为游戏带来一系列质与量的飞跃式拓展。由于电子游戏所涉及的种类之丰富、交互手段之多样、综合艺术表现力之强大、社会影响力之广泛，吸引了很多相关学科领域的学者和游戏从业者对此展开研究，一门全新的跨学科研究领域“游戏学”（Ludology）应运而生。

目前虽未形成成熟的理论体系，但“游戏学”相关的研究视野逐渐开阔，角度日益丰富。与本书相关的“电子游戏艺术”领域，如哲学、互动、心理、媒介、叙事、艺术等方向，一些基础的理论正逐步构建完善。其中，借鉴一些相对成熟的艺术门类的理论与方法，对电子游戏这一全新的综合艺术形式展开研究，是一个非常重要的研究维度。目前国外学术界已有一些论著对此有所涉及，但也只是聚焦其中的某些角度且缺乏更系统更扎实的展开，某些观点也存有争议，需要更进一步的探讨。而国内在这一领域除了一些零散的学术论文，全面而深入的电子游戏艺术专著可以说是空白。

为此，本书将从现有的理论基础出发，结合大量的研究案例，以具有一定深度和广度的跨学科研究方式，分别从互动、电影、叙事、动画、音乐等方面对电子游戏中的艺术语言展开详细、系统的讨论。本书共有九个章节，分别从四个理论阶梯层层递进：一、在现有的理论基础上讨论电子游戏的本质和其审美特征；二、将电子游戏的物质基础作为研究对象，分析各技术平台下电子游戏艺术差异化原因及其艺术特性；三、结合其他相关艺术门类的成熟理论，就电子游戏独特的艺术语言展开研究；四、论述地域文化的差异而造成的不同审美倾向。具体介绍如下：

第一章　电子游戏的游戏本质与新延展

这一章节将撷取一系列影响深远的西方经典游戏艺术理论，重点梳理一些与课题相关的当代游戏理论脉络，厘清“游戏”与“艺术”、“游戏”与“电子游戏”、“电子游戏”与“电子游戏中的艺术”之间的概念区别和相互关系，并在此理论架设上，分别从目的和手段两个方向对电子游戏的本质特征展开论述，最后得出一个可供探讨的电子游戏定义。在此基础上，本章还将探讨电子游戏作为整体的艺术特征，为接下来各个艺术方向的研究打好重要的理论基础。

第二章　不同设备平台下电子游戏的艺术特性

电子游戏高度的技术依赖性使得任何电子游戏都必须依附于一定的技术平台。而运行于不同技术平台的电子游戏，也因为各自平台的互动特性呈现出自身的优势与限制。这一章节对技术推动下的电子游戏平台发展过程及当今游戏平台的种类进行了梳理，在此基础之上，分析各平台中电子游戏艺术差异化的原因，并就其相应的艺术特性展开讨论。

第三章　电子游戏中的互动艺术

作为电子游戏的本质特征，互动在游戏中的意义绝不仅仅停留在人机互动的层面上，结合视听化的表现手段，游戏中的互动带给玩家视觉、听觉、心理等不同层次的交互体验，形成与众不同的艺术感受。这一章节在前两章所探讨的基础上，进一步讨论电子游戏与现有交互艺术之间的异同点，然后从游戏的感官互动、交互设备、交互内容和玩家体验这几个方向去阐释电子游戏中的互动艺术及其形成的强大而又独特的艺术表现力。

第四章　电子游戏中的电影艺术

电影艺术对于成长中的电子游戏影响巨大，尤其是一些强调叙事与抒情的作品。这一章节就电子游戏对电影艺术的借鉴展开讨论，分析电影和游戏的异同，并在本质上对二者进行区分。在此基础上，结合相关的电影艺术理论，对游戏中的电影艺术分别从影像单元和蒙太奇手段两个方向展开详细的探讨，并对游戏中的各类影像艺术风格进行梳理和总结。

第五章　电子游戏中的叙事

很多学者视电子游戏为传统叙事的崭新形式，甚至将与此相关的交互叙事单独作为研究对象展开讨论。本章将以这些还未形成定论的探讨空间作为研究背景，借鉴经典叙事理论，对电子游戏中叙事的功能、各类叙事元素和叙述层次特征展开研究，并对游戏中常见的叙事原型和当今的审美倾向加以讨论。最后，围绕学术界公认的叙事与交互之间的矛盾为主要研究对象，结合当下最优秀的游戏案例，对矛盾调和的可能性展开详细的探讨。

第六章　电子游戏中的动画艺术

这一章节将对游戏和动画在艺术造型方式上的异同展开讨论，并借助相对成熟的动画艺术理论，梳理游戏在吸收融合动画的视觉表现上所采用的方法，结合游戏自身的创作需求，分别从角色和场景两大方向对其业已成型且相对独立的视觉表现手段进行详细的解析探讨。最后根据不同的创作模式，将电子游戏的视觉风格梳理成主流游戏与独立游戏两大阵营，并对其中一些优秀的游戏案例在动画艺术方面进行解析。

第七章　电子游戏中的声音艺术

电子游戏中的声音是构成游戏艺术的重要手段，游戏中背景音乐的风格、节奏旋律都直接影响着玩家在玩游戏的过程中对游戏的体验。但是它在游戏里扮演的角色又与电影音乐、动画音乐截然不同。在这一章节中，本书对游戏中的音乐元素类型及功能展开讨论，通过对其与画面、人物动作的配合方式的论述，寻找游戏音乐的美学标准。

第八章　电子游戏美学的地域性

任何艺术都会因文化背景、地域的不同而产生差异。东西方不同的文化语境下创作的电子游戏无论从人物造型、色彩运用甚至叙事的构建上都有着各自的特点。在这一章节中，本书通过地域化的视觉倾向与审美偏好，通过解析日本、欧美国家、中国的一些优秀的经典作品，对这些地域各自独特的艺术风格进行系统的论述。

第九章　国内游戏的未来展望

在这最后一个章节里，本书将以乐观而又审慎的态度，分别从技术、艺术、人才培养以及受众引导这几个方向对国产游戏的愿景提供一些建设性的意见，同时也为该领域的未来做出一些具有现实意义的大胆畅想。

如前文所提及的，本书所聚焦的“电子游戏艺术”这一领域，涉及多种艺术表现形式，是一门全新的跨学科的综合艺术。对照互动、影视、叙事等这些与之相关且相对成熟的艺术理论并将这些作为参考体系，借鉴其既有的理论框架展开讨论，是本书的主要研究路径。沿着这一维度且对此进行系统的研究，在目前的学术视野中还属首例，这也是本书与其他已出版的同领域著作的不同之处。同时，本书涉及对游戏本质的思辨研究，强调电子游戏艺术体验的整体性和对电子科技高度的依赖性，在此基础上再对其艺术表现力的各个方向进行全面深入的解析，研究脉络清晰，严谨细致。本书也将在各个章节中提出一系列具有创新意义的理论观点及在此框架下对照其他艺术形式对电子游戏文本的新解读。相信这些能为不断成熟中的游戏学理论体系提供一定的学术价值，同时也能为其他相关艺术门类的理论更新提供逆向的参考空间。

这些年国家宏观政策的调整与PC、网络、移动平台的普及，使得国产游戏在基于网络的客户端和移动平台上呈现一派欣欣向荣的繁荣景象。然而部分国产游戏无论是技术上还是视听呈现上都缺乏原创的精神，在主题内容上也多以低级庸俗的审美品位吸引玩家，难以在整体上形成优秀的艺术氛围。因此，本书的研究内容可为游戏开发者在艺术创作上提供相应的理论指导，具有实际的应用价值。同时，随着高等院校相继开设的游戏设计专业，本书也可以作为相关的专业教材，填补游戏艺术理论的教学空白。

本书作为课题项目成果得以出版，首先感谢国家社科基金艺术学青年项目的扶持以及相关专家的认可，同时感谢中国美术学院给予的出版资助。我们也十分感谢中国美术学院影视与动画艺术学院苏夏院长和刘健院长的支持，感谢宣学君院长对出版相关事务的指点与关照。感谢我们的家人——童永刚和跳跳小朋友对我们的鼓励和支持。另外还要感谢张卓琳、黄珺瑶、王曼琳、李林铠、卢瑾姗、吴明瑞等同学为本书部分图片资料收集贡献了时间和精力。

本书在编写过程中吸收了一些专家学者的理论成果，书中引用的图片尽量注明了相关参考文献或游戏作品信息，如有疏漏，还请接受我们诚挚的歉意。

本书的研究对象——电子游戏日新月异、朝气蓬勃，但也为研究带来一定的难度。我们客观地承认，我们的研究视角和所形成的观点必然存在一些盲区和不足之处，在此恳请广大读者和专家指正。

目录　CONTENTS

第一章 电子游戏的游戏本质与新延展

在对电子游戏中的艺术各个方向深入探讨之前，我们首先有必要对电子游戏的概念进行一定的梳理。游戏是人类古老而普遍的活动，自近代以来对游戏的研究也有颇多著名学者的论著，尤其是一些与艺术创作相关的哲理性论述，是我们对电子游戏中的艺术展开研究的重要理论基础。随着电子游戏的出现以及产业规模的迅速发展，学术界对游戏的研究也持续升温，一门全新的跨学科研究领域“游戏学”正在逐渐形成。其中一些学者就游戏的本质及其外延特征展开一定的讨论，并就电子游戏与传统游戏的关系进行相对系统的阐述。尽管这些理论研究在学术界没有完全达成共识，但为我们就游戏的艺术研究打开了一定的视角。接下来，我们将对这些理论知识进行一定的梳理，并结合自己的观点对电子游戏的本质属性进行探讨，为之后相关研究工作的展开打好扎实的基础。

（一）经典游戏理论概述

1. 近代以来的西方游戏理论

早在古希腊时期，西方先哲柏拉图就对游戏的定义有如下的阐述："游戏是一切幼子（动物的和人的）生活和能力跳跃需要而产生的有意识的模拟活动。"他的学生亚里士多德则将游戏进一步理解成劳作后不带有任何目的性的休息和消遣。但真正将游戏作为理论展开研究的，还是在进入近代之后，以康德为始的一系列哲学家，从游戏的角度来探讨和理解艺术创作。我们这里将选取一些具有代表性的，并与我们的研究相关的理论进行概括性地介绍，为我们之后的研究提供理论依据。

德国哲学家康德将人类活动根据目的的不同分为两类：劳作和游戏。他将游戏解释成有意图而无目的的活动，并将其看成作为被迫活动的劳动之对立面，以"无目的的合目的性"悖论来归纳游戏的本质。另外，康德还将游戏分成"有形式的"和"无形式的"两类，并根据人类在游戏活动中的情感性质，又将游戏分为"美的"和"快适的"两种高低等级。康德关于游戏的理论最重要的还体现在以游戏的视角去剖析艺术，根据艺术活动的自由与否，将艺术分为"自由的艺术"和"不自由的艺术"。"对于'自由的艺术'，我们把它'看作好像它只能作为游戏，即一种本身就使人快适的事情而得出合乎目的的结果（做成功）'；而对于不自由的艺术，我们则把它看作'劳动，即一种本身并不快适（很辛苦）而只是通过它的结果（如报酬）吸引人的事情，因而强制性地加之与人。’”[1]

作为伊曼努尔·康德哲学的继承者和传播者，席勒将游戏正式作为哲学中的重大课题来进行论述。与康德一样，他也将游戏看作以自由为目的的活动。他认为在生活中受到精神与物质双重束缚的人类，利用剩余的精神创造一个自由的世界，它就是游戏。同时，这种创造活动产生于人类的本能，从而开创了游戏的本能说。弗里德里希·席勒根据活动主体生命构成的不同，将游戏分为“自然的游戏”和“审美的游戏”两种。席勒所说的“自然的游戏”指的是“无理性的感性生物”的游戏，是包括植物在内的生物界所普遍存在的现象，是这些“‘无理性的生物’因生命力的过剩而产生的对于生命力的自我表现活动”。[2]“自然的游戏”尽管在物质需求上是自由的，但是又受到生物体内部“过剩的压迫”，因而又是不完全自由的。“‘审美的游戏’则是兼具感性与理性的人以内在的和谐方式进行的具有‘审美自由’的活动”[3]，它高于“自然的游戏”，是完全自由的活动状态，是一种理想的存在。因此在他的著名论述“只有当人是完全意义上的人，他才游戏；只有当人游戏时，他才完全是人”[4]中所指的“游戏”是人生最高最完美的境界，而并非普遍意义上的游戏概念。在此理论基础上，席勒将艺术活动看作符号性的“审美的游戏”，是人表现和追求自我和谐统一的自然本性的符号活动。

在席勒本能说的基础上，英国哲学家赫伯特·斯宾塞提出的一种基于剩余能量的游戏理论，从生物学的角度对游戏进行了阐释。他认为，生物体在完成了维持和延续生命的主要任务之后，尚有闲暇和剩余精力，那么这种剩余的精力的发泄，就是游戏。

1. 伊曼努尔·康德：《判断力批判》，邓晓芒译，北京：人民出版社，2002年，第147页。

2. 董虫草：《游戏与艺术》，北京：人民出版社，2004年，第40页。

3. 同2，第54页。

4. 弗里德里希·席勒：《审美教育书简》，范大灿、冯至译，上海：上海人民出版社，2003年，第124页。

相对于谋生目的的“真正的活动”，游戏是一种“模仿”，是生物体对于自身活动能力的练习。因而表面上看起来游戏本身并没有功利目的，游戏过程的本身就是游戏的目的，但作为自身活动能力的练习活动，会间接对生物体的谋生任务产生有利的影响。在游戏与艺术的关系论述上，斯宾塞同样也认为“艺术是一种符号性的游戏活动”[5]，与谋生活动所产生的一般快感不同，审美的情感只能在游戏中产生，因而以审美为目的的艺术活动只能是游戏活动。

德国生物学家谷鲁斯将席勒和斯宾塞的游戏理论进行一定的修正，他强调游戏的现实功利性质，认为游戏除娱乐目的之外，总是或隐或显地存在着某些外在目的。在对动物中的游戏活动进行深入的研究后，他认为游戏并非与实际生活没有关联，游戏是为了将来面临生活的一种准备活动。在心理层面，谷鲁斯认为在游戏高级阶段中，人类内心深处对于力量的渴求和炫耀的本能，也是游戏活动的一个重要动机。

心理学家西格蒙德·弗洛伊德则从游戏行为普遍的儿童生活入手，以心理学的角度对游戏展开一定的研究。在他的著作《论创造力与无意识》中，他讲到：“游戏的儿童的行为，同一个富于想象力的作家在这一点上是一样的：他创造了一个自己的世界，或者更确切地说，他按照使他中意的新方式，重新安排他的天地里的一切。”[6]这种儿童凭借想象进行的虚拟活动，在成人中则被幻想来取代，与儿童游戏中身心统一的状态不同，成人游戏通常是纯精神性的。弗洛伊德的游戏理论围绕着“虚拟”和“想象”，他提出了以康德为代表的游戏理论中将游戏看成劳动的对立面的

5. 董虫草：《游戏与艺术》，北京：人民出版社，2004年，第68页。

6. 西格蒙德·弗洛伊德：《论创造力与无意识》，孙恺祥译，北京：中国展望出版社，1986，第42页。

7. 同6。

不同看法，在他看来，“游戏的对立面不是真正的工作，而是——现实”[7]。游戏与现实活动一样，都是以满足人的某种需要为目的，只是游戏中的人通过虚拟的方式获得满足。

荷兰学者约翰·赫伊津哈是近代以来为数不多的游戏专著作者，他的《游戏的人》一书，从文化现象的角度剖析游戏，分别从游戏与语言、法律、战争、学识、诗歌、艺术等各项关系中讨论游戏作为文化现象对人类文明所产生的影响。基于这样的研究视角，赫伊津哈所论述的游戏是指群体或社会性的游戏，并以此总结出游戏的四大基本特征：游戏“是自主的，实际上是自由的”[8]；游戏是虚拟而非现实的；游戏具有“隔离性”和“有限性”，“它在特定范围的时空中‘演出’，它包含它自身的过程和意味”[9]；游戏“创造秩序，它就是秩序”[10]。

现代解释学创始人、德国哲学家汉斯-格奥尔格·伽达默尔以游戏与艺术为例证提出解释学的真理观，并对游戏理论造成较大的影响。伽达默尔在其著作《真理与方法》中指出：“游戏是一种自行运动，它并不通过运动来谋求目的和目标，而是作为运动的运动。”[11]“游戏的轻松性在主观上是作为解脱而被感受的，当然这种轻松性不是指实际上的缺乏紧张性，而只是现象学上的缺乏紧张感。”[12]“游戏活动本身就具有一种独特的甚而是神圣的严肃。”[13]“游戏者的行为与游戏本身应该有区别。”[14]“游戏的真正主体并不是游戏者，而是游戏本身。”[15]游戏本身“是由游戏者与观赏者所组成的整体”，“只有观众才实现了游戏作为游戏的东西”[16]。

8. 约翰·赫伊津哈：《游戏的人》，多人译，杭州：中国美术学院出版社，1996年，第9页。

9. 同8，第11页。

10. 同8，第12页。

11. 汉斯-格奥尔格·伽达默尔：《真理与方法：哲学诠释学的基本特征》，洪汉鼎译，上海：上海译文出版社，1999年，第140页。

12. 同11，第135页。

13. 同11，第138页。

14. 同11，第130页。

15. 同11，第137页。

16. 同11，第141页。

2. 高科技语境下的游戏理论

随着第三次科技革命的到来，电子科技的发展为传统游戏带来了巨大的变革，不仅在承载外延上丰富了游戏的媒介形式，同时在互动方式和游戏规则上，也为游戏带来一系列质与量的飞跃式拓展。20 世纪 40 年代末诞生于美国实验室的电子游戏，随着电脑、网络及移动终端的普及，如今已成为人们日常生活中重要的娱乐方式，是现代社会与文明中颇具影响力的媒介形式，同时成为娱乐经济中重要的消费领域。在这样的语境下，游戏理论更是进一步得到了学界的重视，作为跨学科的研究领域，游戏涉及传播学、社会学、心理学、叙事学、经济学、教育学等多个学科领域。尽管现阶段的研究还未能形成独立的系统化的“游戏学”理论体系，但众多广泛深入的研究成果不断为我们打开游戏理论的研究视角，为我们全面认识游戏这一古老又被注入新活力的人类活动提供客观理性的学术依据。接下来，我们将选取一些与我们的研究课题相关的新时代游戏理论，通过对其概括性的介绍，为我们接下来的讨论提供重要的理论借鉴。

正如我们在本章起始段落中所说的，尽管我们研究的目标是电子游戏中的艺术内容，但在对电子游戏中的艺术进行各方面的深入探讨之前，我们首先有必要对电子游戏的概念进行一定的梳理。我国学者董虫草的游戏理论研究为我们对电子游戏的本质探究提供了丰富的新时代理论依据。在他的著作《游戏与艺术》中，董虫草分析总结了西方游戏艺术论影响深远的八位理论家的研究著作，并以此为鉴，从目的论的角度对游戏的定义进行了哲学意义上的探讨。在他看来，人类的生命活动有三种基本类型："一是以内在手段谋求外在目的的劳动；二是以外在手段谋求内在目的的消费；三是以内在手段谋求内在目的的游戏。"[17] 因而"游戏与非游戏的差异就在于是否具有目的与手段的双重内在性。"[18] 由此得到基于自足论视野下的游戏性与相应游戏概念的定义："游戏性是生命活动的自足性或生命活动让人在整体上感到自由的特性；游戏是因自足而让人在整体上感到自由的生命活动。"[19] 这里的游戏，是一种作为生存哲学范畴的广义的定义。而在日常生活层面，董虫草也提出了以惯例性观念来解释的狭义的游戏定义。他指出："惯例性游戏观念的内涵主要有二：一是活动目的上的休闲娱乐性；二是主观感受上的自由性（感到自由的特性）。"[20] 因而"惯例性游戏概念可以表达为：游戏是以休闲娱乐为目的的自由活动；或游戏是自由的休闲娱乐活动"[21]。为了表述更加清晰明确，他最后将自足论融入这一定义，重新将惯例性游戏表述成"游戏是以休闲娱乐为目的的自足活动；或游戏是自足的休闲娱乐活动"[22]，从而得到了"自足论与（关于）游戏（的）惯例相结合的视野中游戏"[23] 这一狭义游戏概念。

同时，董虫草也指出，在以上三种基本类型的人类活动之外，还存在四类复合类型："一是以内外在手段谋求内在目的的活动；二是以内外在手段谋求外在目的的活动；三是以内在手段谋求内外在目的的活动；四是以内外在手段谋求内外在目的的活动。"其中三种活动都具有目的与手段的双重内在性，因而可以看成是"兼具游戏性与非游戏性的复合活动"[24]。如以内外在手段谋求内在目的的活动是兼具游戏性和消费性的复合活动。这些复合活动

17. 董虫草：《游戏与艺术》，北京：人民出版社，2004 年，第 194 页。

18. 同 17，第 195 页。

19. 同 17，第 198 页。

20. 同 17，第 207 页。

21. 同 17，第 208 页。

22. 同 17，第 210 页。

23. 同 17，第 210 页。

24. 同 17，第 198 页。

中，会出现某种性质占主导地位的状态，如这三种活动都以游戏性占主导的话，那么可以称之为“某种活动是带有其他性质（劳动性或消费性，或劳动性与消费性）的游戏活动”[25]。他也指出，事实上单纯的劳动、消费和游戏活动是不存在的，现实中的生命活动，实际上都是兼具多种性质的复合活动。因此我们的研究，是在复杂的真实状态中，基于某种性质占主导的情况下，以忽略其他性质而近似地去谈论某种活动。

在艺术与游戏的关系论述上，他指出能力审美论视野中的艺术可以是游戏，也可以是非游戏的谋生活动，还可以是兼具游戏性和谋生性的复合活动。因而可以将艺术与游戏看成是一种部分交叉关系。“惯例艺术与游戏的关系于此有所不同。从个人主体的角度看：惯例艺术的创作或表演活动，在通常情况下，都是兼具游戏性、劳动性和消费性的复合活动；在某些特定情况下，也可以是相当纯粹的游戏活动或以劳动性为主而兼具一定游戏性的复合活动。惯例艺术的接受活动则在任何情况下都是兼具消费性和游戏性的复合活动。从群体主体的角度看：惯例艺术的创作、表演与接受活动整体，必然是群体自足的集体游戏活动。由此，个人主体立场上的惯例艺术与游戏是交叉关系，而群体主体立场上的惯例艺术与游戏则是从属关系。”[26]

董虫草对于西方游戏艺术理论的介绍与评析，以及他对游戏本质的系统性阐述，为我们对电子游戏的本质探究提供了丰富的理论依据，是我们接下来研究所需的最基础的参考资料之一。

必须指出的是，在我们之前所涉及的一些游戏理论中，游戏是作为一种广义的人类活动而被讨论的。如康德将游戏视作劳作

25. 董虫草：《游戏与艺术》，北京：人民出版社，2004 年，第 199 页。

26. 同 25，第 265 页。

的对立面，弗洛伊德则将其视作现实的对立面。基于这样的讨论，使得游戏的定义涵盖太过广泛，一些与谋生无关的活动，如看电影、欣赏艺术作品都可以看成是游戏行为，无疑给我们接下来的研究造成概念上的混淆。因此，我们可以根据赫伊津哈与伽达默尔在对游戏的描述中所涉及的规则这一概念，作为与其他自由的生命活动的一个分割，把我们所要涉及的内容缩小到规则游戏这一范围之内。对于这样的区分，著名游戏理论学者、游戏设计师克里斯·克劳福德所制作的图表清晰明确地为我们作出了解释：

根据图 1-01 所示，克劳福德将规则游戏与艺术、电影 / 书籍、玩具、竞赛等概念作出区分。通过这些概念在一些关键特征上进行不同层次的筛选，从而最终得到我们接下来所要涉及的相对狭义的游戏范畴。

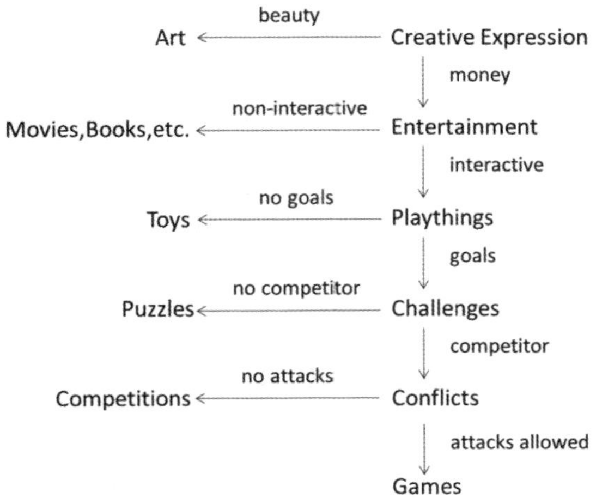

图 1-01　游戏与相关词汇的区别

图片来源：Chris Crawford, *Chris Crawford on game design*, New Riders,2003,p.6.

克劳福德也曾指出游戏应该具有四项基本特征：

扮演（Representation）：游戏是一个封闭的形式系统，它主观地呈现了一个现实世界的子集（主观在这里意味着游戏不一定描绘现实）。

交互（Interaction）：游戏知道怎样应对玩家（与猜谜类游戏不同，后者只是简单的静态设置）。

冲突（Conflict）：游戏预示着一个冲突。冲突存在于不同玩家之间，或者玩家想达到的目标与阻碍其实现的任何元素之间。

安全（Safety）：玩家在游戏事件中是安全的（从字面上可以这么说，而赌博是一个特例，它的结果会对现实世界造成直接影响）。

著名游戏设计师西利亚·皮尔斯则以电子游戏的角度对"游戏"进行如下定义："游戏是为自发性游戏行为所构建的框架，包括：

（1）目标（以及一系列次级目标）；

（2）障碍（设计障碍主要用来阻挠玩家达成目标）；

（3）资源（保证玩家达成目标）；

（4）奖励（鼓励游戏中的前进，通常以资源的形式出现）；

（5）处罚（为尚未通过障碍而设，通常以更多的障碍的形式出现）

（6）信息；

①所有玩家和游戏都知晓的信息；

②个人玩家知晓的信息（例如手里的纸牌）；

③只面向游戏的信息；

④变化中的信息（从一种知识状态变为另一种状态，例如《大富翁》游戏中的机会牌）"[27]。

27.Cdia Pearce. "Stor as Play Space: Narrativ in Games", in King, L.(ed.), *Game On: Th History and Culture o Video Games*, London: Lawrence King, 2002, pp.112-119. 转引自关萍：《互动媒介论——电子游戏多重互动与事模式》，浙江大学，2010 年。

著名游戏学者贾斯珀·尤尔也在他的文章《游戏、玩家、世界：对游戏本质的探讨》中对游戏的本质进行了深入的探讨，认为“一个好的游戏的定义需要包括以下三个方面：1. 由游戏规则所设立的一整套系统；2. 游戏与玩家之间的关系；3. 游戏行为与游戏外世界的关系”。因此，他首先对先前学者的游戏定义进行了一次梳理，选取其中七个经典论述进行整理，见表 1-01：

28. 贾斯珀·尤尔：《游戏、玩家、世界：对游戏本质的探讨》，关萍萍译，《文化艺术研究》2009 年 2 月第 3 期，第 220—230 页。

表 1-01 七个具代表性的游戏定义 [28]

来源	定义
Johan Huizinga（1950）	游戏是一种完全有意置身于“日常”生活之外的、“不当真”的但同时又强烈吸引游戏者的自由活动。不与任何物质利益相联系，无利可图。按照固定的规则并以某种有序的方式在自己的时空范围内进行。游戏可以促进社会团体的形成，这些社会团体喜欢用诡秘的气氛包裹自己，同时倾向于以乔装或其他方式强调他们与普通世界的不同。
Roger Caillois（1961）	该活动必须包括：自由（自愿），独立的（时空上），不确定性，无收益的，规则设定，有信任。
Bernard Suits（1978）	玩游戏就是进入一种特殊事件状态，只运用游戏规则所允许的手段，选择较低效率的手段，规则就会禁止高效率，这种规则仅仅因为可以使该活动成为可能而被接受。
Elliott Avedon & Brain Sutton-Smith（1981）	从最基本的层面我们可以将游戏定义为自愿控制系统的运用，其中存在各种力量的对抗，由一定的程序和规则限制以产生非平衡结果。
Chris Crawford（1981）	我认为有四个共同的要素：再现（在一个封闭的正式系统内，主观呈现一系列真实）、互动、冲突和安全（游戏的结果总是不如游戏的模式严酷）。
David Kelley（1988）	游戏是一种一系列规则组成的娱乐方式，有明确的目标和达到目标所允许使用的手段。
Katie Salen & Eric Zimmerman（2003）	游戏是让玩家进入一个人为的冲突系统，有规则限制，并有可计算的结果。

在这些定义中，描述的并非都是游戏的同一侧面：有些学者侧重游戏本身，有些学者则侧重游戏行为；有些强调目标，而有些则强调冲突。根据之前所提及定义的三个方面，贾斯珀·尤尔归纳出学者们论述游戏定义时所涉及的十个主题，见表 1-02：

29. 贾斯珀·尤尔:《游戏、玩家、世界：对游戏本质的探讨》，关萍萍译，《文化艺术研究》，2009 年 2 月第 3 期，第 220—230 页。

表 1-02 游戏定义的十个共同主题 [29]

	作为正式系统的游戏	玩家与游戏	游戏与其余世界	其他
规则 固定的规则（Johan Huizinga） 规则（Roger Caillois） 规则（Bernard Suits） 程序与规则（Elliott Avedon & Brain Sutton - Smith） 正式的系统（Chris Crawford） 规则（David Kelley） 规则（Katie Salen &Eric Zimmerman）				
结果 不确定性（Roger Caillois） 失衡的结果（Elliott Avedon & Brain Sutton - Smith） 不断变动的进程（David Kelley） 可量化的结果（Katie Salen &Eric Zimmerman）				
“目标” 带来一系列结果（Bernard Suits） 敌对（Elliott Avedon & Brain Sutton - Smith） 冲突（Chris Crawford） 已获得的结果（David Kelley）				
互动 互动（Chris Crawford）				
目标，规则和世界 人为的冲突（Katie Salen &Eric Zimmerman）				

	作为正式系统的游戏	玩家与游戏	游戏与其余世界	其他
“独立性” 正常生活之外 / 适当的界限（Johan Huizinga） 独立性（Roger Caillois） 非物质利益（Johan Huizinga） 无收益（Roger Caillois）				
“非劳动” 自由的 / 自愿的（Roger Caillois） 自愿控制系统（Elliott Avedon & Brain Sutton - Smith） 娱乐性（David Kelley）				
低效率手段 低效率手段（Bernard Suits）				
社会团体 提升社会团体（Johan Huizinga）				
虚拟 再现（Chris Crawford）				

据此，贾斯珀·尤尔提出一个新的游戏定义，其中包括以下六个游戏特征：

A. 规则：游戏是基于规则之上的。

B. 多样且可计量的结果：游戏具有多样且可计量的结果。

C. 赋予可能出现的结果以（不同的）价值：不同的潜在游戏结果被分配了不同的价值，有些是积极的，有些是消极的。

D. 玩家花费的精力：玩家需要投入精力以影响结果。（即：游戏是富有挑战性的。）

E. 玩家依赖结果：即如果有积极的结果就会获得成功和快乐，如果有消极的结果就会感到失败并且不快乐。

F. 可协商性结果：玩同样的游戏（一套规则）既可以有真实生活的结果也可以没有。

游戏就是基于规则的正式系统，具有多样且可计量的结果，不同的结果是源于不同的价值。玩家付出努力以影响结果，并依赖结果，游戏的结果是随意而又可协商性的。

这些要点并非同一个层面：

A、B 和 D 描述了作为正式系统的游戏的拥有物。

C 描述了不同结果的不同价值——玩家努力想获得的目标。

D、E 描述了系统和玩家的关系。（D 描述了游戏系统可以被玩家能力所影响以及玩家有所作为的事实。）

F 描述了游戏活动和游戏外世界的关系。”[30]

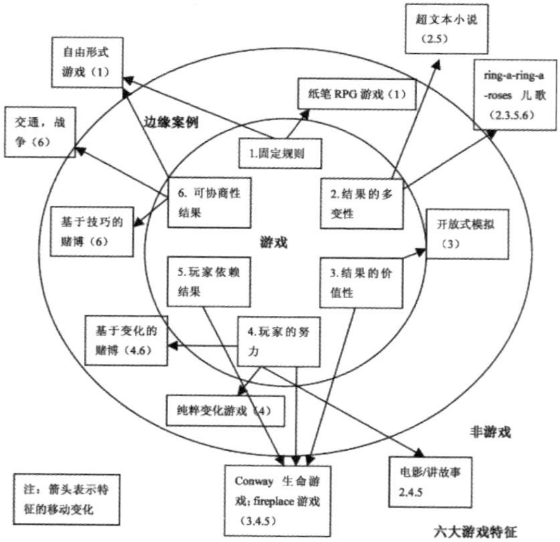

图 1-02　游戏、非游戏与边缘案例的界定

图片来源：贾斯珀·尤尔：《游戏、玩家、世界：对游戏本质的探讨》，关萍萍译，《文化艺术研究》，2009 年 2 月，第 220—230 页。

30. 贾斯珀·尤尔：《游戏玩家、世界：对游戏本质的探讨》，关萍萍译，《文化艺术研究》，2009 年月，第 220—230 页。

在这六大特征的游戏定义之上，贾斯珀·尤尔试图用图 1-02 中的关系图来解释人类社会中的各种非游戏、游戏以及边缘案例的关系模式。

贾斯珀·尤尔的游戏定义全面而概括地解释了游戏在新时代语境下的各项特征，并且将这些特征与其他边缘与非游戏的活动建立起相应的关系，也为赫伊津哈的游戏理论注入新鲜的血液。贾斯珀·尤尔对于游戏本质概念的一系列探讨无疑为我们接下来的研究提供了重要的理论参考依据。

（二）游戏与电子游戏

顾名思义，电子游戏是游戏形式的电子化，是传统游戏依托各种电子媒体平台的数字化延展。电子游戏无论是从内容还是形式上，都极大地拓展了游戏既有的传统观念，改变了人们的游戏行为，并将人们对游戏的思考引领至新的阶段。但无论电子游戏以何种形式呈现在我们面前，它的游戏本质并不会改变。简单来理解，它与棋牌游戏、运动游戏一样，是作为一项类别而隶属于游戏，是人类游戏活动的重要分支。

我们也可以借鉴叙事与其所依附的媒介之间的关系来对电子游戏与游戏的关系进行更深一度的思考。正如贾斯珀·尤尔所说的，故事无法脱离媒介而被我们所知，它必须以小说、诗歌、电影等媒介形式讲述给读者或观众，同时，故事也可以在这些媒介之间转换成不同的表现形式，这一转换的可行性是叙事作为独立于媒介而存在的结构的最有力证据。但并非所有的故事都可以转换，不同的媒介有不同的表现特征，如小说擅长表现人物的内心描写，而电影更适合展现人物的外在动作。

如果用同样的视野来考察游戏，我们就不难发现，游戏与电子游戏的关系存在类似的情况。我们可以将游戏看作独立于各种媒介的非物质存在，包括所需的规则模式及其奖惩方式，电子游戏则是游戏依托各种电子平台设备作为媒介所构建的相关活动。游戏可以在各媒介平台上互相转换，如纸牌游戏的物质化形式可以被转化成以电脑和网络为媒介的游戏方式，而一些基于电脑所发展出来的密室逃生类游戏，如今也存在被转化成真实场景的游戏案例。

但与叙事一样，并非所有的游戏都适合在不同媒介中转换。电子游戏以其高度的技术依赖性和多媒介的综合性使得它成为游戏众媒介中的高级形式，在电子游戏媒介平台上所衍生出的游戏方式很难被转换成其他的媒介形态，如实体化的密室逃生类游戏在事实上存在着众多无法实现的困难，一些基于虚拟化的谜题设计在真实的物质条件下将面对更多来自游戏成本、物理结构、玩家视角等多种真实世界规则的挑战。但与之相反的是，在技术的不断推动下，基于其他媒介形式的游戏转换成电子游戏的情况却显得相对容易，如各类体育比赛与棋牌类游戏。玩家在这些电子形态的游戏中，不仅能够体验到传统游戏的乐趣，还可以得到更多在真实世界中无法企及的游戏体验。如在著名足球游戏《FIFA》系列作品中，玩家可以在比赛中操控球队中的每个球员，并通过买卖或交易的方式来建立自己的梦之队，还可以为自己的球队选择战术风格、队列阵型和服装服饰等，从而丰富了体育比赛的体验模式。

与传统游戏相比，电子游戏极大地拓展了游戏的外延，无论是从游戏的规则、参与方式还是媒介表现，都使其得到了极具颠覆意义的增强。

在传统游戏中，游戏的规则需要依靠真人的记忆和计算力，一些相对复杂的游戏规则则要借助一定的运算工具才能保证游戏活动的进行，这样的游戏规则必然存在着诸多局限。而电子游戏则可以在电子计算机的帮助下，以几乎是超越人脑千万倍的速度与存储能力为游戏规则提供运算与记录服务。这一高效率低成本的运作方式，极大地扩展了人们对游戏规则的想象与设计能力，即便是一些天马行空的规则在实现上都成为可能。如在一些策略型游戏中，玩家必须建立起复杂的经济链条来支持军事系统，并根据具体的环境状况采取相应的进攻策略，从而战胜敌人。如此复杂的游戏规则在传统游戏中无疑是不可想象的，但电子游戏却能够轻松胜任。

电子游戏也极大地丰富了玩家的游戏参与方式。尤其是电子游戏中的人机交互模式，打破了传统游戏中通常需要多人参与的惯例，玩家可以单独与电子游戏中的规则化世界进行互动，如《超级马里奥》中的跳台设计；也可以与人工智能虚拟角色进行对抗或合作，如《街霸》中的角色格斗。随着人工智能技术的发展，一些虚拟的角色甚至能让人产生真实的情感映射。单独的参与模式，使得电子游戏在一段时期内被称为“孤独者的游戏”。而网络技术的到来，也让传统游戏中多人参与的模式得以拓展。在网络游戏中，成千上万的玩家在电子游戏的平台上得以自由组队，以合作的方式与游戏规则对抗，或选择竞技格斗一较高下，这些都是传统游戏无法实现的。

随着虚拟现实技术的不断进步，玩家的操作与感知方式，也在各种输入输出硬件设备的支持下，呈现出传统游戏无法提供的丰富的体验内容。在输入操作上，电子游戏通过游戏手柄、鼠标、键盘、触屏、体感摄像机等设备，简化或者模拟真实的交互模式，为玩家提供方便的易于掌握的信息输入方式。尤其是这几年体感摄影机的出现，使得真实的运动模式与虚拟的电子游戏世界产生直接具象化的映射，极大地拓展了游戏操作的模式，使得电子游戏不再是脑力意义上的游戏方式。同时，在感官体验的输出方面，电子游戏在视觉和听觉上也以前所未有的方式，为游戏带来具象化与细节化的表现。在传统游戏中，游戏的世界通常借由参与者的思维力与想象力去填充完成，但电子游戏却能够将游戏中虚拟的世界巨细无遗地展现给玩家，在高度的假定性之上为玩家提供逼真的互动体验。如在以最新视听技术打造的《生化奇兵：无限》中，超现实的天空之城便生动真实地出现在玩家的视线中。当然，现阶段视听体验的逼真性还是受到技术的限制，如游戏影像单一的平面化输出方式，尽管一些高科技设备，如虚拟实境眼镜、3D立体成像技术等，也在试图打破这一瓶颈，但高昂的成本也使得其在现阶段的普及程度相对较低。另外，除了视听之外，触觉、嗅觉等感官体验，也是电子游戏在虚拟现实方面大可探索的重要领域。因而我们可以将现阶段的技术看成是一种未成熟的发展阶段，电子游戏的互动与表现能力还可以被进一步地探索和开发。

（三）电子游戏的本质探讨

事实上，作为一个并不成熟的理论体系，电子游戏的定义在学术界并没有一个既定的明确概念。在我们之前的篇章中曾提及游戏理论学者贾斯珀·尤尔从游戏规则、游戏与玩家之间的关系以及游戏行为与游戏外世界的关系这三方面出发，提出包括了六个游戏特征的游戏定义。他的定义虽然能够很好地阐述游戏作为系统以及游戏与外界的关系，但却没有从游戏作为人类活动对于玩家的意义，即游戏的目的来进行解释。西利亚·皮尔斯将游戏的目标明确为自发性的，并将游戏所涉及的一些规则进行了具体的罗列。但皮尔斯的定义主要还是围绕着游戏规则系统，并没有将游戏中的“模仿”或者“虚拟”和“非现实”作为游戏的一大特征纳入其中。相对而言，克里斯·克劳福德所提出的游戏的四大特征更接近我们所需要的描述，但他同样缺乏包括游戏目的意义上的整体性思考。

而且，以上所提及的关于游戏本质的探讨都没有具体至电子游戏这一概念，而我们知道，虽然可以将电子游戏看成是游戏的一种类别或媒介形式，但作为游戏在电子科技中的延伸，其高超的虚拟实境化能力以及对游戏规则复杂和严谨化需求的构建能力使得它的游戏本质在某些特征上也得到了相应的进化。电子游戏中所具有的游戏本质以及其由于技术能力所释放出来的进化式特征，是我们进一步研究其中的艺术形式所必需的理论依据，因此，我们有必要就此展开一定的讨论。

为了更加直观清晰地对电子游戏的本质进行探讨，我们可以采用人们看待生命活动的常用视角：目的和手段，将电子游戏的本质探讨分为两个方向，分别从其目的和手段入手，从而使我们的研究思路更加清晰和完整。

1. 基于目的的电子游戏特征

在这一小节，我们将从游戏的目的出发，来探讨游戏的本质特征。游戏理论学者董虫草经过对西方经典的游戏艺术论的分析总结，所得出的关于游戏本质的论述事实上已经为我们游戏目的的研究指明了方向。他从目的论的角度指出“游戏是因自足而让人在整体上感到自由的生命活动”。为了便于理解，他也给出了一个基于惯例性视野的日常生活层面的定义：“游戏是以休闲娱乐为目的的自由活动；或游戏是自由的休闲娱乐活动。”因而我们可以基本确定电子游戏在目的意义上的娱乐性这一基本特征。但这里也必须理清楚一个概念，即电子游戏与人的关系。我们知道，经典游戏理论中通常是将游戏视作一种人类活动，基于这一视角再展开对游戏目的的讨论。也就是说，只有当游戏者参与了游戏，游戏才有意义，游戏的主体是游戏者，不是游戏本身。但是，电子游戏极大地拓展了传统游戏的概念，它对电子设备的依赖和复杂严谨的游戏规则设计，以及其丰富的数字媒体表现形式，已经使游戏的本身成为一种基于物质的完整封闭的系统对象。因而电子游戏作为一种人造的物质存在，使得在游戏与人的关系中，不光涉及参与游戏的游戏者，还需要将创作游戏的游戏创作者考虑进来。基于这样的思考，我们又能从游戏创作者的角度得到电子游戏的另一个基于目的的基本特征：商业性。接下来，我们将从“娱乐性”和“商业性”这两个方向展开一定的讨论。

电子游戏的娱乐性

当我们将电子游戏作为一项人类活动来考察的时候，它以娱乐为目标的事实是毋庸置疑的。在人们的日常视野中，电子游戏作为闲暇时光的消遣方式，是一项以获得快乐为目的的活动。但同时，电子游戏作为一种人造的物质存在，又使得它在人们“使用”或“玩”它时，同时兼具着一定的消费性质而不是一项单纯的游戏活动。这一点，我们可以借鉴董虫草关于人类复合活动的论述，将电子游戏看作是一种以内外在手段来谋求内在目的的活动，是兼具着游戏性和消费性的复合活动。由此可知，电子游戏是一种消费性质的娱乐活动。

随着电子游戏影响力的增加，一些以电子游戏中规范化的竞技规则为比赛机制的游戏竞技比赛也逐渐成为大众化的竞技形式。这些游戏竞技比赛的参赛选手，在游戏过程中更多的并不是享受游戏中的乐趣，而是将其看成某种职业意义上的谋生手段。这就好比一个业余的篮球爱好者与一名职业的篮球运动员在篮球运动中所得到的体验是不一样的。这种情况下电子游戏的目的更多地趋向于外在化的谋生而非内在化的娱乐。随着网络游戏的发展，一些大型的多人在线游戏也逐渐形成一些以可交换的虚拟物品为商品的真实交易形式，如游戏中的虚拟货币、道具等。以游戏代练、打金等为主要服务内容的职业玩家也屡见不鲜，尽管存在争议，但就现象研究来说，这些职业玩家在电子游戏中所追求的同样是谋生性质的。

与此同时，一些以教授知识技巧、提供专业训练和模拟为主要内容的应用型互动产品，也以“严肃游戏”的称谓被广泛应用于军事、医学、工业、教育、科研、培训等诸多领域，其相对低廉的成本和高效的回馈受到市场的欢迎。但“严肃游戏”这一名称却不断遭受质疑。确切地来说，“严肃游戏”的主要目的并不是娱乐，而是以某些“严肃”的职业培训或情境化治疗等外在化的目的为主的产品与体验活动，因此，“严肃游戏”的名称是悖论化的，不合理的。即便是一些寓教于乐的教育类产品，其主要的目的也并非娱乐而是教育，因此可以将之视为一项以教育为主的，兼具游戏性的产品或活动形式。这种不以娱乐为主要目的的虚拟互动活动，尽管在手段上与电子游戏接近，但却无法让人在整体上感到自由，因而不能冠以“游戏”之称。而事实上，“严肃游戏”这一概念随着游戏理论的发展正被逐渐抛弃。

因此，我们不能从单一的角度来看待电子游戏的娱乐性。即便是同样以娱乐为目的所创作的电子游戏形式，也会根据玩家自身的目的而产生不同的意义。我们只有通过考察电子游戏参与者在游戏过程中的态度，才能真正确定该项活动是否以娱乐为目的，从而对其游戏的本质进行一定的判断。其次，对于一些复合类活动，娱乐是否真正占据主导地位，也是我们判断其是否属于电子游戏的参考依据。

电子游戏的商业性

正如我们之前所提及的，电子游戏与其他的游戏形式相比，具有高度的技术依赖性，它无法离开相关的电子设备平台而单独存在，同时，它所具有的复杂严谨的游戏规则以及丰富综合的媒体表现也使得它超越了以往任何一种游戏形式，是基于人类高科技的以复杂工艺流程与集体制造方式所创造出来的物质存在。因此，电子游戏在成为人们的活动方式之前，是一种物质化的商品。对于游戏创作者来说，创作电子游戏是一种以谋生为主要目的的活动，而对于游戏参与者来说，参与游戏的过程也是一种消费活动。因此，电子游戏的商业性目的，也是我们对其本质探讨时必须涉及的内容之一。而事实上，商业性对于电子游戏的创作与发展起到相当重要的推动与制约作用。

随着游戏产业的不断壮大成熟，游戏的制作已经形成相当明确的分工合作模式与制作流程，游戏程序员、游戏设计师、关卡设计员、游戏制作人、游戏美工师和游戏测试员等分工细腻的专业职位在一些大型的游戏公司中已经是规范化的标准架构。这样的工业化细分模式，很好地提高了电子游戏的制作效率，也使得电子游戏作为综合的媒介形式，无论是硬件还是软件，技术还是艺术，都更容易得到专业化的进步和创新。同时，随着计算和图形处理能力的增加与消费群体不断提高的体验需求，电子游戏的开发规模与周期持续扩大，数百万美元的游戏预算已经是大型主流游戏的最低要求。2013 年上市的《侠盗猎车手 5》（*GTA5*）以其 2 亿 6500 万美元的预算成为当时最贵的游戏，甚至超过了众多好莱坞大片。高成本的制作成为游戏高质量的保证，不断上涨的预算趋势也为玩家带来一场场视听与互动的饕餮盛宴。不可否认，商业化的运作模式极大地促进了电子游戏的发展。

同时，商业化的属性，也使得游戏开发商非常注重消费群体的需求，不同的地域、群体、年龄层次，以及平台设备的不同，都会对电子游戏的制作产生重要的影响，不光是主题、叙事、美术、音乐等文化艺术的包装形式，一些操作层面的互动方式设计，都会有不同的需求策略。这些基于商业化本质的要求而对电子游戏的艺术形式产生的重要影响，也是我们在接下来的研究中会涉及的内容。

当然我们也必须看到，一些大投入大制作的主流游戏，也往往受困于商业利益的需求。如为了降低制作风险，这些游戏通常采用保守的策略，注重对以往成功案例的借鉴，因而在互动方式和艺术创新上缺乏新鲜的活力。

2. 构成电子游戏的基本要素

以上的探讨使我们得出电子游戏具有娱乐性和商业性的目的，但我们仍然无法将其与其他以娱乐与商业为目的的活动形式进行区分，如电影、通俗小说、体育赛事等。因此我们还需要从手段上进行探索，分析电子游戏与众不同的本质特征。在这里，我们可以借鉴游戏理论学者克里斯·克劳福德的梳理方式，用日常生活层面化的描述，简单清晰地罗列出一些不同层次的关键特征，从而得出电子游戏所必须具备的基本要素。

互动

首先，电子游戏是互动的，这是区别于其他娱乐形式的首要特征。基于这一点的筛选，玩家的游戏过程与电影、通俗小说、体育赛事等娱乐活动便可以清晰地区分开来。在电子游戏中，只有通过互动这一手段，玩家才能完成其体验活动，才能真正进入游戏创作者所设计的虚拟世界中并与之交流。同时，玩家的互动也对电子游戏的内容进行了真正的“再创造”，是电子游戏作为新的艺术表现形式所呈现出来的重要特征。

电子游戏的互动，是指在游戏过程中，人与计算机之间各种符号和动作的双向信息交换，包括玩家与游戏的互动和基于游戏平台的玩家与玩家的互动。玩家与游戏的互动是电子游戏最基本的互动形式。在这种模式中，玩家与游戏所提供的基于一定规则的游戏机制产生互动，包括游戏中所涉及的游戏环境、关卡设计、人工智能的角色等。这种互动模式，通常被称为游戏的单人模式，而基于游戏平台的玩家之间的互动，则被称为多人模式。多人模式中的玩家可以互相协作，也可以互相攻击。随着网络技术的发展，大型多人在线模式早已成为事实，几千、几万甚至几十万玩家的同时在线状态使得这样的游戏模式形成一定的社会化发展，如游戏的工会系统提供玩家社区化的组织形态，极大地丰富和增强了玩家之间的交流方式。

电子游戏的互动方式主要依赖于硬件平台的输入输出设备。如PC上的电子游戏更多的是利用键盘、鼠标和显示器，而主机游戏则是通过手柄与电视屏幕。不同的互动设备，也会影响游戏的互动规则。如《魔兽世界》复杂的键盘快捷键操作方式，就只能在PC平台上实现。硬件平台的不同互动方式，也会对游戏的艺术表现造成不同程度的影响，对此我们将在之后的篇章中展开讨论。

事实上，每次新一代游戏硬件设备的出现，如互联网、触摸平板、3D 体感摄影机等，都会极大程度地造成游戏互动规则的改变，从而进一步推动游戏互动方式的发展。现阶段的互动方式在技术上具有一定的局限性，相对于更加自由的互动规则设置，基于硬件的互动方式则颇受限制。如玩家与游戏中人工智能角色的交流方式，就不得不受限于简单的键盘或手柄按钮输入以及显示器的输出方式。因而随着沙盒类游戏的出现，玩家在游戏的虚拟世界中能够感受到越来越多的自由，但同时又不得不受限于操控技术上的不自由。目前游戏的互动处于其发展过程中阶段性的状态，相信随着技术的进步，玩家在电子游戏中必能感受到更多自由的互动体验。

规则

基于第一点互动的描述，我们将规则视为电子游戏的第二个特征。因为只有通过互动的手段，才能将规则真正落实。

任何电子游戏都需要提供一套规则，玩家的互动，只有在这套规则的定义下才能获得游戏的意义。事实上，关于游戏的规则性，经典游戏理论中也多有提及。赫伊津哈在著作《游戏的人》中，也将规则视为游戏的一大特征。他认为“所有的游戏都有其规则。它们决定着由游戏划分出的这个暂时世界中所尊崇的东西”。[31] 规则也是现代游戏理论中公认的概念，在贾斯珀·尤尔所整理的七位学者对游戏的定义中，都涉及了规则，他自己也把规则视为游戏的第一个特征，认为游戏是基于规则之上的。

游戏通过规则为玩家架构出一套完整而又封闭的系统，并将

31. 约翰·赫伊津哈：《游戏的人》，多人译，杭州：中国美术学院出版社，1996 年，第 13 页。

其与我们的真实世界隔离开来。玩家在游戏中的活动，都必须建立在认可、尊重游戏规则的基础之上。可以说，离开规则的游戏是不存在的。

与依赖人脑或简单设备的传统游戏相比，电子游戏具有强大的计算与记忆能力，因而它可以拥有比以往任何游戏都更加复杂和严谨的规则系统。即便是俄罗斯方块这样相对简单的早期规则系统，其方块掉落的速度与消除判断，也只有在电子设备上才能得到精确高效地实现。在游戏《魔兽世界》中，各职业各种族的人物数值平衡系统涉及一些严格的数学算法，影响每一位玩家的使用偏好与战斗方式，甚至引发大量的玩家对此进行专门的研究论述。这些精确复杂的规则系统，为玩家打造出电子游戏中虚拟的封闭世界，是电子游戏的重要特征之一。

竞争

游戏的竞争性是游戏满足玩家娱乐需求的主要手段，我们可以把竞争看成是游戏规则制定的重要内容之一。玩家在游戏中所得到的快感体验，就是玩家通过相应的互动方式，战胜游戏中为玩家提供的对抗性内容，从而形成焦虑的释放与自我肯定的成就感。

游戏的竞争主要体现在游戏的目标设计，以及目标达成后的奖励与目标未达成的惩罚机制。如在一些大型多人在线角色扮演游戏（也称 MMORPG）中，通常将目标设计成玩家的成长等级、各种任务，奖励通常为成长所需的经验值、金币和装备，惩罚则表现为死亡、任务的重新开始或经验值的减少等。

如果离开竞争性，游戏就不能称之为游戏，只能算是一种互动体验。如一些强调叙事的互动电影中，观众可以在不同的事件节点上选择故事的走向，从而体验个性化的剧情内容。这样的互动方式，没有涉及任何竞争的形式，观众的选择没有输赢的概念，只是形成剧情上的分支，因而无法被称为游戏。一些采用与电子游戏相似设备所创作的互动艺术作品，同样也因为缺乏竞争机制可以与电子游戏的概念做出明确的区分。

目标的设计对于游戏竞争性的体现非常重要，完成目标的难度也应该随着游戏的进行层层递进，不断带给玩家更高级别的挑战。一些沙盒类游戏中，尽管玩家的互动具有较高的自由度，但由于目标的设定与完成目标的过程对玩家来说过于雷同，从而失去了难度递进式的挑战，无法很好地体现游戏的竞争性，因此很容易造成玩家乐趣的丧失。以用户创造内容为模式的游戏，如《模拟人生》《模拟城市》，由于目标性相对较弱，也被一些学者认为更接近于玩具而不是游戏。

同时，电子科技使得传统游戏的竞技性得到进一步延伸，电子游戏中的竞争方式更具多种类型。在传统的游戏中，竞争性大多体现在群体游戏中。电子游戏则可以为单人玩家提供虚拟的竞争对象，这些竞争对象可以是人工智能型角色，如《街霸》中的格斗类选手，也可以是非人格化的一系列场景谜题、跳台甚至是玩家自己曾经创下的纪录数值。网络的出现也使多人合作模式成为现实，结合电子游戏复杂精确的规则设计，使得游戏的可玩性得到更加丰富的发展。

表现

电子游戏的表现性是指游戏以某种方式将互动的规则呈现给玩家，为玩家勾勒出虚拟的游戏世界的手段。与传统的游戏不同，离开表现方式，电子游戏的规则系统便无法展示给玩家，也无法体现玩家的互动反馈。

我们可以将表现看成是电子游戏虚拟实境的手段，这一实现手段高度依赖于硬件平台的输出方式，如电视、电脑显示器、音箱设备、手机屏幕等。而随着技术的进步，电子游戏的表现手段通常是多样化的综合呈现，从 Multi User Dimension（简称 MUD）风格的文字化表现形式，到亦真亦幻的高品质视听呈现，包括一些主机手柄上的震动模式，都可看作是电子游戏的表现手段。随着计算机硬件性能与实时渲染技术的高速发展，游戏的视听化表述能力从各方面得到了显著的提高，游戏已然成为一种综合的媒介形式，一些既有的成熟的艺术表现方式，如叙事、电影、动画、音乐等，不断地被借鉴、融入电子游戏中。对这些艺术形式的综合应用，使得电子游戏具有了强大的媒介表现能力，游戏中的艺术能量也由此而生。

通过这些多样化的表现手段，电子游戏能够带给玩家一种虚拟的沉浸式体验。但无论表现方式采用何种手段，它在电子游戏中首要的任务都是为互动规则服务，在规则便于理解与掌握的基础上，再考虑其他对游戏有利的因素。

事实上，我们可以将电子游戏的整个系统设计分成规则和表现两个层级，规则是游戏性的体现，是游戏的核心所在，而表现是在规则之上，受制于规则而为规则服务的层级。因此，表现方式首先是实用性的，而非艺术性的。只有满足了实用性，我们才能在此基础上进行更多的属于艺术的创作，如游戏中角色的性格、故事情节的走向、时空呈现的方式等，为玩家的游戏体验内容，在游戏性之外增加更多丰富细腻的情感冲击。

3. 可探讨的电子游戏定义

以上我们所讨论的规则、竞争、交互、表现，均是电子游戏不可分割的必要手段，是电子游戏区别于其他商业娱乐活动形式的主要特征，我们可以将它们视作构成电子游戏的基本要素。这些基于经典的游戏理论研究所总结得到的要素并不属于同一层次。其中，互动是电子游戏的体验方式，规则是电子游戏的系统化架构，竞争是电子游戏主要的规则内容，是体现游戏性的重要手段，而表现是电子游戏的呈现方式。离开这四个要素中的任何一个，电子游戏都无法存在，因而在考虑电子游戏的定义时，必须带有与其相关的描述。

另外，一些学者总结游戏的基本特征时还涉及其他的一些概念，在这里，我们也适当地展开一些讨论。

如克里斯·克劳福德所认为的“安全”。但事实上，不是所有的电子游戏对玩家来说都是安全的，除了他自己指出的赌博这一点之外，一些基于网络的游戏安全性也是值得商榷的。在一些网络游戏中，游戏世界与真实世界的边界变得模糊，如游戏中的货币与真实世界的货币可以直接兑换，玩家们复杂的社会性也在游戏中得以真实地呈现，一些诈骗的行为直接影响到玩家真实的经济安全，因而我们无法将安全视为电子游戏的必要条件之一。

“公平”也是通常会被视作游戏特征的一个概念。游戏所创造的规则系统中，游戏的参与者拥有平等的地位和同等的获胜机会，没有人享有特权，这是传统概念中游戏的理想化设定。而电子游戏所创造的非人为的判断系统，更具有准确度和公平性，这也是电子游戏颇具优势的特征之一。但事实上，在商业利益的驱使下，并不是所有的游戏都能够保证绝对的公平。如在一些网络游戏中，可以通过真实货币进行购买，使玩家获得更加强大的装备和等级。因而“公平”这一概念也存在着颇多争议。

一些学者也将“探索性”视作电子游戏的一项重要特征，并认为游戏性是由探索性与竞争性所构成的。但探索性无法将游戏与某些互动艺术区别开来，同时，一些游戏离开探索性也依然存在，因此探索性也无法成为电子游戏的必要手段。

而其他一些被提及的概念，如“目标”“障碍”“奖励”“处罚”等，我们都可以将其纳入竞争这一要素下，而“扮演”“虚拟”“正常生活之外”等则可以纳入表现之下，“自愿”“非劳动”“无收益”等均基于目的的角度，因而可以归纳成我们之前所讨论的娱乐性。

综上所述，我们可以为电子游戏归纳出一个可供探讨的定义：电子游戏是一种以娱乐为目的的商业化产品，它以虚拟化的表现形式创造出一个基于一定规则的完整世界，玩家在这个世界中，通过竞争性的互动方式得到娱乐化的体验。

（四）电子游戏中的艺术特征

通过对游戏理论知识的梳理与电子游戏本质的探讨，我们对“电子游戏中的艺术”这一概念便可得出一些相对清晰的观点。

首先，“电子游戏”与“电子游戏中的艺术”之间的关系与传统游戏理论中“游戏”与“艺术”的关系是两个不同的概念。“电子游戏中的艺术”并不是“电子游戏”的本质内容，而是构成电子游戏的基本要素之一的表现手段中的附属内容。离开了“电子游戏中的艺术”，电子游戏中的游戏性并不会被改变。因此，并不是所有的电子游戏都具有或需要艺术成分，即便是艺术性较强的一些电子游戏作品，其艺术表现方式也受制于基于竞争性的规则化互动要求。根据这样的理解，我们就能够对“电子游戏中的艺术”以相对客观、理性的视角展开研究。

另外，继绘画、雕塑、建筑、音乐、文学、舞蹈、戏剧、电影之后，电子游戏被冠以“第九艺术”的称谓，但严格来说，这样的定义并不准确。我们必须清楚地意识到，电子游戏多媒介的艺术表现方式并非只存在于电子游戏中。一些纯粹以艺术为目的的互动作品用同样或更高级的手段使其在艺术上更具实验与先锋意义；而一些不带竞争机制却以丰富细腻的情感体验为目的进行创作的互动电影，同样具有较强的艺术性。这些艺术形式所具有的社会、文化影响力远不及产业化和大众化的电子游戏，但他们的艺术能力却远远高于电子游戏。因而我们在论述“第九艺术”这一概念时，必须把这些艺术形式也纳入我们的研究视野中，将“第九艺术”的概念所映射的范围扩大至多种与多媒介互动相关的作品形式，而具有较强艺术性的电子游戏则可看作是其中的一个类别。在理清电子游戏与“第九艺术”的从属关系后，我们整理电子游戏与其他艺术形态相区别的基本特征时，就不难理解与其他“第九艺术”形式在区别时所存在的困难，因为我们所探讨的一些公认的艺术特征，事实上就是指“第九艺术”的艺术特征。

电子游戏所公认的艺术特征有交互性、虚拟性以及综合性这几个方面，接下来，我们将对此分别进行论述。

交互性

交互性是电子游戏中的艺术表现，也是“第九艺术”区别于其他艺术形式的最重要的艺术特征。我们知道，传统艺术的交流过程是单向的，创作者是艺术作品的主宰，观众只能被动地接受。即便在欣赏过程中对艺术作品进行的“再创作”，也受到艺术观念及技术条件的影响与限制，因而可以说，这种基于传统艺术交流的接受者再造能力是微弱的。电子游戏的互动无疑改变了这一交流模式，其接受者，即玩家，可以直接主动地参与到游戏的过程中去，在欣赏游戏中的艺术的同时，也对其进行了真正意义上的再创作，从而对整个游戏作品产生重要的影响。

电子游戏中艺术的交互性所能达到的程度及广度是以往任何艺术形式都无法企及的。在计算机与网络技术的支撑下，玩家可以与游戏系统进行交互，也可以在游戏所搭建的互动平台上与其他玩家进行交互。这些交互形式丰富、实时而又双向，甚至在某种意义上其交互行为也构成了艺术的内容之一。

任何艺术都是一种情感的交流与体验，电子游戏中的艺术将这种交流与情感体验以互动的方式拓展至新的领域，玩家在参与游戏的过程中所得到的情感回馈比其他艺术形式更加真实强大、影响深远。如在优秀的角色扮演类游戏中，玩家对于剧情中的人工智能角色所产生的情感投射会远大于同样采用视听手段所描述的电影艺术。

正如学者刘瑾在其文章《电子游戏的第九艺术之说》中所指出的："电子游戏打破了传统视听艺术'能指'与'所指'的二元对立，挑战了已有艺术发展理论与模式的局限性，颠覆了主流艺术模式与话语系统，在其之外开辟出一个完全崭新的混合性知觉体验的游戏性艺术世界——'交互性诗学'。艺术的重心从关注意义的确立、创作者主宰艺术世界的一端偏向于关注艺术生成的过程、参与者协同创造艺术空间的一端。"[32]

虚拟性

与传统艺术相比，电子游戏中的艺术还具有整体意义上的虚拟性。这种虚拟性，不光是指视听呈现上的具体形式，还包括叙事上的虚构性以及交互上的模拟性。玩家在电子游戏中的艺术体验，均是以虚拟的方式接受并参与其中，如扮演电子游戏中的某一角色，参与游戏中所提供的情境化事件，与基于人工智能的虚拟角色进行交流，在游戏世界中进行各种难度系数的冒险，即便是在网络平台上与其他玩家之间的交流，也是在虚拟的空间中以虚拟的身份所展开的互动。

在传统艺术中，并不是所有的艺术形式都是实体化的，但即便是与拥有高度假定性的动画艺术相比，电子游戏所涉及的互动

32. 刘瑾：《电子游戏的第九艺术之说》，《中国艺术报》，2012年月27日。

方式，也使得它的虚拟性更加具象也更加真实。电子游戏带给玩家的是一个与真实世界相对应的虚拟时空，在这个虚拟的世界中，同样有一套相对完整和严格的规则系统，玩家在这套规则之上，交流、探索、历险，沉浸式地融入一场宛如真实的梦，无论这个梦的主题是荒诞离奇、波澜壮阔还是惊险恐怖，它所带给玩家的感受觉却是接近真实的。

在不断进步的虚拟实境技术的带动下，一些更为自然的人机交互手段逐渐被应用到电子游戏中，也使得这种沉浸式的体验更趋于真实。相信不久的将来，随着视觉、听觉、触觉等感官模拟技术的增强以及人工智能技术的发展，电子游戏中的艺术在虚拟实质与真实体验的高度假定性基础之上，最终将给玩家带来真正意义上的身临其境的艺术感受。

综合性

电子游戏中艺术的综合性，是指电子游戏中的艺术吸收融合了其他各种艺术形式，无论是视觉艺术与听觉艺术，时间艺术与空间艺术，都在此得到了有机的结合，并在其互动特性的影响下，形成了强大的综合化的艺术表现能力。

我们可以在电子游戏的艺术表现中，看到以往的任何一门传统艺术形式，尤其是文学、电影、绘画、雕塑、音乐，对电子游戏的艺术创作产生了巨大的影响。与此同时，同样基于电子技术的多媒体互动艺术，也是电子游戏中的艺术不断汲取营养的重要借鉴对象。

电子游戏中艺术的综合性，还表现在技术与艺术的综合。只有基于相应的技术能力，才能将众多艺术门类综合在电子游戏之中。这些技术包括游戏的硬件平台和软件程序，均不同程度地对电子游戏中的艺术形式造成影响。

综合性的特征使得电子游戏通常是集体创作的作品。在一套成熟完整的游戏创作流程中，制作、编剧、美术、音乐、程序等多个职能化的部门结合起来，才能完成一件游戏作品。即便是在一些小型的独立游戏工作室，游戏的创作人数受到资金的限制，但主创人员的艺术与技术的综合性能力需求，也是游戏创作区别于其他艺术门类的特点之一。

这一综合性的特征，也是我们对电子游戏中的艺术展开研究的重要视角。在接下来的篇章中，我们将根据电子游戏中所涉及的重要艺术门类，分别从互动、叙事、电影、动画、声音等几大方向展开讨论，从而为电子游戏的艺术形式构造出一个相对完整的研究框架。

第二章 不同设备平台下电子游戏的艺术特性

电子游戏高度的技术依赖性使得任何电子游戏都必须依附于一定的设备平台。事实上，回顾游戏 70 多年的发展历史，各厂商之间风云变幻的战争以及游戏时代的划分，都是围绕着设备平台的发展而进行的。而运行于不同设备平台的电子游戏，也因为各自平台的互动特性呈现出不同的优势与限制。因此，在我们对电子游戏从艺术的角度展开研究之前，必须对此有所梳理和总结，为接下来的章节提供重要的研究基础。下面，我们将回顾在技术的推动下，电子游戏平台的发展过程，并对各平台中电子游戏的艺术特征展开讨论。

（一）技术推动下的电子游戏历史

谈到电子游戏历史，我们就不得不提及第一款电子游戏《阴极射线管娱乐装置》，这款游戏是 1947 年由汤玛斯・T・沟史密斯二世（Thomas T. Goldsmith Jr.）与艾斯托·雷·曼（Estle Ray Mann）共同设计的，该游戏用八颗真空管模拟导弹对目标发射，包括使用许多旋钮以调整导弹航线与速度。在其之后，随着电子科技的进步，人们陆续开发出一些基于电子设备的游戏作品，如《西洋跳棋》《双人网球》《宇宙战争》《太空旅行》等。早期的电子游戏开发主要是基于个人的嗜好，真正以商业娱乐媒体姿态出现的电子游戏是进入 20 世纪 70 年代之后，并陆续成为日本、美国和欧洲国家重要的娱乐工业。

游戏研究者通常根据游戏发展过程中设备的性能更新，包括主机运算、图形性能、主要储存媒介等，将电子游戏历史以世代（Generation）划分，平均大约一个世代历时五至六年。这一划分将研究视角集中在电子游戏曾经的主要平台——游戏主机上，虽然不够严谨，但足以帮助我们快速明晰地了解电子游戏的发展历史。接下来我们将针对各个世代的内容稍做介绍。

第一世代是街机兴起的时代，主要以 1972 年雅达利公司发行的风靡全美的《乓》的问世为开端，标志着电子游戏首次被创造出一套可持续的商业模式。从这以后陆续出现了很多成功的街机游戏，街机产业进入高速增长期。1972 年还诞生了第一台家用主机奥德赛，尽管画面简陋，游戏种类单一，但依然深受欢迎，成为电子游戏历史上重要的机型之一。在这一阶段，电子游戏也通过源代码和软盘等形式在家用电脑上得以运行。

第二世代通常以1976年仙童半导体公司发布的仙童Channel F为标志，这是第一台带有CPU的游戏主机。1977年雅达利公司在这一技术的基础上推出了雅达利2600，卡带成为划时代的游戏存储方式，游戏主机得以更换游戏软件，极大地促进了游戏产业的发展，从此家用游戏机开始流行。[1]同时，街机也迎来了黄金年代的顶峰，1980年《吃豆人》成为当时最受欢迎的游戏，主角吃豆人的角色形象甚至成为了经典的大众文化符号。这一时期也奠定了很多经典的游戏类型与模式，如卷轴射击类游戏、血条机制和赛车视角模式等。一些重要的技术革新也随之呈现，如1980年的《终极战区》创造了第一个真正的三维游戏世界。家用电脑也随着画质的进步，在1981年迎来了第一个三维游戏《3D怪物迷宫》。

第三世代是以1983年任天堂在日本发售的FC主机（Famicom，或被称为NES、红白机）为起始。FC采用8位CPU，在画质表现上远超上一代主机。这一世代可以说是日本游戏机的时代，任天堂凭借FC一跃而起，成为当时电子游戏行业的标准。比如之后的主机设备中，带有十字键等多个功能键的手柄取代了旧式单一的摇杆成为标配。FC一度风靡全球，以至于这一世代经常被误认为是游戏机历史上的第一世代，因为绝大多数人是在这个时期才开始了解游戏机的。在这个世代诞生了很多经典的RPG游戏及其初代版本，如《超级马里奥》《最终幻想》《塞尔达传说》《勇者斗恶龙》等。除了RPG类型，动作游戏、竞速游戏、解谜游戏、冒险游戏、模拟策略游戏等丰富的游戏类型也逐步确立。[2]

第四世代又被普遍称为“16位时代”，是以1987年NEC联合Hudson推出的准16位游戏机PC Engine作为开始。这一时期的游戏主机竞争非常激烈，除了PC Engine，世嘉1989年的Mega Drive（在北美被称为Genesis）、任天堂1991年的SFC（超级任

. 前田寻之：《家用游戏机简史》，周自恒译，北京：人民邮电出版社，015年，第4-6页。

. 同1，第43页。

天堂）后来居上，成为该时代的主角。光驱作为新的游戏存储设备，开始出现在主机上。任天堂的经典掌机GameBoy也于1989年登场，掀起一阵《俄罗斯方块》狂潮。这一时代广受欢迎的游戏有《索尼克》《超级马里奥世界》《侍魂Ⅱ》等。同一时期也诞生了一些游戏类型的经典作品，如模拟类游戏《模拟城市》、即时战略游戏《沙丘2：新王朝》、生存恐怖类游戏《鬼屋魔影》、冒险解谜类游戏《神秘岛》等。

第五世代以1993年64位主机雅达利Jaguar的发售作为开场，但糟糕的市场运作使其成为雅达利公司最后的主机产品。1994年，索尼推出了采用32位技术和光盘存储的PlayStation，凭借优质的独占游戏和市场策略，数年后打败了硬件配置相似的世嘉土星和性能更加强劲的任天堂N64，成为第五世代的主机霸主。1996年发售的任天堂主机N64尽管因为采用保守的卡带存储等原因遭受挫折，但仍拥有许多优秀作品，比如同时发售的旗舰产品《超级马里奥64》，在之后很长一段时间内是3D平台游戏的标杆；1998年的《塞尔达传说：时光之笛》也被众多游戏玩家视为史上最佳游戏。而在索尼的PlayStation平台上，利用3D技术和光盘的大容量优势，《最终幻想7》以全新的3D电影化叙事成为经典。3D技术无疑促进了新一代游戏类型的发展，比如第一人称射击游戏《毁灭战士》、动作冒险游戏《古墓丽影》等。在掌机领域，任天堂的Game Boy依靠1996年《宝可梦 红/绿》延续了产品寿命。[3]

第六世代以世嘉公司1998年推出的Dreamcast为标志。尽管这款产品因为各种原因导致世嘉在主机市场的彻底失败，并从此转型成第三方游戏开发厂商，但依然为历史留下一些具有开创性

3. 前田寻之：《家用游戏机简史》，周自恒译，北京：人民邮电出版社，2015年，第64页。

的游戏作品，比如开放世界游戏《莎木》。索尼则以 2000 年发布的 PlayStation 2 继续保持遥遥领先的地位，该产品也成为史上最畅销的主机。任天堂在一年后低调推出该公司首款光盘游戏机 GameCube，该机型性能强劲，却依然败给索尼的 PlayStation 2。但在掌机领域，任天堂凭借 1998 年的 Game Boy Color 以及其后 2001 年的 Game Boy Advance，继续维持着霸主地位。这一时代另一个重要角色是 2001 年微软发行的 Xbox，带着电脑操作系统的优势迈向客厅娱乐市场。随着互联网的全球普及，PC 平台的大型网络游戏也随之崛起，《魔兽世界》是这一时期最成功的网络游戏。同时休闲游戏也成为新的开发趋势，如宝开游戏公司发行的《宝石方块》《美女餐厅》等游戏。同时期的经典游戏还包括《光晕》《生化危机》《GTA》等。

在第七世代，掌机成为重要的游戏市场，由 2004 年任天堂发布的 DS 掌机以及索尼发行的 PlayStation Portable（简称 PSP）为代表。在游戏主机市场，微软和索尼分别于 2005 年和 2006 年推出 Xbox 360 和 PlayStation 3。二者在设计理念上大致趋同，包括更好的画质、更大的容量和以硬盘为主的次储存媒体，同时通过各自的网络平台在这一世代开启了主机的在线服务功能。而任天堂则独树一帜，在“全家人都会用”“操作简单无门槛”的理念下放弃性能的追求，于 2006 年推出新一代的主机 Wii，配备拥有独特感应功能的控制器手柄让玩家可以通过各种动作进行“所见即所得”的体感式操作，极大地拓展了合家欢式的应用场景，从而再次赢得了市场。[4] 2010 年，微软发布了 Xbox360 的体感周边外设 Kinect，使玩家不需要控制器就可以实现体感交互，更加促

前田寻之：《家用游戏机简史》，周自恒译，北京：人民邮电出版社，2015 年，第 170 页。

进了游戏交互方式的进步。这一世代随着智能手机和平板电脑的普及，移动平台也成为游戏市场的重要领域。《愤怒的小鸟》等一系列以打发碎片化时间为目的而开发的手机游戏成为当时最受欢迎的休闲方式。

第八世代以任天堂2012年推出的Wii U为标志，索尼的PlayStation 4与微软的Xbox One也在2013年相继发布。在掌机方面，任天堂的Nintendo 3DS和索尼的 PlayStation Vita依旧延续这两大巨头在该类市场中的主导地位，但后期在手机游戏的冲击下均出现明显的颓势。2016索尼发布了PlayStation 4 Pro，微软则在2017年发布了Xbox One X，各自以“半代升级”的模式突破初版的性能。2017年任天堂发行的Switch惊艳登场，带来全新的主机掌机一体化的设计理念，结合从Wii时代延续而来的手柄体感功能，一举成为当之无愧的年度产品。但面对不断壮大的移动和PC平台，第八世代的游戏主机依然面临严峻的挑战。另外VR概念在2016年得以爆发，但由于技术限制，仍属小众产品。同时，“超3A”游戏开始出现，如《使命召唤：现代战争》《荒野大镖客2》《战神4》等。PC端多人在线战术竞技游戏《英雄联盟》和后发的大型网络射击类游戏《守望先锋》也风靡一时。

随着 2020 年 索尼的 PlayStation 5 和微软的 Xbox Series X 的相继发布，第九世代已经到来。在新一代光线追踪等技术的加持和 Steam、Epic 等数字发行平台的普及下，PC 平台的游戏内容将更加卓越和全面，未来必将会进一步占据主机市场。VR 游戏也随着《半衰期：爱莉克斯》等优秀力作和更加完善的技术发展，不断证明着自己的前景。另外，移动平台依然是游戏产业重要的收益来源。不远的将来，以主机世代为主轴的历史必将终结，未来的游戏平台和游戏内容也将更加丰富而多元，让我们一起期待。

（二）当今游戏平台的种类

1. 主机平台

主机平台又称为家用机平台，经历多年优胜劣汰的残酷演化，当今主机平台主要有以下几大机种：

Xbox 系列

Xbox 系列主机是由当前世界最大的计算机软件公司微软所开发的家用游戏系列主机，2001 年 11 月至今，相继推出了第一代 Xbox、第二代 Xbox360、第三代 Xbox One、Xbox One S、Xbox One X 和第四代 Xbox Series X、Xbox Series S。

Xbox 主机系列总是以更好的视觉效果和更优的游戏体验赢得市场，最新的 Xbox Series X 拥有强大的性能和良好的向下兼容性。基于微软操作系统的普及，Xbox 与 PC 平台在某些方面可以进行资源共享，比如“Xbox Play Anywhere”的双平台游戏互通方案和 Xbox 手柄在 PC 上高度的兼容性。

Xbox 在游戏内容上更加符合欧美玩家的喜好，主要包括赛车类、体育类和射击类游戏。独占游戏《光环》系列代表了该平台最为顶尖的水准。

PS 系列

PS 是 PlayStation 的简称，是索尼电脑娱乐开发的家用游戏机系列，自 1994 年以来，已经发展了五代，其中也包括系列改版机种。目前最新的是 PlayStation 5，对标微软的 Xbox Series X。

PS 系列主机具有出色的性能表现，最新的机型 PS5 同样也能够保证高分辨率下游戏的流畅运行，新一代的 Dual Sense 手柄的触觉反馈功能则能提供更高精度的振动，同时还具有内置的麦克风，方便语音沟通。

PS系列最具特色的是独占大量的优质游戏，包括《神秘海域》《最后生还者》《战神》等系列，还有更多面向日本市场的日式游戏。

Switch 系列

Switch 是任天堂公司 2017 年发布的全新概念家用主机，之后又相继推出了续航加强版和 Lite 版这两款改版机种。Switch 采用家用机和掌机一体化设计，拥有可以拆分的手柄 Joy-Con，既可供两位玩家使用，又可以组装成传统的手柄模式，同时具备上一代产品 Wii 的体感模式，为玩家带来多种形式的乐趣体验。

Switch 在游戏性能上并不追求更高级别的画质，而以独特的游戏品质和单纯的游戏体验取胜，如其独占的 IP《超级马里奥》《塞尔达》系列。2017 年发售的《塞尔达传说：旷野之息》一举获得当时的 TGA 年度游戏、最佳游戏设计和最佳动作冒险游戏；2019 年发售的《健身环大冒险》，结合了 Switch 体感外设的组合特色，成为风靡全球的健身游戏。

2.PC 平台

PC 平台是指基于个人电脑的游戏平台。当前个人电脑普及率较高，且硬件配置差别较大，没有统一的标准。因而在 PC 平台发布的游戏，通常会设有一些最低配置要求和最佳性能参考。目前高配置的 PC 平台在画质性能上完全能够超越主机，但价格相对昂贵。

PC 平台的游戏类型丰富，从 3A 级别的次世代游戏到传统的 MMORPG，再到经典的扫雷游戏，可以说 PC 能够在最大范围内覆盖各种类型的游戏，加上游戏手柄在 PC 上的普及，目前是绝大多数玩家的选择。

3. 移动平台

移动平台可以根据屏幕大小分为智能手机与平板电脑两个子类，具有多点触控的与重力感应的操作输入方式。操作系统上，目前最为主流的是苹果公司的 iOS 系统和谷歌的安卓系统。在游戏的移动平台中，苹果的 iPhone 和 iPad 系列最具有代表性。随着国产手机行业的兴起，以华为手机为代表的安卓系统逐步以更大的优势占领市场。但是在游戏体验上，iOS 和安卓系统差别不大，因此我们以 iOS 系统为代表进行以下阐述。

以 iPhone 系列为代表的智能手机

iPhone 是苹果公司旗下研发的智能手机系列，是手机领域的革命性产品。它搭载苹果公司研发的 iOS 手机操作系统，结合多种功能于一体，整合了网络、桌面级的电子邮件、网页浏览、拍照及地图搜索等功能。2021 年苹果公司正式发布了最新代 iPhone 13, 搭载的 A15 仿生芯片再创 iPhone 芯片的速度巅峰，其快速响应的显示屏，可以进一步刷新移动平台的游戏体验，奠定了未来手游性能大幅提升的可能。

以 iPad 系列为代表的平板电脑

iPad 是苹果公司于 2010 年发布的平板电脑，定位介于苹果的智能手机 iPhone 和笔记本电脑产品之间，通体与 iPhone 布局一致，提供浏览互联网、收发电子邮件、观看电子书、播放音频或视频、玩游戏等功能于一身。2020 发布的最新代的 iPad Pro 凭借其卓越的性能表现已然成为兼具智能手机和笔记本电脑特色的另一款生产力工具。

4. 掌机平台

掌机是掌上游戏机的简称，也可以称之为便携式游戏机。新一代兼具掌机功能的 Switch，我们已经在上文中有所介绍。目前传统掌机在移动平台的冲击下，基本已退出主流市场，主要机型也已停产，成为相对小众的产品。但即便如此，以下两种在第八世代风靡一时的机型还是值得我们了解一番。

任天堂的 3DS

3DS 全称 Nintendo 3DS，是一款由任天堂在 2011 年推出的便携式游戏机，最大特点是利用了“裸眼 3D”技术，让使用者不需佩戴任何特殊眼镜即可感受到立体的 3D 图像效果。

在操作模式上，除了以往 DS 的操作按键，3DS 还新增了模拟滑垫（SlidePad）、动态感应器、陀螺仪、HOME 按键等操作。模拟滑垫是任天堂全新开发的模拟式控制钮，能够进行 360 度控制，比起先前的十字方向按键，在使用上更为舒适、好用。动态感应器和陀螺仪新增了 3DS 的游玩方式，增加了游戏变化的无限可能。另外，在无线通信上，可以开启擦身通讯功能，借由和路人的接触来遇到其他玩家，从而彼此交流信息。

索尼的 PSV

PSV 全称 PlayStation Vita，是一款由索尼在 2011 年推出的便携式游戏机。承袭前代畅销机型 PSP 的长椭圆造型设计，采用 4 倍分辨率的 5 英寸全彩多点触控 OLED 屏幕。内置 3 轴加速计、3 轴陀螺仪、3 轴电子罗盘、GPS 全球卫星定位、双模拟摇杆、双多点触控面板等多样化操作接口。配置内外两组摄影镜头，支持 Wi-Fi、3G 移动网络和蓝牙。

5. 街机平台

街机游戏街机是一种放置在公共场所（通常是专门的游戏厅）内通过特定的计费方式供人娱乐的大型游戏机，起源于美国的酒吧。一般常见的街机，基本的形式由两个部分组成：框体与机版。

框体有两种——直立框体和平躺框体，直立框体竖直立于地面，高度大于宽度，显示屏与地面成一定角度但不平行，通常适于站立进行游戏；平躺框体横置于地面，宽度大于高度，显示屏与地面平行，适于坐着进行游戏。

机版则是由专业的游戏厂商制造的电子基版，如同个人计算机的主板，上面有 CPU、ROM、RAM、显存、输入输出接口等，一般来说每台街机只载有一款游戏。

（三）各平台差异化的原因

在不同的设备平台上，电子游戏的艺术表现形式呈现出不同程度的差异。即便是同一款游戏，在平台移植过程中，也会有大量基于平台的内容改造。如美国艺电公司著名的 PC 平台游戏《模拟人生》移植到 iOS 平台就对其互动玩法和美术呈现进行了较多的更改，以便适应新的操作方式和显示模式。

造成这种差异的重要原因之一是各个设备的显示屏幕大小的不同。如 PC 平台的显示器和主机平台的电视机，都具有相对较大的屏幕显示模式。与之相比，掌上游戏机和移动平台的显示设备则平均在 5 英寸左右，相对较大的平板电脑至多在 12 英寸左右。这样的巨大差异，使得游戏画面在不同平台上分辨率要求不同。大屏幕的游戏往往需要更大分辨率的画面配置。同时，屏幕的大小也导致了游戏画面在细节要求上的不同，如小屏幕的游戏美术在构图细节和色彩搭配上就需要保持相对的简洁，避免由于画面信息量过多带来嘈杂混乱的感觉。

另外，硬件性能的不同也是造成各个设备平台艺术表现方式不同的原因。主机平台和PC平台较大的机型为玩家带来较高的视听显示能力，因此基于这些平台的游戏往往能够代表当今游戏中最高的影音质量。而移动和掌机平台则因为随身携带的轻便设计，使其在硬件性能上无法与前二者相提并论，画面呈现在技术上受到颇多的限制。但随着硬件技术的进步，这种差异也在逐步缩小中。

不同平台在互动方式上的差异也对电子游戏的游戏机制带来巨大的影响。如主机平台使用专用手柄的操作方式，与PC平台的鼠标点击与键盘输入方式，就对同款游戏在互动体验上产生不同的影响。任天堂3DS的双屏设计以及索尼PSV的背板电容式多点触控设计，曾为玩家带来更加独特化的游戏机制。而平板电脑的触摸屏输入方式，更是使得游戏不仅在操作方式上带来巨大的变革，还使得游戏的视觉设计理念产生相应的变化，如需要涉及玩家手部对于屏幕的遮挡等具体的实用性考量等。

各平台的用户群也存在较大的差异。如主机与掌机平台主要的消费群体为核心玩家，这些玩家对于电子游戏整体质量的要求较高；而移动平台主要针对的是打发碎片化时间的休闲类玩家。二者在电子游戏的游戏机制、故事脉络、视听呈现等方面存在较大的需求区别，这也造成了游戏开发商具有针对性的差异化设计。

此外，不同的平台厂商也采用不同的营销策略。如一些主机平台所采取的独占性游戏策略，使得一些优秀的游戏只能在该平台上销售，而无法移植于其他平台，如PS主机上的《神秘海》系列。随着网络游戏的迅猛发展，基于网络的PC平台和移动平台在免费游戏上获得巨大的成功。免费游戏的内部微消费模式改变了传统的游戏机制，游戏玩法的单纯性受到挑战，也使得游戏在视觉上还需要考虑盈利潜能，由此造成与收费游戏在艺术呈现上的差异。

最后需要指出的是，平台之间的硬件差距正在逐渐缩小，互相移植的情况越来越普遍，一些游戏也得以在各平台上同时推出，核心玩家现在已经开始在多种设备上玩游戏，甚至在移动平台上也出现了高质量的次世代游戏。未来的发展模式必定是基于多平台的开发模式。

（四）各平台的艺术特性

1. 主机平台的特性

尽管受到了来自 PC 平台的挑战，但主机平台在各方面仍然拥有毋庸置疑的优势，主机游戏也通常代表着电子游戏业界的顶级水准。

主机平台采用电视作为显示设备，使得主机游戏通常成为客厅的娱乐方式。随着超薄液晶电视机和家用投影仪价格的不断走低，大屏幕的视觉享受也成为主机游戏的标配之一，加上客厅里与电视机保持一定距离的沙发以及自由灵活的手柄操作，主机游戏的体验环境是最为舒适的。基于这样的舒适环境，玩家通常可以保持较长的游戏时间，因而在游戏设计上可以考虑较长的通关时间与连续的游戏体验。

大尺寸的电视机带来的高清画面，加上对图像的优化设计，也使得主机游戏的视觉体验具备顶级的呈现能力，一些高质量的次世代游戏大作不断给我们带来视觉上的惊喜。如 2018 年最成功的主机游戏《荒野大镖客 2》（图 2-01）和《战神 4》（图 2-02），前者采用了追求真实的造型设计与光影制作，几近完美地呈现了美国西部风光和时代人文风情；后者则结合了北欧神话的幻想主

图 2-01　《荒野大镖客 2》游戏截图

图片来源：《荒野大镖客 2》，开发者：Rockstar 公司，发行日期：2018.10.26，首发平台：Xbox One、PS4

图 2-02　《战神 4》游戏截图

图片来源：《战神 4》，开发者：圣莫尼卡工作室，发行日期：2018.4.20，首发平台：PS4

题和次世代真实的影音观感，带给玩家恢宏大气的视觉体验。

在游戏性上，主机也具有多样化的游戏体验模式。除了手柄之外，以 Switch 为代表的主机，带动新一代的体感模式和多人分屏的玩法设计，极大地拓展了游戏机制，使得主机游戏更具有类似于电视娱乐的合家欢性质，成为客厅游戏的重要方式之一。

另外，由于主机游戏注重整体上的艺术表现能力，一些高成本的大制作通常在视听呈现和剧情设计上以电影化的方式为玩家带来高质量的剧情体验，并与自身优秀的游戏性相结合，形成完整意义上的游戏艺术呈现，是我们展开电子游戏艺术研究的重要内容。如 2013 年的 PS 平台的独占游戏大作《最后生还者》，便让玩家真切体验了社会秩序崩塌后人类的艰难境地以及人性在极端情境下的复杂变化。

2.PC 平台的特性

PC 平台具有较强的可移植性，很多主机游戏都会在首发后移植到 PC 平台，以争取更多的市场份额。相对于配置统一的主机平台，PC 平台的硬件在不同的消费者中差异巨大。一些较高配置的 PC 目前在显示性能上完全可以超越主机，但价格昂贵。而就普及率来说，作为工作和生活必需品的 PC 则远远超过了主机。事实上，在全球范围内，PC 游戏市场收益已经超越了主机游戏，尤其是在以中国和韩国为主要市场的亚洲地区，因为消费习惯等，PC 游戏是这部分地区的玩家的首选。

PC 平台的兼容性，使得它在游戏类型上呈现百花齐放的特色。

上至主机移植的顶级大作，下至轻松的休闲小游戏，都是 PC 平台上可以运行的。而 PC 平台中最为普及的游戏模式，还是结合网络技术的客户端网络游戏。以《魔兽世界》为代表的 MMORPG 游戏，通常有着庞大的世界观背景和复杂的游戏系统，游戏的操作也根据鼠标与键盘的输入方式具备多样化的特色。同时在视听呈现上，各具特色的种族设计以及气势磅礴的各类场景，使得游戏在艺术上也具有相当丰富的表现，但由于必须考虑低配的玩家设置，因而整体的视觉效果无法与单机版的游戏相媲美。

随着新一代 Steam 和 Epic 等游戏发行平台的兴起，PC 用户在单机游戏上也具有更多高质量的选择，呈现出不亚于主机游戏的体验水准。如《模拟人生 4》，其较高的自由度设计以及清新的视听呈现风格受到女性玩家的追捧。而一些颇具特色的独立游戏，更是 PC 平台游戏艺术的重要阵地。如冒险生存类游戏《饥荒》（图 2-03）以其有趣的故事与精致独特的视觉呈现，加上操作简

图 2-03　《饥荒》游戏截图

图片来源：《饥荒》，开发者：Klei Entertainment，发行日期：2013.4.23，首发平台：PC

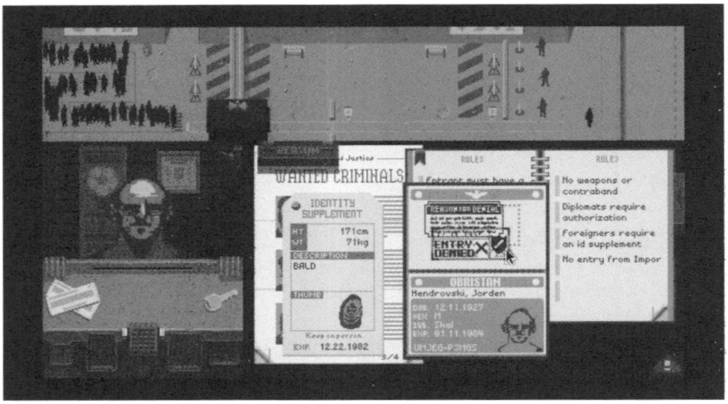

图 2-04 《Paper，Please》游戏截图

图片来源：《Paper，Please》，开发者：Locas Pope，发行日期：2013.8.8，发布平台：PC

单但颇具丰富的游戏性体验，成为 Steam 平台上 2013 年最受欢迎的 PC 游戏之一。而《Paper，Please》（图 2-04）以分屏化模拟签证官的游戏机制嘲讽了冷战时期的政治制度，像素化的游戏风格看似粗糙，但却以冷峻忧郁的配色、表情哀怨的角色设计，以及残酷又机械化的背景音乐，很好地体现出那个时期的风格，成为最富于实验先锋意义的游戏之一。

3. 移动平台的特性

移动平台游戏随着智能手机的普及成为近些年来游戏市场的热门领域。同时，平板电脑的发展，也为移动平台的游戏带来同一类别但更大屏幕的体验。

移动平台在互动方式上与其他传统的游戏平台相差较大。它具有多点触控与重力感应等操作方式，但也受制于容量、性能以及续航能力。另外，移动游戏的用户大多不是核心玩家，游戏的消费目的主要是打发碎片化的时间。基于这些原因，移动游戏在崛起之初的交互操作相对简单，并且具有较短的关卡时间，同时还能够随时被打断。例如《水果忍者》《愤怒的小鸟》等系列作品。

随着移动平台网络技术的发展，基于网络的移动平台游戏也成为主流模式。如 Super Cell 公司出品的《部落战争》（Clash of Clans），将战略规划和快节奏的玩家对战融为一体，画面精美、游戏性突出，是移动平台较为成功的微交易游戏。由腾讯游戏开发并运营的《王者荣耀》更是借助同一公司的社交应用微信和 QQ 的普及，成为一款风靡全国的手机游戏。

同时，移动平台独特的操作特性，也使得一系列画面精美、风格独特的独立游戏成为该平台最具艺术能量的活力源泉。如 iOS 平台的解谜类游戏《纪念碑谷》（图 2-05），利用循环、断层以及视力错觉等多种空间效果，构建出看似简单却又出人意料的迷宫，同时结合短小精干却又充满诗意的故事包装，使得游戏在整体上呈现独特的艺术气息。

随着移动平台硬件的不断升级，智能手机和平板电脑得以运行性能要求更高的游戏，一些次世代游戏技术也逐渐见诸移动平台，但由于移动平台在操作上缺少物理按钮，一些操控性较强的游戏机制现阶段无法实现，因此尽管移动平台已经具备较大的用户群体，但碎片化的游戏操作体验还是目前最大的设计方向。

图 2-05 《纪念碑谷》游戏截图

图片来源：《纪念碑谷》，开发者：USTWO，发行日期：2014.4.3，首发平台：iOS。

4. 掌机平台的特性

掌上游戏机与移动平台游戏在设计理念上具有一定的相似性，目的是为人们提供短时间内的娱乐，因而掌机平台的游戏一般具有流程短小、节奏明快的特点，通常也不会出现和主机、PC 游戏那样复杂的情节。同时，由于硬件的限制，掌机的画面和声音通常都无法和同时期的主机设备相提并论。

但与移动平台相比，掌机以更加针对核心玩家的开发理念，具有专业的游戏硬件属性，在游戏的内容设计上也更加考虑玩家的操控体验。随着机型的更新迭代，掌机在操作模式上更具独特性，如索尼 PSV 的背板电容式多点触控设计，使得这些平台的游

图 2-06 《集合啦！动物森友会》游戏截图
图片来源：《集合啦！动物森友会》，开发者：任天堂，发行日期：2020.03.20，发布平台：NS。

戏往往具有独占性质。如 PSV 独占游戏《撕纸小邮差》，作为一款 3D 平台动作游戏，《撕纸小邮差》在美术风格上以颇具创意的纸片造型为特色，同时在玩家解谜与战斗的冒险过程中，结合了 PSV 的特有操作，可以通过点击 PSV 的背面触控板来达到“捅破”纸质地面的效果。

而任天堂的 3DS，也以裸眼 3D、类比滑垫和双屏设计等独特功能成为上一世代的成功产品，但与其硬件相比，任天堂所提供的注重游戏体验的优质游戏才是其真正成功的要素。比如 2020 年 Switch 平台发布的《集合啦！动物森友会》（图 2-06），秉持着传统掌机游戏的制作理念，用充满童趣和真挚的世界、与现实时间的同步和没有明确目标的玩法打动了千万休闲类的玩家，满足了普通人对于随时交流、创造、分享等细腻的情感诉求，成为任天堂的又一招牌力作。

5. 街机平台的特性

街机作为曾经最为辉煌的游戏平台，如今在主机和 PC 平台普及率的提高和盗版街机模拟器的夹击下，市场严重萎缩，甚至处于衰亡的状态。但其作为公共场所的娱乐方式，仍有其一定的发展空间。

街机游戏在互动体验上，强调互动与设备的整体性，如一些赛车类的街机游戏，便以真实的模拟环境与控制器操作成为吸引玩家的重要因素。而跳舞机则以其全身运动的互动体验和颇具表演功能的特色受到玩家尤其是年轻人的欢迎。

街机特定的计费方式、嘈杂浮躁的互动环境使得其游戏制作的目标与移动平台和掌机接近，不需要考虑复杂多变的故事情节，在视听呈现上则以宏伟、热闹为效果追求。与之相比，街机最为重要的是其基于公共场合的游戏性，因为只有这一点，是其他平台无法取代的。

第三章
电子游戏中的互动艺术

互动是电子游戏区别于其他艺术形式最重要的本质特征。在当代艺术创作领域，互动艺术凭借各种新媒体技术手段，不断探索交互性在艺术中的多种可能，而电子游戏作为互动艺术的分支正在呈现它独特的魅力。本章的任务，将在前两章所探讨的基础上，进一步讨论电子游戏与现有交互艺术之间的异同点，然后从游戏的感官互动、交互设备、交互内容和玩家体验这几个方向去阐释电子游戏中的互动艺术及其形成的强大而又独特的艺术表现力。

（一）电子游戏与互动艺术的异同

从广义的角度来说，电子游戏艺术与互动艺术（Interactvie Art）的从属关系是比较明晰的。在某些情境下，甚至直接将电子游戏艺术称为互动艺术也不为过。尽管这二者的具体概念在当下并未完全成熟，但并不影响我们对它们本质的理解，那就是——“互动”。

凭借着各种新媒体互动技术的应用，互动艺术改变了传统艺术作品与观众之间的单向传递关系。在欣赏过程中，观众被要求或允许参与到艺术作品中，这个参与过程本身，构成了该艺术作品的完整形式，电子游戏亦是如此。而正因为需要观众的参与，使得互动艺术的呈现是流动的，不可预知的，这使得“一千个读者就有一千个哈姆雷特”的理论有了字面意义上的可能，同一件作品在不同的观众或者玩家的互动中，呈现出千人千面个性化的直观展示。同时，在各种新奇的感官体验技术支撑下，互动艺术自觉或不自觉地尝试追求艺术空间的沉浸式体验，通过更加直观的表现方式，给观众带来丰富的情感体验。而互动这一特性，使得作品所营造的世界能够如同现实一般，给观众带来即时的反馈，现实与虚拟的边界因而变得模糊。这些特质在电子游戏中则显得更加直白，一些最前沿的虚拟现实技术所带来的真实感官刺激甚至可以扰乱玩家对于真实世界的感受。通过这样的方式，作品能够与观众建立起前所未有的强烈又直观的情感投射关系。以上这些便是电子游戏与互动艺术作品的共性所在，而随着技术与创作理念的不断发展，电子游戏自身的表达区间越来越明显地被互动艺术这一概念所涵盖，电子游戏作为互动艺术的分支也得到了更多的认同。

当然，如果从狭义的角度来理解，这二者还是存在很多明显的不同，其中根本的原因则是在于作品的创作目的，交互艺术从这一角度来说更接近于传统艺术。交互艺术家的创作目的是个人艺术观念表达，即便创作手段在高科技语境下不断地突破革新，但这一核心的创作原动力却并未改变。而对于具有商业与娱乐属性的电子游戏来说，创作者从最初就是以实现它的“消费价值”为目的，以受众即玩家为核心展开创作，这也是导致现今大部分的游戏作品无法被称为游戏艺术作品的重要原因。

正是因为创作目的的不同，二者在创作理念和设计思路上也有较大的区别。交互作品中的交互形式没有限制，也不需要太多复杂的规则，当今技术所能支持的都可以被艺术家采用。因此，交互艺术作品所涉及的互动设计，往往采用细腻而丰富、短暂但强烈的互动体验方式，带动欣赏者共同构建出一个充满想象与情感的精神空间，从而完成作者基于某种初衷的艺术表达。电子游戏的互动设计则往往需要更加严谨而复杂的规则，用以构建游戏所需的“可玩性”。相比于交互艺术作品带给受众深层次的情感体验，电子游戏给玩家带来更多的是完成挑战后的成就感。因而交互艺术并不需要考虑输赢或排序等竞争概念，而电子游戏在交互设计上则需要明确的任务和奖励机制。

其次，正如前文所提及的，在技术的应用上，交互艺术的非商业化属性，使得作品对技术具有较高的包容性，能够为艺术主题服务的各类交互技术都可以被接受采纳。这也造就了交互艺术作品形式的变化万千，体量可以大到充满一整间展厅，也可以小到只是手机上的一个小小应用。而电子游戏在技术的应用上则相对单一。考虑到商业发行的风险和前沿技术的普及等原因，电子游戏往往基于家用电脑、主机以及各类移动平台技术，发展出一系列成熟的交互模式。显示器、鼠标、键盘、手柄、触屏等已然成为电子游戏的标配。而随着技术的发展，如 VR、体感等设备的进一步普及，也为电子游戏在技术应用上注入了更多的新鲜元素。

技术应用的涵盖面不同，导致二者作品的欣赏场景也不尽相同。交互作品与传统艺术门类一样，需要通过最终的空间展示来实现艺术家与受众之间的交流，从而真正完成作品。因而交互艺术作品主要还是趋向于开放的艺术展览形式供大众欣赏，实现其“展示价值”。而电子游戏的应用场景则更加私密，无论是住家还是外出携带的移动平台，其接入口都是单人或有限人数范围的。当然，目前也有一些商业化倾向的交互展览，能够很好地将二者结合起来，通过开放的公共空间，将一些简单的游戏机制引入其中，给观众带来超越传统电子游戏的体验模式，这也为电子游戏的欣赏模式打开了更多的可能性。

图 3-01 《孩子们》游戏截图

图片来源:《孩子们》，开发者: Mario von Rickenbach, Michael Frei，发行日期: 2019.5.28，发行平台: PC、iOS、安卓。

最后需要指出的是，就如同技术与场景应用的融合，二者在创作内容上的边界也是模糊的。随着概念与技术的不断更新，越来越多优秀的作品出现在这个边界上。如迈克尔・弗雷（Michael Frei）的《孩子们》（图 3-01），该作品虽然发布于 Steam 游戏平台，但它弱化的游戏性、简单直观的交互设计却引发人们对人性与社会群体心理的深刻思考。艺术价值的成功传递，使得它的身份属性已经无关紧要。

（二）游戏的感官互动与交互设备

1. 游戏中的感官交互

感官交互是游戏互动中最直接、最显而易见的，它利用触动人类接受信息的五感，以最直接的方式传递讯息，向玩家发起交互或对玩家的反应做出回复。目前，电子游戏中主要有三种感官交互方式。

视觉交互

视觉交互就是利用视觉感知进行交互，主要起到了信息拾取的作用。电子游戏中的图像、文字和其对应的界面元素，包括菜单、窗口、鼠标操作呈现等诸多元素都是视觉交互的内容。

举个例子，在第一人称射击游戏中玩家触发射击并击中后，画面出现的变化。如弹壳飞出、子弹发出时枪口的火花，以及被射中物体反应的动画。游戏通过画面告知玩家物体被击中或者未被击中，见图 3-02。游戏的过程就是玩家和电脑在不断地进行重

图 3-02 《泰坦陨落 2》游戏截图

图片来源：《泰坦陨落 2》，开发者：Respawn Entertainment，发行日期：2016，发行平台：PC、Xbox One、PS4。

复的视觉交互中进行的。

除了用画面提醒玩家游戏的进度，以及引导玩家如何进行游戏外，为了更精确地传达讯息，文字也常常作为可阅读的视觉元素存在于游戏画面中。但是，大片的文字通常出现在非游戏状态下的界面中，在游戏状态下起到提醒作用的文字通常都很简单。而且，提醒性文字通常会以动态的方式出现，以确保在画面诸多视觉元素中被优先阅读到。

好的游戏画面不单单要能准确地传达游戏信息，正确引导玩家，同时也要能完美地凸显游戏主题和风格，烘托游戏氛围，让玩家能迅速地沉入其中。

听觉交互

听觉感知更多地表现了对信息操作的一种反馈，比如游戏中的搏击声、提示音等。

研究表示，在人的五感中，听觉能接受 11% 左右的外界信息；视觉接收 83% 左右的信息；剩下的信息是由其余三个感官接收。因此，视觉是判断信息正确与否的主体。但是，视觉的范围有一定的限制性，这时就需要听觉的辅助来做出正确的判断。

在大部分的电子游戏中，视觉互动依然是主体，听觉元素常常作为视觉的辅助判断条件。如在射击游戏中射中敌人后除了会出现敌人被击中、倒地等一系列动画之外，通常也会配合上声音。一方面能全面地告诉玩家“敌人被击中”的信息，另一方面能提高玩家对游戏的体验感。在有些情况下，声音元素反而先于画面出现，一是起到预警的作用，二是能让玩家根据声音的方位在视觉上做出预判。

听觉交互在大部分游戏中都处在辅助视觉交互的位置上，但是在音乐类型的电子游戏中听觉和视觉的主次关系则是相反的。

触觉交互

触觉感知主要是游戏中传感器给出的反映，比如街机游戏座椅的震动幅度、手柄的感触等，对应的界面元素主要是可触的实体设备，包括方向盘、感应座椅以及比较高级的 3D 眼镜、感应手套等。

在电子游戏视听技术发展越来越成熟的今天，游戏画面越做越真实，游戏风格也越来越多样，似乎只有想不到的，没有做不到的了。游戏越来越多，玩家们却越来越难取悦。相信在未来的电子游戏中，除了已经被充分开发的视听两个感官，触觉、味觉和嗅觉将会是开发的重点。我们完全有理由相信触觉、味觉和嗅觉能够像视觉和听觉一样，被充分地使用到游戏过程中，并给玩家一个更加丰富的虚拟游戏空间，让玩家打开所有的感官，完全地投入电子游戏的世界中。

2. 游戏的交互设备

游戏的交互设备是指在游戏应用范围内人机交互的输入输出设备，是玩家游戏体验的技术基础与影响要素。从第一世代的街机摇杆到 PC 时代的键盘、鼠标，再到如今 VR 游戏中的万向跑步机， 游戏的交互设备随着技术的发展不断演变，且根据不同的平台与应用场景，呈现出纷繁复杂的现状。不同的交互设备在交互逻辑和用户体验上各有优劣，也对游戏设计本身造成重要的影响。接下来，我们将根据以下三大分类展开简单的概述。

传统主流的交互设备

※ 鼠标与键盘

作为个人电脑的标准配置，键盘、鼠标的发明与技术演化并非围绕游戏而展开。但随着电脑技术的高速发展和像 Steam 这样的综合性数字发行平台的崛起，PC 平台越来越受到玩家的欢迎，采用键盘、鼠标操作的游戏类型也最为广泛。总的来说，键盘和鼠标在游戏应用中相对灵活且适应性较强，适合大量信息与精准操作的要求。比如像《文明》这样的策略类游戏，信息琐碎且权重均匀的交互模式，比较适合鼠标的点击操作；鼠标对于屏幕位置的精准与稳定也适合射击类游戏的快速瞄准的操作需求。而在

《魔兽世界》中，复杂多样的技能更适合键盘的多个按键对应，游戏提供的“宏”命令，可以让玩家们根据自身的需要进行自定义操作。同时键鼠配置也是大多数三维 MMORPG 游戏的标准，易于操作的键盘和通过鼠标实现便利的第三人称镜头的控制，也给玩家提供了极佳的体验。但是由于键盘、鼠标对于桌面环境的需求，长时间的游戏体验并不舒适。随着平台的融合，PC 端的很多游戏也可以用游戏手柄进行更加自由放松的交互。

※ 游戏手柄

游戏手柄是专门围绕游戏体验而进行设计的，最初是游戏主机的部件配置。与键鼠相比，手柄按键更为紧凑合理。目前主流的游戏手柄，包括用于拇指交互的两个遥感方向键，一套十字键和四个功能键等，以及用于食指交互的扳机键。随着技术的进步，手柄中还可以配备马达驱动器、陀螺仪、扬声器和触控板等更加丰富的附加设备。通常来说，手柄更加适合动作类游戏的操作体验。而在一些射击类游戏中，常常会给予辅助瞄准的设定，以弥补手柄的摇杆对于精准需求的短板，但与此同时，手柄的扳机键和震动模拟反馈却能够得到更加真实的枪击体验，这是键盘、鼠标操作所无法提供的。另外，游戏手柄可以更加自由地双手持握，让玩家得以在更加舒适的环境中，以更加放松的姿态来获得游戏体验，这也是手柄操作越来越普及的原因。

移动平台的交互设备

※ 智能手机与平板电脑

手机与平板所配备的触摸屏使得游戏可以通过直观而又细腻

的触摸体验展开交互设计，打破了传统的交互设备需要通过按键等代理的心理模式，更加贴近用户已有的认知经验，从而大大降低了学习成本。比如著名的移动平台《愤怒的小鸟》，便是最早把触摸屏的特色与游戏结合的成功案例，由此大大拓展了游戏的玩家群像，年幼和年长的人也能通过直观的手指触摸交互快速上手。同时，手机与平板通常具有的震动与陀螺仪传感器，也能够进一步拓展游戏的交互体验空间。不过，移动平台最具价值的特色应该是其便携性与社交性，这也是《王者荣耀》这样的 Multi-player Online Battle Arena（简称 MOBA）类游戏在手机平台上大获成功的原因。当然，与 PC 平台的键盘、鼠标一样，智能手机与平板电脑的硬件设备也不是以游戏为目标进行设计的，因此很多来源传统平台的游戏机制不得不用触控的方式来模拟摇杆和按键，从交互的角度来说只能是一种无奈的妥协。

※ 掌上游戏机

尽管掌上游戏机随着智能手机的崛起正在逐渐变得更加小众，但他们和游戏主机一样专注于游戏的交互体验，拥有实体的摇杆和功能键，能够给玩家带来更适合游戏的操作体验。不同的产品也有着各自不同的交互特色，比如任天堂 3DS 的裸眼 3D，索尼 PSV 的前后双面触控等，为游戏的交互形式尝试了不同方向的探索。掌机领域目前最为成功的是任天堂的 Switch，这款产品将掌机和主机合二为一，提供多种应用场景，适合多样化的休闲游戏体验。

新媒体的交互设备

※ VR

随着技术的进步，新媒体交互设备在游戏作品中也得到越来越多的应用。尤其是 VR 设备，提供给玩家身临其境的空间感受，颠覆了传统的桌面与窗口等概念，极大地强化了视听层面的沉浸感，非常适合游戏的应用模式。由于具有 360 度的视觉自由度，VR 在交互上也需要引入各种全新的概念。目前的 VR 交互设备一般包括头戴式显示器和手持控制器，根据具体的产品也会有相应的定位器或者摄像机用于动作捕捉。VR 设备的交互目标在于最大限度地实现人与虚拟环境的自然交互，但目前的技术在很大程度上还不够成熟，以至于 VR 游戏的体验无法达到最佳的平台特色。2020 年《半衰期：爱莉克斯》成为 VR 游戏领域的第一部 3A 大作，在交互上实现了更适合 VR 的操作设计，极大程度地增加了玩家的沉浸感，具有里程碑意义。

目前 VR 在交互技术层面还存在着很多问题。比如缺乏真实的触觉反馈，目前只能通过视觉感知来替代；动作捕捉的肢体操作也容易引起玩家的身体负担；一些提高真实空间沉浸体验的设备需要更加宽敞的空间和昂贵的价格等。但随着越来越多技术的突破和更多优秀游戏内容的呈现，我们可以客观地说，VR 游戏就是游戏交互形式的未来。

※ 动作传感设备和其他

尽管如今 VR 游戏中也常常整合了动作传感设备，但在传统的游戏平台领域，动作传感也通常作为拓展设备成为交互体验的内容之一。任天堂的 Wii，就曾以体感交互风靡全球。微软 Xbox

的 Kinect、任天堂 Switch 的健身环等，这些都以最为直观的人体动态交互模式拓展游戏的交互体验。

另外，也有一些游戏利用 AR、摄像机捕捉、语音输入等目前来说相对小众的交互手段来设计游戏机制，比如《精灵宝可梦 Go》结合智能手机的摄像机和 GPS 定位，让玩家们可以在真实的世界中捕捉虚拟的精灵；独立游戏《历历在目》利用摄像机捕捉人们的眨眼动作进行交互，尽管从整体表现来说还不够成熟，但仍然是有趣的尝试。

（三）游戏交互内容与玩家体验

1. 游戏的机制

任何游戏都离不开规则，可以说，游戏规则是游戏互动的基础，是游戏艺术表现力的核心动力。而对于游戏设计者来说，“游戏机制”的表述则更加严谨。“因为规则（rules）一词通常被看作玩家应明确知晓的、能够印刷成册的那种说明和指南，而电子游戏的机制（mechanics）实际上是对玩家隐藏的，它们以软件的形式实现，并不存在一个直观的用户界面供玩家了解它们。”[1] 因此，我们可以从游戏创作者的角度将游戏中的规则称为“机制”。事实上很多时候，从玩家的角度也可以用“玩法”来描述游戏中的“规则”，这在目前并没有特别严格的区别。在这里，我们还是借用行业内“机制”的表述来展开讨论。

游戏机制是指电子游戏中一系列严谨而明确的规则体系，它

1. 亚当斯，多尔芒：《戏机制：高级游戏设计术》，石曦译，北京：民邮电出版社，2014年第3页。

规定了游戏世界的运行与玩家的参与法则。这些严谨而明确的规则设计，可以独立于游戏的主题内容、媒介表现和技术手段而单独展开，因而我们往往看到同样的游戏机制却有着不同的游戏呈现方式。最常见的例子便是红白机年代的《超级马里奥兄弟》的跳台机制在现如今 Switch 平台上《超级马里奥：奥德赛》的延续，尽管画面和硬件发生了天翻地覆的变化，但游戏机制仍然在同一体系下。

游戏机制可以很简单，比如早期经典的《俄罗斯方块》，寥寥数语便可描述清楚。可见规则的多少并不影响游戏世界构建的完整性。而随着游戏制作技术与设计理念的进步，电子游戏的呈现形式变得越来越复杂。目前在很多大型的游戏中，游戏机制已然庞杂纷繁，构成丰富的游戏互动体验。我们可以将这些大型游戏中的机制分为战斗系统、物理系统、经济系统、社交系统等不同方向的大系统，在这些大系统下又可以细分出一些较小的系统。比如大型网络游戏《魔兽世界》的战斗系统下有着颇具特色的PVP系统和副本系统，最大限度地从战斗的乐趣中吸引着不同类型的玩家，对同时代同类型的游戏框架设计造成了巨大的影响。这些系统互相作用互相影响，构成具有更多层次体验的游戏世界。

核心机制

当然，游戏机制越多越复杂并不意味着游戏越成功。事实上，一款优秀的游戏，无论体量大小，都需要有一定的核心机制。核心机制在不同的研究环境下有着不同的定义，在这里，我们可以将它理解成在一款游戏中，玩家交互最为频繁的相关机制。比如，《超级马里奥》中的跳跃和《愤怒的小鸟》中的弹射。玩家会在游戏中花费大部分的时间不断地练习和重复使用这一核心机制，形成一系列的核心游戏循环。“核心游戏循环是游戏设计的核心。它通常由一系列动词组成——越具体的动词越好。”[2]我们可以用这一方法去概括绝大多数的核心循环，从而明确它们的核心机制。不同的核心机制也区分了不同的游戏类型，我们常见的游戏类型区分，比如角色扮演类、策略类、射击类等概念的产生，就是基于游戏不同的核心机制。核心机制占据了游戏的主导地位，并以此影响游戏在其他各方面的设计方向，如游戏视角、UI 界面、硬件交互体验等。射击类游戏通常采用第一人称视角、屏幕中央提供准心帮助瞄准、对控制方向的硬件输入设备要求更高；而动作扮演类则通常采用第三人称视角以强调格斗动作的视觉表现，游戏界面则提供一些招式的 UI 呈现和 CD 提示等，对游戏按键的合理布局具有较高的要求。

在核心机制的基础上，合理地加入一些相对次要的机制，为玩家创造更加丰富的游戏体验，是很多游戏常用的设计手段。比如动作冒险类游戏中加上解谜元素的结合方式，在《战神》《古墓丽影》《神秘海域》等系列作品中屡见不鲜。而在一些游戏中，最初看起来是次要的机制，随着游戏的进展逐渐演变成与核心机制同样重要的地位。比如在《时空幻境》中，一开始似乎是常见的横版跳台类机制，但进入第二关卡以后，时间流动的掌控机制对于游戏整体玩法的重要性已然不只是在第一关带给玩家可以复活的小小惊喜那么简单了。控制时间的流动成为《时空幻

2. 迪斯潘：《游戏设计的100个原理》，肖心
译，北京：人民邮电出
社，2015年，第67页。

境》中与跳跃机制同样重要的核心机制，玩家需要花大量的时间不断地学习和重复使用这一机制，并且需要和跳跃机制结合才能完成一系列的关卡流程。显然《时空幻境》的成功之处便是这两个重要的核心机制的有机结合。因此，核心机制与次要机制之间的差别并没有那么明确，根据不同的设计考虑在不同的游戏进程中也许会有一定的浮动。而对于不同类型的玩家，因为游戏体验倾向的不同也会对同一款游戏的核心机制有着不同的应用。所以我们也可以这样理解，同一款游戏中可以有多个核心机制，这些核心机制互相作用、有机结合，最终形成该款游戏最具特色的互动方式。

突现和渐进

随着电子游戏的不断发展，越来越多的游戏机制被设计实现或合理拓展，不断扩大电子游戏交互内容的边界。这些游戏机制在不同的游戏中，有着不同的作用地位，也有着不同的组合方式，且整体数目庞大，分支繁杂。但通常我们可以用突现型和渐进型这两大类型模式去区分它们，为游戏中互动艺术的探索提供一项最为基础的划分。

突现[3]和渐进是目前学术界和行业内公认的一种游戏机制类型的划分方式，由游戏研究者贾斯珀·尤尔在2002年首次提出。[4]“突现型游戏是由较少的规则、许多互相关联的游戏元素和一个大而广的概率空间所构成。渐进型游戏则是由较多的规则、关联性较低的游戏元素和一个规模较小、通常窄而深的概率空间所构成。”[5]传统游戏如棋类游戏，就是典型的突现型机制，这些

亦有翻译成涌现

Jesper Juul. “The Open
d the Closed: Game of
ergence and games of
ogression”, in Mäyrä,
ed.),*Computer Games
d Digital Cultures Con-
ence Proceedings*.Tam-
re: Tampere University
ss, 2002.

亚当斯，多尔芒：《游
机制：高级游戏设计
术》，石曦译，北京：
民邮电出版社，2014
第38页。

机制不需要复杂的运算系统却依旧能够基于双方棋手的选择而产生较大的不确定性，从而具备较强的可玩性。以《俄罗斯方块》为典型代表的休闲类游戏，都可以归类于突现型游戏机制。而渐进型机制需要一定的数据存储媒介，电子游戏历史中早期的文字冒险游戏便可以看作是此类机制的最初形态。在点击式冒险解谜类游戏中，我们可以看到典型的渐进型游戏机制，每一个谜题对应一把钥匙，这些谜题被设计成某种固定的顺序，解开一个谜题得到的是下一个谜题的钥匙。

而在具体的游戏应用中，贾斯珀·尤尔指出目前大多数游戏是这两者的结合。在一些大型的游戏中，这已然是一种惯常的设计框架：设计师利用游戏的叙事背景，将游戏按照情节的渐进走向与游戏突现型机制的难易程度结合，设计成一系列相对独立且固定的关卡或者任务。渐进机制的设计思路，使得游戏创作者能够更好地控制游戏的流程，在此基础之上，游戏叙事能够非常自然地融合其中，成为电子游戏的表现方式之一。随着渐进式游戏机制的发展，游戏的叙事内容变得越来越重要，叙事的互动方式也越来越细腻真实。人们在体验游戏的过程中，能够感受到更多更深层次的情感体验，游戏艺术正是由此迸发出巨大的能量。

因此，当我们探索游戏中的互动艺术时，对游戏机制进行突现与渐进的分类是重要的思考方向。突现机制可以带给我们最为简单直观的趣味体验和感官刺激，是游戏互动中最原始最基础但同时又是最重要的内容。游戏核心机制基本上都是突现机制，是不同游戏类型区分的重要依据，也是游戏重复体验价值的关键因素。而在游戏的艺术价值产生过程中，可控度较高的渐进型机制则成为最为坚实的运作方式。

基于这样的理解，我们就能够很容易接受游戏研究者塔格·凯利（Tadhg Kelly）在 2011 年提出的一个更加细致的分类模式。[6] 他在突现和渐进（在此他称之为体验，但我们可以理解为和渐进相似的概念）的“框架”轴向基础上加入了“规则”和“角色”作为玩家体验的“想象”轴向，由此交叉得到四个象限，然后从创作者的角度将它们定义成：俄罗斯方块主义（突发、规则）、模拟主义（突发、角色）、叙事主义（体验、角色）和行为主义（体验、规则）。尽管凯利称之为“视角”的区分，但本质即游戏机制。凯利最后指出，最令人印象深刻的电子游戏往往来自象限的交界处而非远离的角落，他把这块区域称之为“ Thaumatist”，如图 3-03。也就是说，当我们在探讨游戏互动艺术的时候，游戏机制综合应用的平衡性考量是非常重要的参考标准。一个在突现机制上表现

. Tadhg Kelly,*The Four enses of Game Making*,www.whatgamesare.om,2011,12.21,https://ww.whatgamesare.om/2011/12/the-four-enses-of-game-making.tml.

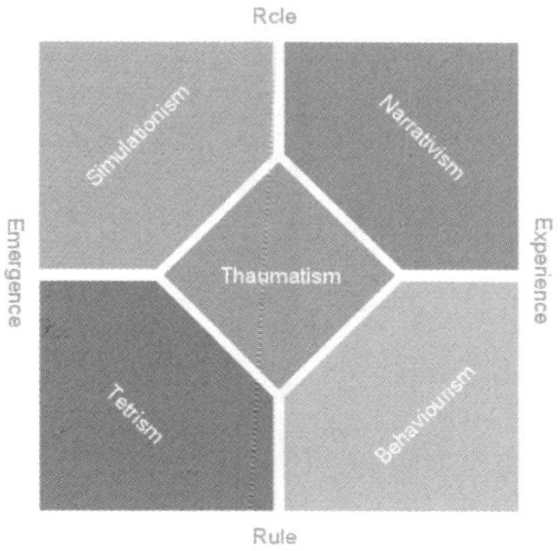

图 3-03　四个象限交接处的“ Thaumatist”

图片来源： Tadhg Kelly,*The Four Lenses of Game Making*,www.whatgamesare.com,2011,12.21,https://www.whatgamesare.com/2011/12/the-four-lenses-of-game-making.html.

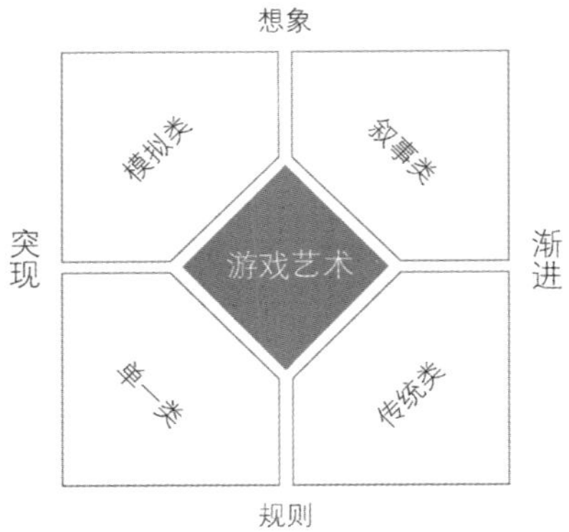

图 3-04　基于 Kelly 的模型进一步解读游戏艺术

得登峰造极的游戏当然无法从艺术的角度来探讨，但同样，过于注重叙事而完全忽略游戏最为基础的互动体验，也无法进入游戏艺术的研究范畴，见图 3-04。

2. 游戏的“可玩性”

游戏的“可玩性”是我们在评论一款游戏时经常使用的词汇，但目前同样是一个边界模糊的概念，不同的研究领域可能会有着不同的倾向。在这里，我们可以将它理解成游戏娱乐属性的核心参考值，是游戏所独有的以互动趣味体验为主导的衡量标准。“可玩性”从体验者的角度出发，因而它是动态的，往往代表着玩家的主观感受。同一款游戏作品在不同倾向的玩家体验下会带来不同的“可玩性”评价，但在一定的框架体系内仍然可以得到客观而明确的结论。可以说，它是一款游戏是否优秀的最为重要的指标。

毋庸置疑，“可玩性”最主要的来源是游戏的机制，也是所有游戏机制的设计目标。如果一个机制无法产生可玩性，显然不能视为游戏机制。而游戏机制可以产生可玩性的原因在于它能够满足玩家挑战的欲望和完成挑战后的成就感。“游戏的可玩性就

挑战类型	经典例子
身体协调性挑战	
速度和反应时间	《Tetris》
精确度（驾驶、射击）	《Need for Speed》
时机和节奏	《Dance Dance Revolution》
组合技能学习	《Street Fighter》
形式逻辑挑战	
推理和解码	《Mastermind》
模式识别挑战	
静态模式	《Heaven and Earth》中选择一个最优的卡片布局
移动和改变的模式	《Sonic the Hedgehog》中敌人的行为模式
时间压力	
限时	《Frogger》
在别人之前完成任务	《Indycar Racing》
记忆和知识挑战	
细枝末节	《You Don't Know Jack》
物体或者模式的记忆	《Concentration》
探索挑战	
识别空间关系	《Descent》中在三维空间导航
寻找钥匙(打开所有空间)	《Ultima》
找到隐藏的通道	《Doom》
迷宫和不合逻辑的空间	《Zork》
冲突	
战略、战术和后勤	《Warcraft》中指挥军队
生存	《Pac-Man》中避免被抓到
消灭敌方军队	《Half-Life》中杀死异己
保护易受攻击的物体或者单位	《ICO》中照顾没有战斗力的小女孩
偷袭	《Thief: The Dark Project》中避免被发现
经济挑战	
积累资源或者分数（经验）	《Civilization》
建立高效的生产系统	《The Settlers》
使系统达到稳定或者平衡	《SimEarth》
照看生物	《Creatures》
概念性推理挑战	
从烟幕弹中筛选线索	《Law and Order》推理犯罪
查明隐藏的线索	《Planescape：Torment》中从模糊的线索中理解角色的动机
理解社会关系	《Facade》中调节争吵的夫妇
侧向思维	《The Incredible Machine》中使用有限的零件建造机器
创造/构建挑战	
美学成就(美丽或者优雅)	《The Sims》中组合相册
有功能目标的建设	《Mind Rover》中设计一个战斗型机器人

图 3-05 视频游戏中的挑战

图片来源：亚当斯，等：《游戏设计基础》，王鹏杰、董西广、霍建同译，北京：机械工业出版社，2009 年，第 38 页。

是起到娱乐作用的挑战和对挑战做出的动作。”[7]不同的游戏机制可以给玩家带来不同类型的挑战，我们可以参考《游戏设计基础》一书中对于各类挑战的罗列和归类表格，见图 3-05。

目标和奖励

挑战的达成是基于目标的确立，游戏机制必须提供给玩家可供完成的目标。没有目标或者目标模糊的游戏，即便它的影音效果或交互方式令人耳目一新，也终将使人陷于无聊。事实上，这也是一些开放式游戏所要解决的问题。如果不提供明确的目标，玩家将失去可以挑战的内容，即便游戏世界营造得美轮美奂，也缺乏持续体验的吸引力。比如在《模拟人生》系列的后期，当玩家进入了职业或人生的巅峰以及金钱大量累积的阶段后，往往会失去目标从而感到无聊。对此，该游戏的解决方案是推出一系列 Downloadable Content（简称 DLC），通过扩大游戏内容的宽广度为玩家添加更多的新鲜感。

游戏目标通常为游戏机制的运行确定了边界或结点，目标的完成或失败，标志着游戏结束或者告一段落。根据游戏体量的大小和游戏机制的复杂程度，游戏目标也有着不同的层级和组合。传统的棋类游戏目标设定简单直观，如国际象棋的对弈目标就是将死对方的王，无论哪一方率先完成，都意味着胜负已定。《俄罗斯方块》则稍微复杂一点，它的核心目标是避免积木堆积到天花板，但同时得益于电子技术，它可以根据玩家累积的分数升级积木的掉落速度，从而形成关卡段落。而在大型的电子游戏中，游戏目标的设定数量更加庞大，种类繁多，相互之间的关系也相

7. 亚当斯，等：《游设计基础》，王鹏杰董西广，霍建同译，北京机械工业出版社，20年，第 37 页。

对复杂。比如在《魔兽世界》中，光是基于庞大的任务系统所给玩家带来的目标就足够丰富，是玩家能够在新手期体验到较高可玩性的重要原因。

游戏创作者根据游戏机制提供既合理又充沛的目标，是游戏成功的必要条件之一。但在游戏体验中，玩家通常也会给自己制定一些目标，比如在《超级马里奥》中一次就通关，或者在《魔兽世界》中探索完所有的地图，又或者在《模拟人生》中建造一栋豪华别墅。这些由玩家主观意愿所构建而成的目标有时候不一定明确，基于不同类型的玩家也会设定不同类型的目标，但同样能够满足玩家的挑战欲望甚至令玩家更具成就感，从而产生较高的可玩性体验。

事实上，很多优秀的游戏会通过精心的设计去引导玩家构建一些游戏目标，这些看似由玩家自发产生的主观目标带给玩家更加顺其自然的内在动机，从而创造出符合玩家内心逻辑的游戏体验。在《塞尔达传说：荒野之息》的地形设计中，将系列地标根据功能层次的高低设计成吸引玩家的“引力点”。比如将能够解锁区域地图的高塔视为最高层级的引力点，而神庙、马厩等相对次级。通过外观，尤其是高度上的设计，玩家在室外大部分的时候都可以观察到高塔并可以在地图上做下标记，从而得以根据地形规划到达高塔的路线。在具体的行进路线中，再合理放置次引力对象，使得在每一个引力点范围内又至少可以观察到另一个引力点。这样的设定，即便游戏没有具体的任务要求玩家去到达这些地点，但玩家会自发地将这些引力点作为下一站的目标，潜在地强化了游戏中玩家自我主导的意识，从而提高游戏的自由度感受，最终拓展了游戏的可玩性。

目标的完成通常伴随着必要的奖励，即便是一些不具有可量化结局的游戏中也会提供类似成就系统的奖励方式。如在目标更多是创造而不是竞争的游戏《模拟人生 4》中，会通过相关的经济系统如终身奖励积分这样的方式来进行奖励。奖励会直接影响玩家完成目标后的成就感，而这必须符合玩家的预期，甚至可以超过他们的预期，否则会让玩家产生失落感。奖励具体呈现可以有多种形式，即便一次简单的击杀，也可以通过特效等感官刺激手段给予玩家一定的回馈。而通常的奖励则是具有一定的实际意义，比如更高级的道具、能力，或者更加直观的角色外观进化，抑或是剧情的进一步推动等。同时，奖励的给予必须足够及时，尤其对于一些快节奏的动作类游戏来说，这也是游戏机制能够产生可玩性而真实生活却无法达到这一体验的重要原因之一。在现实世界中，目标的完成并不一定有足够的奖励，很多时候还需要人们长期的规划和坚持，而且实现目标的方式也充满了不确定性。因此奖励的延迟反馈会让玩家缺乏成就感，从而导致游戏可玩性的降低。

奖励的反面就是惩罚。当行动失败，玩家无法获得奖励，这本身就是惩罚。最常见的惩罚是死亡。游戏中的死亡通常意味着重新开始关卡，通过重复挑战所引起的枯燥感带给玩家一定的惩罚。死亡在 Roguelike 游戏中则标志着游戏结束，永久性死亡的惩罚机制是该类型的特色，玩家会失去之前所积累的所有资源和能力。这在《暗黑破坏神 3》的专家模式中也有类似的设定，作为提高游戏难度的一种选择。当然，关于死亡的设定也有另一种对玩家更加宽容的趋向，比如在《波斯王子 4》中，玩家死亡后可以在原地被公主复活，极大限度地降低了死亡的惩罚度，从而鼓励玩家继续尝试而不需要经历重复的挫败。这种低惩罚度的死亡设定也曾受到争议，很多观念认为这显著地降低了游戏的可玩性，但另一种理解则认为这样为提升游戏整体体验的流畅感作用明显。无论如何，这都是一些颇具意义的尝试。

无论是奖励还是惩罚，都是对玩家基于目标行为的反馈。基于规则的目标设定和奖惩设计机制合理与否，是增加可玩性的重要条件。

任务和关卡

游戏中任务的本质就是提供目标，一款复杂的游戏往往包含多个任务，通过这些任务对游戏目标进行合理的组织，从而控制玩家的成长和行为。任务系统的优劣会直接影响游戏的可玩性，常见的如新手任务系统，如果缺乏全方位的审慎考量很容易会在游戏初期就给玩家带来严重的挫败感。而在开放世界类型的游戏中，如果任务的游戏挑战模式重复性过高，剧情编排缺乏新意，而奖励内容体现不出实质意义的变化，同样会给玩家带来“开放世界疲劳”。因此，好的任务系统往往以游戏机制为基础，设定阶段性的目标与奖励，通过对游戏中空间、时间、叙事、玩家能力等各要素的高度概念化整合，为玩家带来合理的渐进式的挑战。

比如在《死亡搁浅》中，首先通过叙事设定将玩家扮演的角色设定为快递员，从而使送货任务在叙事逻辑上达成一致。而随着系列任务的展开，与送货相关的游戏机制逐一呈现，玩家在合理的空间和时间范围内完成挑战，逐步学习相应的技能，如保持平衡、搭建桥梁、击退敌人等。同时，这些任务也渗透着剧情，游戏的世界观背景在此过程中徐徐展开，合情合理地融入玩家的游戏体验中。这一新手教程设计模式在游戏中被广泛采用，其中游戏机制与玩家能力相应的合理性设定，是提升可玩性的重要因素。

游戏中的关卡是将任务系统进行空间上的合理化布局，是游戏阶段性挑战具象化的方式。从某种角度来说，游戏关卡是对整个游戏世界的分割，对于以空间为主导的游戏体验来说，这是控制游戏节奏的主要方式。所以有时候关卡又被称为某个世界或某张地图。游戏关卡把复杂的游戏机制和元素通过合理的组织规划，使得他们在一个相对封闭的游戏空间内互相影响互相作用，形成一个相对独立的游戏体验阶段。

这种封闭的独立性在一些“导轨式体验”游戏中更加明显，对玩家的控制也更加强力，也有些游戏会在空间路径上给玩家更多的选择，但起点和终点都是固定的。“导轨式体验”的游戏关卡很适合用来叙事，玩家行进至某些关键的位置时触发一些与剧情相关的内容，如对白、NPC 表演、地形变化等。比如《最后生还者》，便很好地利用了线性关卡与剧情流程的结合，将一个末日故事有机地融合在游戏过程中。

当然，相对于剧情，关卡设计最重要的依然是通过游戏机制提升可玩性。“在构建关卡的时候，有两种重要的设计元素：游戏障碍和游戏技巧。游戏障碍是指游戏中对玩家形成挑战的元素。因为这些障碍的存在，玩家不得不使用游戏技巧来克服它们。”[8]

8. Phil Co：《游戏关设计》，姚晓光，孙泱译，北京：机械工业出版社，2007 年，第 47 页。

因此好的关卡设计其实就是平衡这二者的匹配度，这也是我们之前在探讨游戏任务时一致的理念。关卡中的游戏障碍，可以视作游戏阶段性挑战的集合，对于不同类型的游戏，挑战的内容也不尽相同，但其实都是对游戏机制在宽度和深度上的拓展和组合。比如《塞尔达传说：荒野之息》中大量的神庙关卡，体现的就是对该作机制，尤其是符文（磁铁、爆炸、冰冻和时间锁定）的综合运用。这些神庙通过有限空间范围内的各种地形或道具（比如高台、水、铁箱等）的组合设置成游戏障碍，促使玩家不断探索符文机制的综合应用来应对这些挑战，关卡的障碍设定与游戏机制的丰富性相互结合，使得玩家产生高度的自由感，极大地增加了可玩性。

随着游戏设计理念的更新，游戏关卡的概念也随之演化。在开放世界游戏中，关卡在物理空间上并不一定是封闭的，但也许会有其他的概念来限制玩家的行动范围，比如说《塞尔达传说：荒野之息》中，玩家只有学会了滑翔的能力，才能离开出生地关卡；《魔兽世界》中利用压倒性优势的敌人，降低低等级玩家在高等级地图中的存活率。而当玩家的能力足够强大，可以在各大地域自由穿梭，则通过一系列任务指引玩家并为他们提供合理的挑战。因此关卡在开放世界游戏的概念中会更加宽泛，核心仍然是持续合理地为玩家提供挑战。

乐趣的来源

游戏能够给玩家带来挑战，是游戏产生可玩性的核心力量，但并不是全部。我们可以在越来越多的游戏作品中发现除了挑战以外的乐趣来源。游戏学者马克·勒布朗（Marc LeBlanc）曾提出过游戏有关的且不限于此的八种趣味[9]：

（1）感观（Sensation）：游戏作为愉悦的感觉；

（2）幻想（Fantasy）：游戏作为想象；

（3）叙事（Narrative）：游戏作为戏剧；

（4）挑战（Challenge）：游戏作为克服障碍的过程；

（5）友谊（Fellowship）：游戏作为社会轮廓；

（6）发现（Discovery）：游戏作为未知领域；

（7）表达（Expression）：游戏作为自我发现；

（8）休闲（Submission）：游戏作为消遣。

他认为，不同的游戏因为各自不同的艺术元素而给玩家带来独具特色的体验，因而它们所提供的"快乐"也有着各自的特色。比如《雷神之锤》中带给玩家的是挑战、感官刺激、竞争和幻想，而在《模拟人生》中，我们可以感受到幻想、叙事和表达这些乐趣体验。

游戏学者尼可·拉扎罗（Nicole Lazzaro）也曾提出更加学术化的分类，她认为人们玩游戏主要基于"四种关键趣味"：

（1）简单趣味：会给玩家造成新的体验，不需要通过得分或胜利就可以带来乐趣；

（2）困难趣味：提供一个可以实现的目标，并给玩家带来渐进式的难度挑战；

（3）他人趣味：通过竞争、合作、领导、沟通等方式与其他人一起体验游戏；

（4）严肃趣味：通过游戏改变自己与这个世界，成为玩家价

9. Robin Hunicke, Ma Leblanc, Robert Zub *MDA: A Formal A proach to Game Desi and Game Research* Lecture at Northwest University, January 20 Available online at: http www.cs.northweste edu/~hunicke/MDA.pdf

图 3-06 《Windosill》游戏截图
图片来源：《Windosill》，开发者：Vectorpark,Inc，发行日：2009 年 5 月 26 日，发行平台：PC，iOS。

值观的表达方式。

“通常在一个游戏过程中他们对这四种趣味元素的追求是交替进行的。由于每一种元素会让他们完成不同的事情去完成和感受不一样的情绪，玩家会发现这样交替进行会让他们保持新鲜感，并延长游戏的时间。”[10]

我们之前讨论的“目标和奖励”以及“任务与关卡”都是围绕着与挑战相关的“困难趣味”，这构成了可玩性最重要的基础，但在可玩性的探索中，我们显然还可以关注更多方式。

拉扎罗所说的“简单趣味”，在很多情况下我们可以理解成游戏最为直观的画面呈现，吸引玩家尝试着开始探索游戏世界。我们也可以看到一些预算充足的游戏会提供一些非游戏机制的互动细节，力求给玩家带来惊喜。比如类似像《使命召唤 16》这样的超 3A 大作中，大量场景道具互动的设定，也可以视为“简单趣味”。解谜类独立游戏《Windosill》（图 3-06）更是充斥着这样

迪斯潘：《游戏设计 100 个原理》，肖心怡 北京：人民邮电出版 2015 年，第 21 页。

的奇思妙想，游戏中大量与游戏谜题无关的有趣互动，不断给玩家带来单纯的快乐。

“他人趣味”相对复杂。电子游戏的历史登场就是以双人模式出现的，而互联网技术的进步为游戏中玩家之间的互动形式提供了更多的可能。多人参与的联网技术不仅能够为游戏添加社交属性的维度，同时对游戏机制的丰富性也创造了更多的空间。比如在游戏《人类一败涂地》中，玩家之间基于物理机制的合作方式因为多人的参与而产生更多妙趣横生的体验，这是单人操作无法取代的。更不用说大型 MMORPG 中的 PVP 或团战模式了，玩家之间的竞争、合作、领导等“他人趣味”是这类游戏中最具魅力的机制特色。当然，一些游戏也对“他人趣味”做了更进一步的探讨。比如《风之旅人》中通过机制限定，对玩家之间交流与合作的模式进行了正向的引导，强化了“他人趣味”中的善意，从而为整个游戏的主题增加更多的艺术感染力。这一理念也贯彻在陈星汉的《光遇》中，为网络游戏的互动方式探索更具魅力的领域。在小岛秀夫的《死亡搁浅》中，通过异步多人游戏元素的设定方式，也为玩家之间传递着合作与善意的价值观。通过连接人与人之间的关系来重建美国是《死亡搁浅》的主题，因此这样的“他人趣味”设计，是对游戏主题强有力的呼应，虽然不是构成游戏可玩性的核心部分，但却是颇具特色的点睛之笔。

“严肃趣味”则赋予了游戏更多深层次意义。近些年来，我们不断看到一些游戏通过游戏机制、剧情流程、影音效果等综合表现力，围绕一定的审美倾向与价值取向的主题，为玩家提供超越游戏中一般趣味的更具思考价值和情感体验的“严肃趣味”。

比如游戏艺术研究领域所经常提及的《风之旅人》，尽管它在“困难趣味”上体验相对较弱，但作品的“他人趣味”和“严肃趣味”却具有里程碑一样的意义。而在《生化奇兵》中，我们看到了“困难趣味”和“严肃趣味”的综合表现，海底乌托邦的瓦解给玩家和研究者留下了深刻印象，为游戏艺术创作的现实批判力提供了强有力的证明。

因此，我们可以更加严谨地探讨游戏中可玩性的来源：能够提供挑战的游戏机制毋庸置疑是最为苛刻的要求，而拉扎罗所提出的“简单趣味”“他人趣味”和“严肃趣味”同样也是重要的组成部分。越来越多的优秀作品，尤其是独立游戏作品让我们看到游戏艺术在探索趣味的边界上所取得的重要成就。

心流体验

可玩性达到较高水准的游戏，能够把玩家带入一种“心流”的状态。

“心流”是积极心理学奠基人之一——心理学家米哈里·齐克森米哈里（Mihaly Csikszentmihalyi）提出的一套关于人类在活动中所产生的全神贯注的状态。[11] 当人们从事的活动在任务难度和技能水平相匹配的情况下，便容易产生心流体验。这时候人们的意识会集中在一个非常狭窄的范围内，过滤并忽略掉与活动不相关的知觉和想法，只对活动的具体目标和明确的回馈有反应，透过对环境的操控产生控制感。这一状态下，人们的内心充满了愉悦与和谐，是人类巅峰状态下的美妙体验。人类从事的很多活动都可以进入这一状态，比如体育运动、音乐演奏、艺术绘画乃

. Mihaly Csikszentmihalyi.*Beyond Boredom d Anxiety: Experiecing Flow in Work d Play*.San Francisco/ ashing-ton/London:Wi- ,1975:35-54.

至日常工作，那么以娱乐体验为目的的游戏当然是获得这一体验的绝佳途径。

必须指出的是“心流”理论探讨的是人类的主观感受，难以证伪，更无法精准地衡量，因此在学术界也存在一些质疑，但这并不妨碍我们将这一概念作为游戏体验中描述可玩性得到高度肯定的指标。事实上，目前游戏研究领域将心流体验作为游戏核心衡量指标已然成为广泛的共识。游戏研究者凯瑟琳·伊斯比斯特（Katherine Isbister）就曾在她的《游戏情感设计》一书中指出心流状态的八个要素，“对于任何沉迷过游戏的人来说，都会对这些要素感觉熟悉：

（1）需要技巧并且具有挑战的操作；

（2）动作与意识的配合；

（3）清晰的目标；

（4）直接的立即的反馈；

（5）专心于手上的任务；

（6）控制的感觉；

（7）自我意识的消失；

（8）改变了的时间意识”。[12]

著名的游戏设计师陈星汉也曾对此进行过深入的研究，在米哈里三通道心流体验模型（图 3-07）的基础上提出了与游戏设计相关的工作模型，并以此出发，通过尝试获得心流的八个要素创作了多款深入人心的探索性作品，其中就有大名鼎鼎的《风之旅人》。

心流理论在游戏中最常见的应用便是通过调整游戏难度与玩家技能的平衡从而控制玩家的专注力。但事实上心流体验在游

12. 凯特琳·伊斯比斯特《游戏情感设计》，潮译，北京：电子工出版社，2017 年，第 6 页。

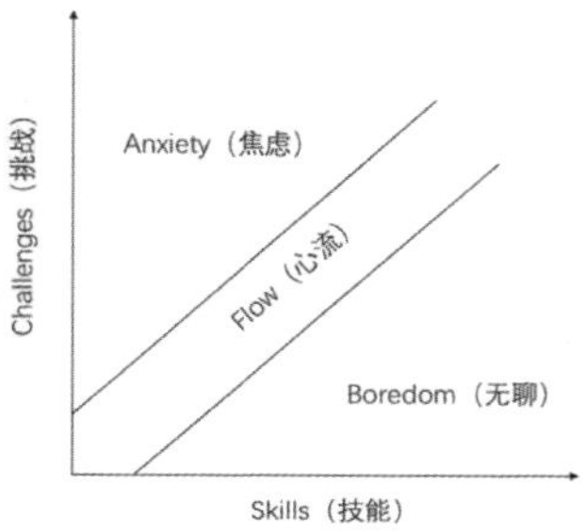

3-07 米哈里·齐克森米哈里的三通道心流模型，
片来源：姜婷婷，陈佩龙，许艳闰．国外心流理论应用研究
展 [J]. 信息资源管理学报 ,2021,11(05):4-16.

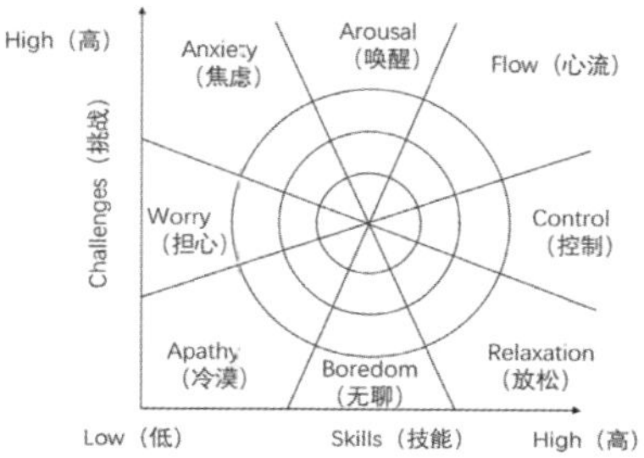

图 3-08 完善后的八区间心流模型
图片来源：姜婷婷，陈佩龙，许艳闰．国外心流理论应用研究进展 [J]. 信息资源管理学报 ,2021,11(05):4-16.

戏中的实现面临着更加复杂的情况。米哈里的后继者马西米尼（Massimini）等人在他的心流体验模式上提出了更具参考价值的八区间心流模型（图 3-08）。

我们可以看到，当处于低挑战和低技能时，玩家会处于“淡漠”状态，只有“唤醒”“心流”和“控制”才是玩家所期待的最佳体验状态。因此，要启发玩家的“心流”区间，必须确保游戏中玩家掌握了一定难度的既有能力，避免挑战和技能的双低平衡状态。

另外，无论是游戏难度还是玩家能力，都是基于体验者的“认知”。这就意味着不同的玩家对自身能力和游戏互动设计传递的难度信息都有主观性的偏差，因此从这一角度来说，即便是再精准的考量，也很难把所有的游戏体验者带入心流的状态。再有，同一玩家也会有不同的心理状态或面临不同的外部干扰，玩家很容易因为某个具体的原因，离开心流区间。因此也有学者认为，过于强调心流区间的维持能力并不客观，应该更多关注如何将处于如焦虑、无聊等其他状态的玩家引导至心流区间。所以再好的游戏也无法让玩家一直保留在心流状态，而是尽力使玩家能够以心流为中心在不同的状态下流转。

同时我们也应该意识到，能够吸引玩家进入心流区间的不仅仅是游戏的玩法，其他内容包括美术、剧情、声效、配乐等综合表现手段，都能为吸引玩家的注意力起到作用。比如《风之旅人》凭借着视听与剧情等高质量的艺术呈现手段，为玩家营造出美轮美奂的游戏氛围，从而最大限度地将体验导向心流区间。

可以说，心流体验是电子游戏创作的最高追求，但能够给玩家带来心流体验的游戏作品并不一定称得上是艺术作品。我们也可以谨慎地说，如同当代艺术理念中对于“美感”的理解，心流体验也并不是游戏艺术作品的必要条件。一些游戏根据主题的需要，在游戏设计中甚至刻意给玩家带来一些挫败感等负面的情绪，这必然会影响玩家的心流体验，但却是其艺术能量的重要组成部分。

3. 游戏中的情感体验

游戏机制的情感触发

电子游戏能够给玩家带来丰富的情感体验，其中绝大部分是由产生可玩性的游戏机制所触发，因为这是玩家在游戏中最为核心的体验内容。所以这一部分的情感研究可以主要围绕着心流模型中由游戏挑战与玩家能力所构成的情感区间所展开。

正如上一节所述，即便是可玩性再高的游戏也无法让玩家一直保留在心流状态，同时，同一款游戏也会面临不同类型的玩家，所以游戏机制所触发的情感体验也必然是动态和复杂的。成就感不是玩家在游戏中的情感常态，而是玩家游玩的主要情感动机。为了获得成就感，玩家愿意去学习、研究、反复训练游戏中的规则，这期间常常会遇到一些由规则的难度而带来的焦虑、沮丧、挫败、恐惧甚至愤怒。这些负面的情感不一定都是由坏的游戏机制造成的，有时可能是游戏设计上的风格特色。比如2017年的游戏《茶杯头》，除了怀旧动画的视觉卖点，较高的操作要求也成为其重要的游戏特色。一些负面情感，比如适度的焦虑，也能更好地激发出玩家的挑战欲，或为游戏设计的切入点。当然像无聊、迷茫这类消极的情绪是游戏机制在设计中需要重点避免的，好的游戏机制带给玩家更多的自豪、满足、好奇、兴奋等正向的情感体验。

由游戏机制带来的这些竞争行为，在各种程度上都接近于体育竞技。事实上电子体育这一概念也越来越被主流所接受，甚至成为第 19 届亚运会正式的比赛项目。这二者都具有即刻、直观的反馈功能，使得失败和获胜的信息能够迅速传达，因此引发的情感变化也更加强烈和频繁。另外，多人网络对战类的游戏机制，鼓励玩家团结合作，与体育竞技中的集体项目一样，也能够给玩家带来团队协作的情感体验。

机制所触发的情感占据了游戏中绝大部分的情感体验内容，但是随着游戏叙事能力的不断增加，玩家能够获得更多游戏中虚拟角色和虚拟剧情交互所产生的情感体验，极大地增加了游戏交互中的艺术能量。

角色的情感投射

游戏机制所触发的与挑战相关的情感，通常围绕着马斯洛需求层次理论中的安全需求展开。根据这一理论，在人的生理需要和安全需要得到满足后，就会追求更高级别的归属与爱，从而希望与他人建立情感联系，即社会性需求。而游戏中各类虚拟的人物形象可以通过各种手段的交互式表达，在很大程度上满足玩家在社交需求上的情感投射。

这种情感投射甚至不会因为技术的简陋而受到太多的限制，一个极端的例子就是2009年一位日本玩家与恋爱模拟游戏《爱相随》中的虚拟角色在真实世界中登记结婚。这款由日本科乐美公司继著名的《心跳回忆》系列后开发的恋爱类游戏，将人类出于求偶本能的亲密需求与实时恋爱的游戏机制有效结合，并充分利用NDS平台的交互模式，比如用触控笔模拟接吻，从各方面增强交互体验，使得玩家能够对虚拟的角色产生真实而强烈的情感，这是其他艺术形式并不具备的。就如凯瑟琳·伊斯比斯特在《游戏情感设计》书中所说的："通过这一案例，我们可以感觉到，游戏在通过NPC引发玩家亲密感和令人不安的真实情感联系方面的力量非常强大。"[13]

恋爱模拟类的案例过于极端，但并不妨碍我们理解游戏在社交类情感上的特殊能力。优秀的游戏总是能够利用这些能力为游戏整体的主题服务。比如在《这是我的战争》中，当玩家扮演的角色生病或者受伤得不到及时治疗，玩家操控他们走路时会变得非常缓慢，他们移动时的动画呈现也显得蹒跚伛偻，很难不勾起玩家强烈的同情心理，体会到普通人在战争中的艰难境地，从而

13. 凯瑟琳·伊斯比斯特《游戏情感设计》，潮译，北京：电子工出版社，2017年，第38

呼应游戏的反战主题。

技术的进步也为角色的塑造增加了更多细腻的表现手法。《荒野大镖客2》利用表情和动作捕捉技术，将演员们优秀的演出技巧和高质量的台词脚本赋予每一个重要的NPC以真实的生命力。游戏的设计师通常会在一些任务中，促使玩家与某个角色产生一系列颇具私人性质的对话，角色们高质量的真实表现力，使得这类虚拟社交的深度和广度不断得以扩大。随着你对某个NPC的了解，以及共同经历的一些事件，你会逐渐地喜欢、尊重或者讨厌某些角色，这一手段无疑是借鉴了戏剧影视中的角色塑造手法。

叙事性交互的情感体验

传统的游戏叙事，通常将叙事内容与游戏操作体验进行切割，利用过场动画、场景叙事等固态化的叙述方式讲述剧情。但随着设计理念的不断进步，一些注重交互叙事体验的游戏，呈现出越来越多更为丰富的情感体验手段。

如何将玩家的主观操控与游戏剧情的客观情境有机地结合起来，是这一部分需要重点考虑的。通常的做法是将叙事中的行为进行概括提炼，与玩家的操作产生对应关系，并在游戏的呈现上进一步渲染相应的气氛。独立游戏《黑色起源》在这一方面展示出令人惊叹的效果。比如在序章中，主角来到爱人家门口，显然唯一的目标就是敲门进入，然而无论敲击门上的铁环还是门的其他部位都没有任何作用。“没有人来开门，爱人在里面还好吗？”按照这一思路，玩家尝试着去主动开门。“试试转动下门把手吧？”

点击门把手，这时门突然呈现一段碎裂动画且配以具有一定冲击力的镜头变化。“发生什么了？！”门的碎裂显然对玩家造成了一定的情感冲击。接着，随着第二次点击转动，门的碎裂反应更加升级，到第三次转动时，门直接从门框中脱离。这时主角得以进入房间，发现爱人正面临危险，从而打开整个游戏剧情的开端。这种基于玩家行为认知的交互设计，使得玩家的情绪变化与剧情体验产生了紧密的结合，整个游戏都沿着这样的思路展开各种精巧的交互设计，使得我们可以乐观地看到电子游戏在意识流叙事方式上的各种可能。

另一个更加著名的独立游戏《艾迪芬奇的记忆》也是由这一方面所展示出来的叙事特色而为人所熟知。比如路易斯这一章节，将主角的哥哥路易斯由于罐头厂枯燥重复的工作而产生 RPG 游戏的幻觉，直至因此丧命的过程通过游戏交互的方式展开了精彩的演绎。游戏围绕意识分裂这一体验目标，将幻想与真实的内容分别对应于左手的键盘和右手的鼠标，通过游戏机制让玩家不得不一心两用，同时应对两个世界。剧情中的路易斯迷恋美好的幻境，因而幻想中的画面和游戏机制不断扩大和升级，最终吞没了真实世界。而本是属于真实操作的右手鼠标，也在不知不觉中，成为幻想世界的视角控制（图 3-09、图 3-10）。游戏用如此巧妙的方法，使得叙事与游戏机制保持高度的一致，标志着步行类游戏在互动叙事与可玩性体验上的重大突破。

当然我们也必须承认，上面所提及的叙事性交互体验通常无法提供较高的可玩性，一些 3A 大作中还是会采用大量传统的固态化叙事方式，但这并不是说完全没有这一倾向。比如《荒野大镖客2》中最终复仇的这一关卡，玩家扮演游戏后期的主角约翰·马斯顿为前期主角亚瑟·摩根复仇。通过单线前进且不断爬升的行径路线、缺少掩体相对开阔的地形，以及各个方向出现的敌人等，使得玩家在一路前进上山的同时，必须直面敌人的夹击并迅速射击。加上游戏前期和行径中的剧情铺垫，包括角色的演出、对白、音乐等气氛烘托，让玩家沉浸在一次充满艰辛，但又酣畅淋漓的游戏体验中。游戏给予玩家悲壮和英勇的行为，在愤怒的激情中

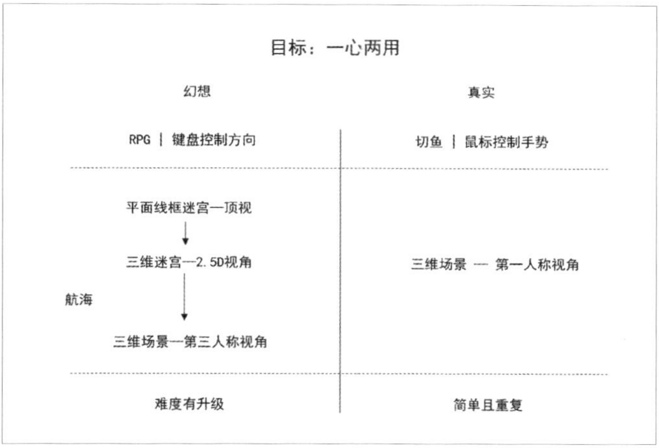

图3-09　《艾迪芬奇的记忆》路易斯章节叙事和机制的结合

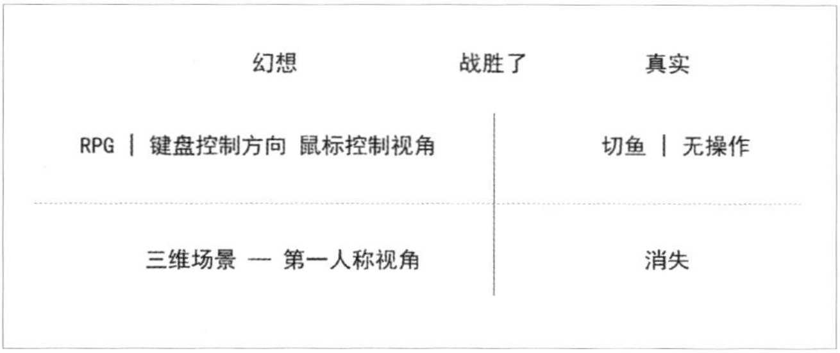

图3-10　《艾迪芬奇的记忆》路易斯章节的结局设计

完成游戏任务，充分体现了游戏的独特魅力。

（四）电子游戏中的互动艺术特色

1. 个性化的艺术体验

《文明》系列设计师——大名鼎鼎的席德·梅尔曾经说过：“游戏是一系列有趣的选择。”“这种有趣的选择能够让玩家表达自己独特的游戏风格。”[14] 尽管他也承认这一游戏解读方式并不适合所有的游戏类型,比如节奏音乐类或者解谜类游戏。但不可否认，他对游戏的精辟概括体现了游戏能够针对每个不同的玩家提供相应的非线性的、个性化的体验。可以说，这是互动艺术区别于其他艺术形式的最为显著的特色。

玩家们有着各自不同的文化背景、家庭环境和成长经历，当然也有着不同的根据具体游戏所要求的操作反应能力和逻辑判断能力。不同的玩家在面对同一件作品的交互操作时，必然呈现出千人千面的体验过程，这在策略类或者注重剧情选择的游戏中尤其明显。但即便是节奏类和解谜类游戏，也会因为玩家的能力差异等，产生不同的体验结果。

随着游戏设计理念的发展，许多优秀的游戏作品在这一特色维度上不断拓展和强化玩家个性化体验的内容，包括游戏机制、角色成长、剧情选择等系统设计，而最值得进一步探索的是将这些游戏系统在整体结构上有机地融合，从而产生“一加一远远大于二”的化学反应。如《边缘世界》（*Rimworld*）、《太吾绘

14. 席德 · 梅尔这两
分别出自 1989 年和 2
年的 GDC 演讲。

卷》、《剑士》（*Kenshi*）等独立游戏，通过这种整体结构实现式的游戏设计理念，给玩家带来一系列无法预知的、充满专属意外与惊喜的独特体验，成为其大获成功的重要原因。在一些制作体量更大的游戏中，如《神界原罪2》《塞尔达传说：荒野之息》《荒野大镖客2》等作品，游戏的各类系统设定与结合方式更加丰富与细腻，为玩家带来更高质量的个性化体验。

正如我们在前文中所提及的，实现的游戏机制为玩家创造出更多概率空间的行为模式，从某种角度讲，这些千人千面的玩家行为也构成了游戏互动艺术的重要组成部分。

2. 具像化的表达方式

可以说，几乎所有的电子游戏都必须以玩家可以理解的方式展开交互体验，除非存在着一些特殊的理由。即便是一些游戏没有提供相应的引导，玩家也能够通过不断地试错发现其中交互的规则。在一个游戏世界中，清晰明确、完整统一的交互信息传达是最为基础的要求，因此游戏更加倾向于采用具象化的表达方式，这也是其区别于其他艺术形式的特色之一。

这包括电子游戏中的实时画面与声音，让玩家以最为直观的感受方式接收并理解。与动画、电影等不同之处在于，游戏中必须根据游戏的交互需求提供持续并且完整的视听内容。比如一个危机重重的场景表现，游戏需要更加具体地呈现场景中危险的内容，包括地形、敌人、陷阱、道具，所有场景要素的位置、造型以及动态呈现，而不仅仅是出于艺术的考量，更加无法利用蒙太奇剪辑等手段去构建。

这种具像化的表达方式，还表现在符合玩家直观认知的空间驱动模式，便于创建游戏世界中的自身逻辑和持续地代入视角。因此游戏通常强调玩家的操控对象与游戏环境的空间关系，并以此构建出任务与关卡等可玩性内容，控制玩家的游玩节奏。比如玩家扮演的角色与游戏中可供探索的世界，在战斗时玩家与敌人的方位关系等。在绝大多数时候，游戏也是基于玩家所游历的具体空间去推动并讲述剧情，而无法像小说、电影等利用时间推动或者角色心理变化轨迹等展开。

另外，在游戏交互设备上也需要与游戏中的虚拟内容建立起直观的联系。不同的平台会呈现不同的操控与反馈特色，但几乎所有优秀的游戏都会利用这些特色，为玩家的体验创造最为便捷的认知入口。比如在 PC 端最为常见的利用键盘的方向键对应角色的位移，鼠标的移动控制视线方向，以此将角色跑动动画、摄影机方向与电脑的输入设备产生联系，这无疑是基于现有设备的最方便玩家理解与操作的应用策略。主机平台里游戏手柄的震动马达，则常常被用来表现游戏中环境的剧烈变化，或者紧张情境中角色的心跳，以此作为额外的具象化表达方式。

3. 接近真实的心理距离

一部好的小说可以把读者吸引进入由作者精心构建的情境中去，让我们不断关注某些角色，并随着他们的际遇变化而为其感到难过或者开心。同样，其他侧重叙事的艺术形式，比如戏剧或者电影中，观众也能够得到类似的情感体验。然而这一感受在游戏中则会显得更加强烈，甚至接近真实。因为在游戏中，玩家直接参与了剧情流程，通过一项项具体的操作和相关的选择，影响或者让玩家以为能够影响游戏剧情走向和人物命运的发展，这与小说、电影等传统的艺术形式有着本质的区别。玩家的参与度，使得同样的剧情，以游戏的方式体验还是以电影的方式观看，带给人的心理冲击是完全不一样的。

正是由于游戏能够给玩家带来这种接近真实的情感体验，游戏设计者也会有意识地在这一方向上展开更加深入的探索，包括各类涉及玩家直观体验的方式与内容。

得益于硬件设备与制作技术的进步，当下游戏的画面效果正不断接近电影，真实质感的影音体验在很多 3A 级别的游戏中被不断突破，也给玩家带来更多乐观的期待。但游戏在感官上所追求的不断接近真实的心理距离不能仅仅依靠画面与声音，高质量沉浸式的情感体验还需要在各种交互设备上获得突破。如果说键盘、鼠标、游戏手柄与真实的交互还存在一定的隔阂，触摸屏的出现则大大增加了真实的交互维度。而随着新技术的发展，体感、AR、VR 游戏中玩家姿态、手势的识别，也使得游戏的沉浸感得到更进一步的加强。比如 2018 年的电影《头号玩家》中所设想的未来游戏体验设备，也许并非天马行空。

另外，创造真实的沉浸式体验，还需要足够多的细节支撑，这也正是越来越多高成本制作团队所追求的。比如在《死亡搁浅》中，玩家扮演的角色山姆在不同负重、不同状态和不同地形中行走时，丰富细腻且顺畅衔接的行走动画极大地提升了游戏中步行体验的真实感。《荒野大镖客 2》也正是由于大量令人惊叹的细节设定，成为可以载入游戏史册的佳作。

4. 理性与情感的平衡

正如前文所提及的，游戏机制是游戏艺术表现力的核心动力。游戏可以带给玩家深刻的情感体验，但是这一过程是通过理性的思考与判断，以完成游戏所制定的目标和挑战而达到的。这与其他更加注重感性思维的艺术形式形成重要的区别。

优秀的游戏艺术作品会充分激发出玩家的理性思考与情感体验，并将二者有机结合，给玩家提供整体和谐的心流体验。这一过程中，如何把握理性与情感的平衡是关键。我们知道，即便是一款可玩性极高的游戏，很多时候也无法被认为达到艺术的水准，这是因为这些游戏常常缺乏较为深刻的主题。同时对于一般玩家来说，游戏中主要的驱动力是最终获得的成就感而非游戏中的艺术体验。可以说，情感是游戏体验的动因，但完成挑战而获得的成就感是最为基础的情感需求。游戏创作者可以利用这一点，多层次地构造玩家的情感需求，用更加丰富的情感推动玩家，继而形成游戏艺术形式中最佳的平衡状态。

如在优秀的冒险解谜游戏《囚禁》（*INSIDE*）中，设计者首先将一个充满敌意却又神秘荒诞的世界展示在玩家眼前。一般的游戏总是会对即将出现的危险提供一些提示，使得玩家有机会得以利用相关技巧避免受伤或者死亡。但在《囚禁》中，玩家扮演的小男孩首次经过某些特定场景时会无法避免地被场景中的某个元素伤害，比如突如其来落下的一只铁桶，显然游戏创作者有意让玩家体验这种“挫败”的感觉。同时，也在玩家内心中不断累积成巨大的恐惧和愤怒，当然还带有强烈的好奇：什么样的世界什么样的社会会对一个小男孩做出这样的暴行？因而这些细碎的叙事背景形成强有力的情感冲击，推动着玩家前进，积极地调用自身所有的理性能力，如即时反应、逻辑推理等去躲避、解谜、探索。这些精心的设计将理性与情感的双重体验有机地融合在一起，不仅高质量地完成了可玩性需求，在主题诉求和情感表达上也体现出较高的艺术水准。

第四章
电子游戏中的电影艺术

电影艺术在游戏中展现出了强大的能量，是当代电子游戏艺术重要的养分来源。但这并不意味着电子游戏中的电影艺术就等于电影艺术本身。事实上，由于二者在本质上的区别，寄宿于游戏体内的电影艺术发生了或多或少的一些变异，以便更好地为游戏最关键的可玩性即玩法服务。这些具有电子游戏特色的变异是电影艺术在电子游戏中崭新的诠释，真正可以称之为电子游戏中的电影艺术。

（一）游戏与电影艺术

毋庸置疑，电影艺术是电子游戏艺术的“至亲”。二者如此之相像，以至于很多时候，单从视听段落的表现来看，很难分辨出二者的区别。而在娱乐产业的具体应用中，电影和游戏互相改编的案例也屡见不鲜。为什么这二者能够建立起如此紧密的联系，它们的共同点在哪里，同时电子游戏作为新的艺术形式，又与电影艺术有哪些本质上的区别。我们将在接下来的内容中详细讨论。

1. 电影艺术对电子游戏的影响

所有艺术的成长过程，必然会经历一个诞生后稚嫩的成长初期。在这一时期，艺术创作所需要的技术和所表现的形式都非常粗糙单一，而且都会不可避免地从比自己更早、更成熟的其他艺术形式中汲取创作灵感和表现方式，甚至评判标准。如早期的摄影艺术，就曾以油画为模仿对象，电影艺术则在其潜在的蒙太奇能力被发现之前，将目光投向了舞台戏剧。电子游戏自然不会例外。

人类最初创造出电子游戏，目的仅仅是单纯的对一些真实竞技类游戏的模拟，如网球、乒乓球、跳棋等。在这一阶段的游戏，似乎与艺术二字相差甚远。随着技术的进步，更多新奇独特的玩法得以问世，《太空旅行》《初代小蜜蜂》《宇宙战争》等，相继成为游戏发展史的坐标参考。人们这时候已经不再满足于单一的竞技娱乐，他们需要更丰富更有趣的游戏体验，于是游戏中出现了简单的角色和故事情节，以《龙与地下城》为代表的角色扮演类游戏诞生了。尽管这些初生的 RPG 游戏在今天看来是如此简陋，但却是游戏历史上非常重要的里程碑。在此我们可以看到电影艺术微弱的投影，诸如角色的塑造、具备戏剧冲突的故事背景、视听化表述等。当游戏开发者们面对着图像和声音这样的表现形式来构思作品的时候，自然而然会联想起同样用影音来表现的电

图 4-01　电影化叙事——《控制》游戏截图

图片来源：《控制》，开发者：绿美迪娱乐，发行日期：2019.08.27，发行平台：PC、Xbox One、PS4。

影艺术。

随着计算机硬件性能与实时渲染技术的高速发展，游戏的视听化表述能力在各方面都得到了显著的提高，为电影的借鉴扫清了障碍。当年还曾是微弱的投影，现如今已然是逼真的映射。《战地》、《孤岛危机》、《光晕》、《最后生还者》、《控制》（*Control*）（图 4-01）等一系列主流游戏大作，无不用日渐接近的真实光影一次次地鼓舞人心。电影化的叙事方式也迅速成为游戏的主流。而电子游戏的演变历史也证明，正是对电影艺术的借鉴和吸收，电子游戏才得以日益壮大繁荣。这是一种自发的必然的选择。

这种自发的必然的选择，是因为在游戏中除却必要的游戏规则外，玩家同时还需要基于玩法之上的某种情感体验。这种情感体验，能帮助玩家更容易理解其中的规则，更积极投入地参与游戏，体验其间战斗的艰辛和胜利后的成就感。这种需要，必然会导致电子游戏寻找某种艺术形式对游戏本身加以情感的包装。如《超级马里奥》中，将玩家扮演的角色不断闯关挑战BOSS的这一过程，包装成水管工马里奥不断奋勇向前营救公主的故事就是出于这一考量。

在众多的艺术形式中，电影艺术用影像和声音来表现时空。空间、时间、光影以及声音构成了电影艺术最基本的表现元素。电子游戏随着技术的进步，也逐步具备了展现这些元素的强大能力。事实上，任何电子游戏，不管是基于什么样的技术平台，或者即便是发展初期最粗糙的作品，都是运用视像与运动的表现来展示玩家的互动，并使其产生直接的满足感。所以可以说，同样的视听化叙事能力促使电子游戏在成长过程中必然会向成熟的电影艺术汲取营养。无论是在影像单元的内部结构，还是蒙太奇结构下的视觉逻辑，电影艺术理论中这些成熟的养分都在游戏中有机地渗入、融合。

当然需要指出的是，电子游戏对于电影的借鉴丰富了电子游戏的表现形式，但并不是所有的电子游戏都有受到电影艺术的影响。一些小型的休闲类游戏，如著名的windows系统自带的《扫雷》游戏就非常纯粹地强调其游戏规则而不是复杂的情感体验。近些年来，随着便携智能设备的普及，《水果忍者》、《飞扬的小鸟》（*Flappy Bird*）等同类型的小游戏越来越受到人们的欢迎。在这些目的在于打发零碎时间的休闲游戏中很难确切地找到电影艺术的影子，尽管还有很多如《愤怒的小鸟》等游戏还是或多或少地受其影响。

因此，可以说电影艺术在游戏中的存在，是电子游戏进化中的一支主要的分支，但并不能代表电子游戏的整体，也不能代表电子游戏的终极形式。在这个分支中，包括了角色扮演类（RPG）、动作探险类（ACT）、探险解谜类、第一人称射击游戏等，它们是对电影艺术继承的主要流派。在此类游戏中，画面的精致美观、配音和音效的动听程度以及二者如何成功地结合从而营造出一个为整体叙事和情感服务的视听体验氛围，是它们追求的重点之一。这些类别的游戏占据着电子游戏的主要市场，很大程度上代表着这个时代的游戏艺术特点，是我们研究的主要对象。

2. 游戏与电影的本质区别

游戏与电影在表现手法上的相似，并不代表他们的受众——观众或者玩家会得到相同的体验。游戏玩家通过主动的人机交互来得到相应的视听回馈，而电影观众则是被动地去接受创作者提供的视听内容。这一交流过程的不同，归根结底是因为电影艺术是以叙事为目的的一种艺术呈现方式，而游戏则是借助电影艺术的叙事方式来为它自己的目的——交互所服务，这是二者本质的区别。

游戏的交互性与电影的叙事性这一本质的区别，在大多数情况下还会导致二者在某种程度上的对立。叙事是一系列事件的再现，不同的叙事作品类型会采用不同的呈现方式再现这一过程，小说用文字，而电影则是用视听化的手段。然而游戏的交互性使得玩家不是去接受再现，而是去实时地体验，只有实时体验这一过程成立，才能称之为游戏。比如，在RPG游戏中，面对一个敌人，玩家往往可以选择采取哪种策略，使用哪种攻击手段，从哪个方位开始攻击等，这种选择与实施的互动过程，是实时的、动态的、不可预知的，是由玩家的选择来决定的。与此相对，电影如果要表现主角对抗敌人的事件，则是由创作者预先制作的，是固态的、可以被预知的。这一区别，使得游戏中的叙事与它的互动本质是对抗与矛盾的。尽管大量的游戏为了讲述一个动人的故事，大多用到了过场动画这一电影化的静态叙事方式，但往往造成了游戏互动在连续体验上的断裂，对游戏的可玩性提出了一定的挑战。越来越多的游戏制作者也意识到了这个问题，他们会尽力去协调或者避免这一矛盾。这也是我们在游戏中的叙事研究这一章节中会详细探讨的内容之一。

游戏与电影的本质区别，也导致了二者虽然都是时空综合的艺术呈现方式，却在时间和空间的关系上有着不同的侧重。就电影来说，一系列事件的发展，都是基于时间的线性展示方式而不断推进，时间才是电影时空艺术的主要支撑点。就如电影导演贾樟柯在其文章《在音乐与电影的交叉之处》中讲到的：“电影的空间是依托时间而变化的。就是说，电影的时间因素在潜质上控制着电影的空间转化。”[1] 而与此相对的是，游戏中的时间在大部分情况下，是随着玩家的交互而流动，使得玩家交互的对象控制了时间的长短。比如玩家扮演的角色要从 A 点到达 B 点，如果一路畅通无阻，那么相对于一路都是敌人或者一路都是障碍物的情况，游戏的时间会更短。空间往往是游戏互动的触发点、目的地，是玩家参与游戏的对抗内容。可以说，空间的确定，在很大程度上控制着玩家在游戏中所体验的时间长短与变化。所以与电影中空间依托时间而变化相反，在游戏时空综合的呈现方式中，时间

贾樟柯：《在音乐和影的交叉之处》，《北电影学院学报》，1994 2 月，第 247—250 页。

依托着空间，以空间的创作方式出发去展示时空，是游戏与电影由于本质的区别而产生的一个重要特征。

这一由空间潜在地控制时间的特质，使得游戏创作者对游戏时间掌控力是相对较弱的。在重要的互动过程中，他们只能用相应的空间设计去将游戏的时间安排在合理的变化范围内，而无法对游戏真正的时间做出精确判断。交给玩家的时间，同时又需要为玩家提供连续的、真实流淌的体验，被普多夫金认为是电影艺术基础的剪辑，却会破坏这一被游戏所需要的连续的时间。因而在游戏借鉴电影艺术的过程中，最为重要的互动过程往往无法进行时间上的重构，剪辑这种打断时间的手段是被避免的。即便是不同章节或者不同关卡之间的影像断裂，造成某种程度上的剪辑意义，但在时序上还是一致的，事件之间关系紧密，合乎逻辑。这一点，也是游戏与电影区别的另一个重要特征。当然也有个别案例试图打破游戏中连续时间的惯例，我们会在接下来的章节中陆续提到。

（二）游戏的影像单元研究

接下来，我们将借鉴电影艺术理论中的研究方式，以游戏中的影像单元为研究对象，分别从游戏画面的外部运动——游戏中虚拟的摄影机运动，与游戏画面的内部运动——游戏中的场面调度，来剖析游戏中占据绝大部分视听内容的连续影像单元。这些连续的影像单元，往往就是玩家实时的体验时间段落中的游戏视听内容，是游戏中电影艺术的主体所在。

1. 游戏中的摄影机

自由与限制

首先需要指出的是，游戏中并不存在真实的摄影机。与动画类似，游戏中的摄影机是一种虚拟的存在，可以将它认为是借鉴电影拍摄用的真实摄影机的概念来理解游戏中影像呈现的一种解释方式，也可以将它理解成游戏整体画面的一种控制手段。用摄影机这样的代称，来理解这种手段的具体表现方式，是与我们研究游戏中的电影艺术这一目的契合的，同时用这一约定俗成的名词，对于研究的对象而言也更容易被理解和分析。

游戏中摄影机的虚拟性质，使得它在表现手法上与动画一样相对比较自由，不受真实世界的物理规则所影响，摄影机的技术成本相对比较低，尤其是在日渐成熟的三维制作技术的支撑下，摄影机在虚拟状态下的创作能量几乎能够被完全地释放出来。游戏创作者可以凭借虚拟摄影机，轻松地实现刀山火海的穿越、悬崖峭壁的爬升、上天入地的翱翔，一切能够想象到的画面无所不及。

但同时，游戏中的摄影机又是被限制的。游戏的互动本质，使得游戏画面呈现具有一定的不确定性，因而游戏通常会将摄影机控制权的一部分交由玩家，以便将互动过程完整呈现，从而为玩家提供相应的反馈信息。游戏摄影机的创作自由度由此在一定程度上受到限制，最终游戏画面的呈现是由在互动过程中玩家操作影响下的既定摄影机所拍摄的。而对于玩家来说，摄影机同样也是受到限制的，它必须首先为可玩性服务，确保互动设计不受影响。即便在一些游戏中，玩家可以在多个视角中切换或者大范围内地移动推拉摄影机，但与动画中的摄影机相比，这种自由度是被大大削弱的。因而可以说，摄影机对于游戏创作者和游戏玩家来说都受到一定的限制，这种限制来自游戏的互动方式，即游戏的玩法。

摄影机在游戏中既具有技术上的自由，又受到互动方式的限制，这一双重性是理解电影艺术在游戏中被有机地融合并异化发展的一个切入点。我们可以在基于这一点的理解上，来梳理总结游戏中的摄影机在电影传统视听手段的影响下有哪些自身的特点。

第一人称与第三人称

在游戏的镜头设计中，最重要的是如何安排摄影机与玩家操控的角色之间的关系。如果摄影机安放在角色内部，以角色的视角去观察游戏中的世界，那么它采取的是第一人称视角；如果游戏中的摄影机设置在角色外部，镜头在角色的引领下同时也能观察到角色的形象，那么它采用的是第三人称视角。这二者的区别，不仅会影响玩家的代入感，同时也会对游戏的互动方式产生重要的影响。

第一人称视角通常被用于射击类游戏中，因为这样的视角更便于玩家精确地瞄准目标。随着技术的进步，游戏类型的融合化趋势，一些动作冒险类游戏中也会采用这种视角，如《生化奇兵》系列。第一人称视角使玩家在游戏中以所扮演的角色的高度去观察游戏中的世界，角色所能看到的就是呈现给玩家的画面，角色无法知晓的，如角色背面，玩家也无法知晓。因此第一人称视角具有最强烈的代入感，玩家很容易感觉自己就是游戏中的角色。因而在叙事设计中，第一人称视角的角色也通常会有类似失忆的背景设计，使得角色与玩家对于自身的信息知晓度保持一致，强化这种代入感。由于是模拟角色的视角去观察环境，本应是作为参考对象的拍摄主体隐藏在摄影机后面，因而下文所要阐述的景别和角度对此就没有太多的意义。

第三人称视角的游戏将游戏中的角色作为拍摄的主体安放在画面中，玩家可以通过具体的操作使角色在画面中产生相应的动态变化。这样的视角设计，能够很好地展现角色自身的肢体动态与运动趋势，以及角色与环境的关系，能给玩家提供比第一人称视角更加清晰直观的信息反馈。比如第一人称视角中，角色与墙壁的碰撞无法很好地展现给玩家，特别是背部的碰撞，很难从视觉的方式来呈现。但第三人称视角的摄影机会与角色保持一定的距离，比如角色的背后，这样摄影机所拍摄的画面就会呈现更多的视觉信息，角色与墙壁的碰撞就能很好地表现出来。但是同时，第三人称视角也容易给玩家和角色造成一种心理上的隔阂，与第一人称视角相比，游戏的代入感相对减弱。

目前游戏市场上采用第三人称视角的游戏还是占据了大多数，因为通常游戏都围绕着格斗、跑酷等需要展现角色整体动态的内容，这些角色动态的视觉内容，不仅是为了给玩家带来直观的互动参考，同时也是游戏画面带给玩家视觉冲击力的重要手段。一些游戏也融合两种视角，玩家可以自由地切换视角，甚至以平滑的镜头推拉模式转换视角。这样的镜头设计为多样化的互动玩法提供了更多的选择。

第三人称视角的摄影机呈现出大量的对电影视觉化叙事手段的借鉴，是我们接下来研究的重点。

景别与角度

景别是指由于摄影机与被摄体的距离不同，而造成被摄体在电影画面中所呈现出的范围大小的区别。对于电影来说，拍摄对象一般指人物，因此，参考人体在画面中的比例大小，景别大致可以分为五种：特写——人体肩部以上；近景——人体胸部以上；中景——人体膝部以上；全景——人体全部；远景——人体比例很小甚至成点状。不同的景别具有不同的表现力，这一点，与绘画艺术中讲究的“近取其神，远取其势”的观点相贯通。其中，特写能突出重点，具象化地表达人物情感，给观众带来强烈的视觉感受；近景能够很好地表现人物的特征与精神面貌，拉近与观众的距离；中景不仅能提供环境细节，还能交代人物关系与动态变化，有较强的叙事功能；全景能够展现人物的整体形象与全身动作，交代所处的环境空间，能够清楚地阐释人物与环境的关系；远景所含信息量最大，具有广阔的视野，能够很好地展示真实的环境规模，并营造写意抒情的意境氛围。

游戏中的被摄物体，通常是玩家能够操纵的对象，大多数情况下即玩家所扮演的角色。在互动过程中，被操作的角色与角色所处的环境之间的关系以及角色整体形态与运动趋势需要及时地反馈给玩家，这样玩家才能了解当前的状态，并且根据这些反馈信息为下一步的操作做出判断。基于这样的实用性考虑，在游戏实时的互动画面中，绝大部分时长的影像都以全景的形式存在，因为全景在各景别中最符合这样的需求，能很好地诠释角色与其他角色以及角色所处环境的空间关系，并且能从整体上展示角色动态，是游戏实时画面的最佳选择。

全景的实用功能是毋庸置疑的，但全景无法做到像近景和特写那样细腻丰富地展示角色情感，更多的只是起到中立性质的描述而没有主观的强调。因此，为了在玩家连贯的互动过程中也能更好地展示角色性格以及情感的变化，游戏通常采用角色对白的形式，用声音的手段来弥补这一缺陷。如在《波斯王子 4》中，玩家扮演的男主角就经常和辅助角色公主对话，适当地穿插在玩家行进过程中，自然而然地体现两人的性格特征以及他们之间情感的递进过程。这种方式，在大部分注重角色刻画的游戏中被广泛应用。

全景的大量应用，并不代表其他景别毫无用处。事实上，在很多三维游戏中，玩家也可以随时控制镜头的缩放，使他们有机会以特写或者近景的景别观察角色。这样的功能与可玩性无关，但却能通过角色面部细节的情感表达，使玩家更容易对他们所扮演或交流的虚拟角色产生情感投射。特写和近景通常也用来强调一些互动过程中需要特别引起玩家注意的角色或物品。比如在探险解谜类游戏中，常常用特写镜头来提示玩家需要去操作的机关。而在一些动作类游戏中，为了放大由于角色的动态呈现来为玩家带来的快感，也会将普通的全景镜头即时转变成近景或特写，拉近玩家与角色的距离，强化动作的力量与速度。比如《刺客信条》中，角色在击杀敌人时，如果玩家能够以刺客的形式对敌人进行秒杀，镜头就会实时切换成近景，将这一暴力血腥的过程近距离展示，

图 4-02　全景应用——《刺客信条》游戏截图

图片来源：《刺客信条》，开发者：育碧蒙特利尔工作室，发行日期：2007，发行平台：PC、Xbox One、PS3。

带给玩家更加强烈的视觉刺激（图 4-02）。

游戏中实时画面的景别选取也需要根据环境的空间大小来决定。为了使玩家能够获得更流畅的游戏体验，游戏中的空间设置往往会比真实世界显得更加开阔，这样就能避免角色由于狭小空间的碰撞而不断受到阻碍。但有时候为了营造压抑的气氛，也会适当将角色所处空间压缩。如在《寂静岭》系列中，通常会让角色在一些室内的房间或狭长走廊上活动。这样的空间设置，有时候就必须摒弃常用的全景而选用更加近距离的中景或近景。事实上，大多数三维游戏都会根据角色所处的具体环境而提供实时的景别变化，以适应不同大小的空间展示。

在一些互动环节的开场，通常也会采用一些远景来交代角色所处环境的整体面貌，以便让玩家了解整个场景关卡设计的规模，同时也可以展现环境的气势与氛围，表达与主题相关的情绪或意境，是游戏吸引玩家的重要造型手段。如在《生化危机：无限》

序篇章节中随着飞速上升的飞行器冲出云层，美好与光明的整个天空之城“哥伦比亚”猛然映入玩家的眼帘，带给玩家从恐惧到惊喜的急剧转变，同时对接下来所要游历探险的“哥伦比亚”充满了无比的好奇与期待。《刺客信条》系列中的标志性镜头设计，便是玩家扮演的角色可以登上城市最高的楼顶，俯视整座熙熙攘攘的城市。这样的设计，带给玩家极具冲击力的视觉体验，为游戏的可玩性提供了强有力的帮助。

与景别一样，摄影的角度也是游戏画面表达的重要方式，通常可以分为垂直平面角度和水平平面角度两种思路来考虑。垂直平面是指摄影机与被摄体由于相对高度的不同而产生的角度变化，通常可以分为五类：鸟瞰、俯拍、平视、仰拍、倾斜。其中，平视的角度与人们观察生活的视角一样，因而带有现实主义的风格，相对而言更具中立性质。而俯拍能很好地解释环境，所含信息量比较大。平视和俯拍是游戏中经常用到的两种比较实用的视角。鸟瞰是一种特殊的角度，能够让观众悬浮在场景之上，以上帝的视角俯视地面，它能够展现的内容量比较大，但拍摄对象会因为顶视的角度而相对难以辨认。通常在策略类游戏中，由于需要全局的统筹安排，鸟瞰是一个很好的选择。仰拍能够增加画面的垂直感，让拍摄对象显得高大，在视觉上产生一种压力。倾斜则是打破通常的地平面在画面中保持水平的状态，适当歪斜摄影机，导致画面地平线的倾斜，这种非稳定的画面构图方式通常可以表现出紧张不安的气氛。仰拍和倾斜在游戏的实时镜头中使用的较少，通常作为辅助手段去强调某一场景或者角色的某种状态。如《极度深寒》中，由于要展现波涛汹涌的大海中的船只，使用倾斜镜头的实时摇晃带给玩家的不稳定构图无疑是成功的。

摄影的水平平面角度是指摄影机与拍摄对象在水平面上的相对位置，大致可以分为正面、侧面、斜侧面和背面。侧面的拍摄视角不利于表现画面的空间深度，但却能很好地展现角色形体的整体变化，通常被用在一些横版类游戏或格斗游戏中。如在横版类游戏中，用侧面的形式展示场景与角色，这样角色的行进趋势和动态姿势都能够简单清晰地呈现给玩家，同时场景中一些关卡设计，如需要跳跃的平台，也能以侧面的造型精确描述需要跳跃的距离，为玩家的判断提供最直观的参考信息。在大型的三维角色扮演类游戏中，为了在展示游戏场景空间的同时提供身临其境的代入感，通常选择背面拍摄玩家操控的角色，从而与玩家的视角保持一致。背面视角与角色行进方向能够很好的统一，给玩家带来合理的视觉逻辑，但不容易展示角色正面的信息特征，如表情变化，也不太擅长展示角色的动作幅度与力度等，因而在实际应用中，一些注重玩家体验的游戏，会在需要强调角色形体动作的时候选择其他适合的视角进行拍摄。如《刺客信条》在秒杀敌人的过程中，为了强调感官上的刺激，游戏不仅将景别推进，摄影的角度也发生变化，从角色的背面转而成随机性质的正面或斜侧面的俯视，将这一血腥暴力的动作强化放大。这种实时镜头的设计，在一些大型的主流游戏中经常运用，通过适当改变景别与角度，给玩家带来某种不易察觉但却潜移默化的视觉刺激体验，是游戏借鉴电影的绝佳案例。在水平平面视角的运用上，有一类相对比较特别的游戏类别，即固定视角的角色扮演类游戏（图4-03）。这类游戏以俯视45度的固定视角来展现游戏场景与游戏中的角色，

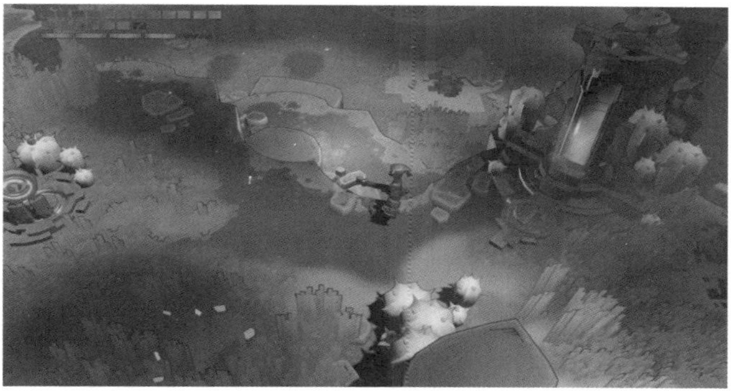

图 4-03 固定视角应用——《Hob》游戏截图
图片来源：《Hob》，开发者：Runic Games，发行日期：2017.09.27，发行平台：PC、NS。

因此根据角色具体的运动方向，镜头水平平面视角也产生相应的变化，正面、侧面、斜侧面和背面都会被涉及。而在玩家的互动过程中，角色视角的变化不会对可玩性造成影响，这一点与自由度较高的 3D 角色扮演类游戏是不同的。后者如果选择侧面或者正面的角度，显然会对角色的操控与前方环境的观察造成重要的影响。

事实上，游戏中的景别和角度通常是随着具体的互动情节而发生实时的变化，这种变化有的是出于实用性的考虑，有的则是出于艺术表现上的强调性设计。如在《波斯王子》系列中，玩家扮演的角色在断壁残垣的建筑遗迹中飞檐走壁，当视野开阔时，景别适当会趋向远景，而当需要表现相对窄小的空间时，镜头则拉近角色与玩家的距离，并适当调整角度来使用相应的表现需求。而在《风之旅人》（图 4-04）中，游戏设计者为了让玩家体验更好的艺术氛围，某些时候故意弱化可玩性，采用一些不是那么实用的景别和角度。如在最终章中，为了表现重生后的极乐世界美

图 4-04 远景应用——《风之旅人》游戏截图

图片来源：《风之旅人》，开发者：Thatgamecompany，发行日期：2012.03.15，发行平台：PS3、PS4。

好欢乐的情感氛围与宏伟气势，玩家扮演的角色在场景中飞翔的身影一开始显得非常小。这样的实时远景应用并不多见，却是烘托游戏主题气氛强有力的手段。

需要指出的是，在一些大型的主流游戏中，三维技术支撑下的摄影机在游戏中通常可以被玩家实时地操控，比如玩家可以将自己扮演的角色作为摄影机目标，随时推进或拉远摄影机，也可以选择不同角度去观察角色与周围信息。这种相对较高的摄影机自由度，并不意味着游戏中的摄影机在这方面就没有研究的意义。正如我们在摄影机的自由与限制中所提及的，即便玩家可以自由地操控游戏中的摄影机，但这种自由度还是会受到游戏互动方式的限制。比如《刺客信条》中，玩家可以全方位地摇动摄影机观察角色所处的环境空间，但如果要保证角色前进过程的顺畅，玩家还是会自觉地将角度恢复至略带俯视的背后视角，这样更加便于观察前方的情况，同时与角色的行进方向一致。而在一些狭小空间的巷战中，高角度的俯视甚至极端的鸟瞰会比平视的视角更加实用。互动方式的限制使得玩家即便有较自由的观察角度，也会自觉根据游戏的互动设计选择最适合的景别与角度。因此游戏创作者需要在这一自由与限制的基础上，去设计更加适合玩家体验的画面呈现方式，在为玩家提供更多自由的同时，也要多从实用的角度去设计一些规范性质的镜头类型，采用指导或者推荐的方式呈现给玩家，并与游戏的艺术氛围相结合，为玩家的游戏体验提供更加自然贴切的镜头设定。

明暗与色彩

在电影艺术中，明暗与色彩是强有力的艺术表现手法。游戏在这一方面大量借鉴了电影中的灯光与色彩理论，为游戏的互动与艺术氛围的营造提供有效的手段。

与电影类似，根据不同的游戏风格和主题，游戏画面也趋向不同的基调。在某些写实类游戏中，对真实光影与质感效果的追求，使得游戏画面基调与玩家生活的真实环境保持一致，而不是过度地将生活化的画面戏剧化。如《GTA》系列中，游戏强调的是环境的真实感，因而游戏画面的光影与色彩设计使得玩家的体验宛如在真实的城市中游走。这种设计理念也体现在大部分的体育竞技类游戏中。但在一些涉及悲剧色彩主题的游戏中，画面通常采用比真实世界更阴郁的基调。如《马克思·佩恩》系列，画面的暗色基调与主角的惨痛经历和悲观厌世的情绪保持一致。在悬疑类游戏《暴雨》中，哀伤压抑的情绪通过阴雨不断的城市外景与昏暗残旧的室内布景持续地渗透到玩家心中，同时与游戏序章中阳光明媚的高调画面形成鲜明的对比，表现出主角失去儿子以后内心的挣扎与沉痛自责，很好地形成了游戏的悲剧基调。同样的手法也被用于一些恐怖类游戏中，如《寂静岭》系列，阴暗的光线不仅体现了哀伤，同时也是表现神秘恐怖的有力手段，加上室外场景中迷雾的设定，使得不远处的景物就处于模糊不清的暗部，未知的恐惧用这样静态的方式呈现在画面上，为游戏的恐怖气氛提供了最重要的造型手段。与此同时，游戏还为玩家扮演的角色提供一个手电筒，用于在室内黑暗处的照明。这样的运动光线设计，将场景被照亮的区域交由玩家来控制，使得黑暗中的未知可以被主动地去发现。当可怕的怪物被照亮，瞬间突兀地呈现在玩家眼前时，游戏的恐怖气氛被进一步加剧。在一些超现实主题的游戏中，一些美好宏大的场面，则常常采用高调的画面来呈现。如在《生化奇兵：无限》中，玩家初到哥伦比亚天空之城的画面，就使用过度曝光的方法来展示这一令人惊艳的梦幻场面。在《风之旅人》最后的重生章节，象征着美好与光明的极乐世界也同样采用过度曝光的形式，同时也在画面中将色彩对比度加大，配合相应活泼的背景音乐，使得欢快而又圣洁的极乐世界很好地呈现在玩家眼前。

游戏画面基调的选择，是游戏对电影借鉴的重要体现。但游戏自身的互动特色，却使得游戏中灯光与色彩还具有其他实用意义上的应用，其中最重要的实际用途，是从关卡设计的角度去引导玩家。我们知道，游戏创造了一个新的世界让玩家去体验，在交给玩家自由探索的同时，又希望玩家能够按照创作者的意愿顺利地沿着游戏设定的流程前进，这时候就需要用自然合理的方式去引导，而不是刻意地去要求。灯光与色彩的方式就是一种很好的选择。如在一些恐怖生存类的游戏中，室内场景通常为了营造恐怖气氛而显得昏暗阴沉，玩家在寻找出口的过程中，如果看到远处的光亮，就会自然而然地靠近。这种黑暗环境中的趋光性，是人类的生存本能，稍加利用，游戏设计者便可以很好地引导玩家，使他们潜移默化地沿着关卡设计的方向前进。颜色同样可以用于关卡的引导，通常利用与环境对比度较大的颜色作为指引玩家的手段。如在《寂静岭》系列中，暗沉的墙壁上出现高纯度的红色标记时，会在第一时间引起玩家的关注，从而引领他们到达游戏的保存点。在城市跑酷类游戏《镜之边缘》（图 4-05）中，游戏的教学关就提供了与白色为主的城市场景具有较高对比度的红色、橙色和黄色来提示玩家的行进路线，在保证实用的基础上又同时具备形式上的美观。

图 4-05　《镜之边缘》游戏截图

图片来源：《镜之边缘》，开发者：EA DICE，发行日期：2008，发行平台：PS3、Xbox360、PC。

在明暗与色彩的镜头运用中，一些在生活中约定俗成的认知惯性通常也被很好地利用起来。比如明暗具有的象征意义，光明象征着正义、道德、安全和欢乐；而黑暗则象征着邪恶、恐怖、危险和悲伤。因而在游戏中，一些相对安全的领域通常光线比较充分，而在敌人出没的地区则更趋向阴暗。如《最后生还者》中，一些昏暗的室内场景通常也是受感染的人类出没的区域，而阳光明媚的室外场景中，玩家可以稍事休息，安心地欣赏美景。当角色从明亮的场景往昏暗处前进时，玩家会主动意识到紧张危险的战斗即将开始，从而在心理上做好充分的准备。色彩的象征意义也是常用的手段。如红色象征着危险、鲜血、禁止等，因而在游戏场景中，闪烁起红色灯光，就会给玩家造成紧张不安的危险警示。一些幻想类游戏中，常常用红色来表示玩家用来补血的道具，而蓝色则用来表示补充魔法的道具。

在明暗与色彩的应用中，还有其他一些值得注意的地方。比如，角色与背景之间、角色与角色之间，都需要具有一定的区分手段，方便玩家辨认。而游戏场景，特别是一些需要长时间关注游戏画面的大型主流游戏，画面中高纯度的颜色不宜过多，以免长时间的观看给玩家带来烦躁不安的视觉体验。

摄影机运动

在电影的拍摄过程中，摄影机的运动可以看作是影像画面的外部运动，大致可以分为推、拉、摇、移、跟和固定镜头等方式。而对于游戏来说，大部分的摄影机运动都可以看成是对玩家所操控的角色的跟拍，具体表现为：摄影机始终跟随着玩家可操控的角色，并与之保持相同的运动速度，同时，角色所处的环境背景始终处于变化中。跟拍的运动形式，是由游戏的互动方式所决定的，是游戏创作者的一种自觉的选择。因为对于游戏来说，需要为玩家的互动提供连续而详尽的围绕玩家操作主体的变化信息。跟拍就能够提供这样的功能，它能够很好地交代拍摄主体的运动方向、速度以及与环境之间的关系变化等，是在游戏中，特别是在三维游戏中常用的拍摄手段。跟拍通常呈现出一种中性的纪实风格，但这并不意味着只是机械化的镜头设计。事实上，跟拍会涉及一些技术上的问题，比如在一些相对复杂的环境中，如果摄影机与角色的距离保持一致，那么很容易造成与墙壁等障碍物的碰撞，甚至会进入墙壁内部。因此游戏的程序必须保证避免这一情况发生，即时地调整摄影机与角色的距离和角度，同时也要小心地处理这一变化，尽量保持平滑而不被玩家所察觉。一些非沙盒类的游戏中，角色的行进路线相对比较单一，这样就可以采用固定运动轨道的策略，事先安排好一条摄影机的轨迹路线，摄影机的跟拍运动被轨迹所牵制，因而可以有效地避免碰撞与嵌入事件的发生。在这一过程中，也需要考虑摄影机拍摄内容信息量的适度性，过多或过少的场景视觉信息都会给玩家造成挫败感。就如前文所述，游戏中往往会根据角色的具体环境而适当地改变跟拍的角度或景别，这种变化在很多时候并不明显，甚至不会被玩家察觉，但这恰恰是一款好的游戏所需要的镜头设计，在为玩家提供贴切实用的帮助的同时对玩家的视觉体验不造成影响。同时需要指出的是，跟拍的摄影机运动方式，也容易造成玩家的眩晕感，特别是在没有固定参照物的第一人称视角画面，这就需要与游戏的场景、互动方式等进行综合调整以避免这一情况。

平移的摄影机运动方式，是通过画面的平面运动而产生的变化形式，大多呈现在横版类和格斗类游戏中。这类游戏中的角色和场景大多以侧面的造型呈现，摄影机则使用移动的方式捕捉角色的运动趋势。事实上，跟镜头就是一种特殊的移镜头，二者同样是跟随拍摄对象而移动，但跟拍更加偏向于画面 Z 轴的运动变化，能带动玩家进入画面空间中去，更具代入感；而平移则通常在游戏画面 X、Y 轴方向变化，以画卷式的展开方式去展示空间，因而相对而言平移所展示的效果更加平面化。同时，跟拍镜头可以让玩家很直观地观察到前方的环境，但侧面平移的镜头中，前方的未知领域必须要跟随玩家的前移才能展示到屏幕中。因而平移镜头中所涉及的互动操作更加需要玩家的反应速度和操控技术。如在《奥日与精灵意志》（图 4-06）这种横版跳台类游戏中，玩家无法知道角色运动前方的场景状况，只能在角色到达时临时作出快速的判断。尽管平移镜头展示画面的方式趋于平面化，但却能很好展示画面内部的空间感。在镜头移动的过程中，离摄影机较近的物体会以较快的速度反方向运动，而离摄影机较远的物体则会以较慢的速度运动，如果画面层次比较丰富，那么所呈现的动态透视效果是其他镜头运动无法达到的。

固定镜头是一种静态的造型模式，是镜头运动的一种特殊形式，能够以客观稳定的方式去展现游戏场景，通常在一些不需要体现角色快速运动的互动设计中被采用，如解谜类游戏。镜头的固定方式，并不意味着画面的固定。在固定镜头中，角色和环境都可以根据需要而发生变化。在解谜类游戏中，通常采用镜头固

图 4-06　镜头的平移——《奥日与精灵意志》游戏截图

图片来源：《奥日与精灵意志》，开发者：Moon Studios，发行日期：2020.03.11，发行平台：PC、Xbox One、NS。

定的形式展示游戏场景，玩家通过控制游戏角色在场景中的走动来触发情节、发现谜题和解决谜题。固定镜头用静态的方式呈现场景，使玩家得以在稳定的画面中观察场景细节，便于道具的搜集和谜题的解决。同时，固定镜头能够方便展现实时连贯的情节演绎，而不用担心玩家的跑动，更接近舞台的呈现方式。在某些三维角色扮演的游戏中，一些狭小空间内也采用固定镜头的方式，以便解决跟拍摄影机穿插墙壁的问题。同时，一些三维的解谜类游戏中，固定镜头也会适当结合摇镜头的运动方式，场景的空间得以在一定范围内扩展，增加环境的真实空间感。

在游戏中，镜头的运动方式还会被综合起来，用作游戏互动关卡的提示功能。如一些动作类冒险游戏，当角色来到一个新的场景，镜头会有意识地拉远，以呈现该关卡的整体面貌，然后按照关卡设计的行进路线用移动镜头的方式流畅地展示游戏场景空间，最后定位于该关卡的出口，提示玩家最终的目标位置。场景中的某些谜题机关所涉及的关键内容，游戏也会适当运用推进或镜头移焦的手段来引起玩家的关注，从而引导玩家的行动。

2. 游戏中的场面调度

场面调度源自戏剧中的一个术语，本意是“放在场景中”，是处理舞台上演员表演位置的技巧方式。相对于舞台剧，电影艺术中的场面调度更为复杂，是演员调度和摄影机调度的综合应用。电影的剧情、人物性格、人物之间的关系等都是场面调度的依据。场面调度的合理应用，对刻画人物、交代时间间隔和空间距离、渲染气氛以及画面造型都起着重要作用。游戏中也存在着类似的场面调度，如构造场景造型，安排对抗类角色的出现以及剧情的发生等，但游戏场面调度的依据主要还是围绕着互动方式，在对电影艺术借鉴的同时，也相应地做出一定的调整。相对而言，游戏中的场面调度更加直观和实用化，但随着游戏叙事能力的不断提升，场面调度也作为一个重要的手段正在往更加细腻丰富的方向发展。

角色调度

在游戏中，主要角色通常交由玩家来控制，角色的运动趋势与动态变化是由玩家的操作来决定的，但这不代表游戏创作者把主要角色调度的掌控权完全交给了玩家。事实上，在玩家看似自由的角色操控过程中，往往受到游戏场景和游戏摄影机的限制和引导。这种掌控权的半限制状态，很大一部分原因来自前文所述

图 4-07　角色调度应用——《波斯王子 4》游戏截图

图片来源：《波斯王子 4》，开发者：育碧，发行日期：2008.12.2，发行平台：PS3、Xbox360、PC。

的互动方式，当然也有游戏创作者对于游戏画面在美观上的考量。如在《波斯王子 4》（图 4-07）中，游戏采用跟拍的方式呈现玩家扮演的角色在场景中的互动，通常这样的形式角色总是处于画面中央的底端，和《魔兽世界》等一些大型 MMORPG 中所采用的一样。但在《波斯王子 4》这样的动作类游戏中，角色与环境之间的互动是游戏可玩性的一个重点，因此，在这类型游戏中往往有着相对复杂的可以让角色在其间攀爬跑跳的场景造型。为了更好地展示互动场景的复杂地形以及气势恢宏的奇观化美景，在某些场景中，游戏采用了偏移和推拉镜头的方式，把角色的中央位置适当调整，并且拉大画面的景别。这样做，不仅在构图上打破平庸的对称形式，使画面显得更加美观，同时也提供给玩家更好的角度去观察场景中的具体地形。游戏创作者通过对摄影机的调度掌控，结合玩家的角色操作，在一定程度上实现了游戏中的角色调度。角色调度还通常受到游戏场景的限制，游戏创作者可以利用场景中隐藏着的障碍物，缩小角色的活动范围。比如在《刺客信条 2》中，玩家控制的角色在出城后，如果不沿着路走而试图爬上野外的白色巨石，只能得到一个徒劳的结果。尽管主角能够在城市的高楼间自由攀爬，但面对似乎更容易攀岩的巨石却束手无策。这无疑是游戏有意地限制玩家活动范围的一种手段。此外，游戏中也可以通过提供相应的剧情对白来限制玩家的角色调度。如游戏中的角色如果有了明确的行动目标后，当玩家想要偏离这一目标而试图行进到与目标无关的区域时，一些游戏会通过辅助角色或主角自己的提示，告知玩家最好先去完成当前的目标，继而生硬地阻止玩家继续向前。

相对于游戏中玩家可以控制的角色，其他角色的调度就显得更加自由灵活。游戏中常见的跟随主角的辅助角色，通常采用与玩家保持一定距离的行进模式，当主角处于一定的互动事件中，如遇敌、跳跃等状况时，辅助角色会根据自身的人工智能设计而作出不同的反应。如在《魔兽世界》中，猎人所携带的宠物可以在主人受到敌人攻击时主动出击，吸引敌人的注意从而保护主人。在《最后生还者》中，辅助角色的人工智能程度相对较高，他们不会机械式地紧跟着主角，而是采用与环境相适应的跟随策略，使得角色调度看上去非常自然。随着场景的变化和剧情的发展，角色的情绪也会产生相应的戏剧性变化。如游戏中的第二主角小女孩艾丽，由于她从小没有离开过隔离区，因而跟随主角亡命天涯的过程中，看到一些新鲜有趣的场景细节，她就会由衷地表现出极大的兴趣，甚至适当地停留徘徊，如果玩家扮演的主角靠近，便可以和她交谈相关的话题。在一个场景中，艾丽与一个年龄相仿的小男孩甚至玩起了飞镖游戏，玩家可以选择走过去加入。而在游戏最危险最紧张的阶段，辅助角色在走位上需要做到不影响玩家的视线，或者给玩家提供一定的引导。如《最后生还者》一开始的教学阶段，主角的搭档泰丝在潜入敌区的时候先于玩家行动，为玩家演示可以采取的制敌策略，形象而又合理地为玩家提供引导。

游戏中的其他NPC，则以更加戏剧化的手段根据剧情需要安插在各个场景中。安插的方式可以分为静态或动态两类。静态是指角色的位置相对固定，比如《魔兽世界》和《火炬之光》中各主城中的商贩类角色。在一些强调生活化的游戏场景中，这些中立的NPC往往会有更加丰富细腻的场面调度方式。如在《刺客信条》中，玩家扮演的角色如果在街上碰撞上行人，就会引起他或她的强烈指责。在《生化奇兵：无限》中，初到哥伦比亚的玩家，还会收到路边行人的礼貌问候。《最后生还者》则带给玩家更加细腻的NPC调度，如玩家在同伴泰丝的带领下来到了敌人的营地。为了展示这个营地的真实氛围，营地场景中安排了一些位置固定，却有着丰富表演内容的NPC。当玩家靠近这些NPC，就会触发他们的表演，与玩家产生互动。比如玩家路过营地中某个摊位，摊主会立马从椅子上站起来凶狠地说："如果碰到就得买。"游戏通过对这些角色的实时调度，用生动有趣的方式营造出敌人营地资源匮乏、唯利是图、缺乏友善的氛围，给玩家带来强烈的参与感。

动态的调度方式通常采用的是给 NPC 设计一条相对固定的行进路线，玩家可以在这条路线上遭遇 NPC，并打断他的位置移动，与之发生相应的对话情节或交战。在一些 MMORPG 中，一些野外的高级别精英怪通常就采用这样的方式调度，而不是在固定的地方等待玩家，这样的调度使得玩家的游戏体验更加真实丰富。动态调度也可以根据玩家的具体位置，实时地安排对抗性 NPC 以一定的速度靠近角色继而进行攻击。在一些大型的动作类游戏中，通常在高难度关卡中会采用这种方式。如《生化奇兵：无限》和《刺客信条》中城市里熙熙攘攘的人群，也是一种动态调度的方式。《刺客信条 2》中，玩家在热闹的街市中行走甚至有可能遭到偷窃，从而引发突发的追击战。追逐小偷的路线并不是固定的，玩家必须实时做出判断以便及时跟上小偷。这种随机的调度模式，给玩家带来了更加丰富的互动体验，强化了玩家的代入感。

动态构图

与电影艺术类似，在绝大部分情况下，游戏画面或画面中的视觉元素都处于不断变化的运动状态中，使得画面结构持续地发生着变化，因而在场面调度的过程中，就必须以动态的方式去安排构图。同时，游戏中的互动操作，也使得这种动态构图形式与电影艺术存在一定的差别。

在构图设计中，首先需要考虑的是画面的视觉中心。毫无疑问，在第三人称视角的游戏中，画面的视觉中心大部分时间都属于玩家可以操控的角色及其附近的环境区域。玩家将角色视为自身在游戏世界中的代理，因而该角色与角色所处的环境关系自然是玩家的关注中心。基于这一点，玩家扮演的角色在造型设计上，就必须与环境有所区别，通过调整色彩与明暗对比，加大在场景中的可辨识度，并给玩家造成视觉上的吸引力。比如在《魔兽世界》一些大的副本中，玩家扮演的角色和其他十几个甚至更多的玩家一起对战副本中的多个敌人时，就很容易造成视觉中心的混乱。当然，视觉吸引力也可以通过动态的造型来实现。在单人游戏场景中，角色在相对静态的环境中的奔跑行走，本身就是吸引玩家注意力的一种方式。而场景中一些敌对状态的敌人，通常也以动态的方式引起玩家的注意。如在《最后生还者》中，尽管一些场景昏暗难辨，但那些感染者即使只有细微的动作，都能够引起处于警觉状态下的玩家的注意。

玩家的视觉中心并不总是在主角附近，事实上，玩家的视线很少会停在一处不动。当玩家扮演的角色处于相对稳定的状态中时，玩家会主动地关注角色以外的一些画面内容。在某些场景中，一些重要的情节内容或关卡道具，需要刻意地引起玩家的注意。利用光线对比和动态造型，都可以达到这种目的。如在《风之旅人》中，游戏创作者将重要的机关位置，用高亮的自发光的形式来引领玩家。这样的构图方式，结合了游戏的故事背景中关于能量源的设定，贴切自然。在一些恐怖生存类游戏中，玩家往往通过手电筒的照射观察相对昏暗的环境，这个时候，视觉中心就是玩家自己所选择的照亮区域。而引领玩家去照亮的，同样是一些动态对比等手段。某些场景中，一些可以被拾取的重要道具由于体积较小，无法引起玩家的注意，游戏常用的手段就是将它们高亮化显示。同样的手法在《刺客信条》中也用于敌对 NPC 的锁定。

在构图设计中，不同的画面位置也会给玩家造成不同的视觉影响。一般来说，画面的中央是通常意义上的视觉中心，具有相对重要的支配地位。因而在第三人称视角的三维游戏中，角色通常处于画面中央。但如果是第三人称的射击游戏，为了使玩家能够更方便地对敌人进行瞄准，通常将角色挪向左边一些，与玩家右手用枪的习惯相接近。在横版类游戏的设计中，角色的位置也会有类似的偏移。由于我们从左往右的阅读习惯，横版类游戏的行径目标总是处于画面的右边。同时，侧面拍摄的摄影机视角，使得玩家和游戏角色视线方向并不统一，因此游戏画面中左边已经探索过的和右边未被探索过的场景基本上可以根据画面中角色的位置而分割成两大区域，这就造成了玩家在信息量的需求上右边多于左边。因此，横版类游戏中角色的位置大部分都处于画面偏左的位置。这不仅在实用性上符合玩家的需求，同时还能在构图上打破僵化的中央对称形式。从左至右的阅读习惯，还影响了大部分格斗设计中玩家操控的角色所处的位置。《街霸》系列中，玩家如果选择与电脑对峙，那么开场时代表玩家的角色都是处于左边，相对右边而言，左边更具有安全感。

画面的底部与顶部也会造成不同的视觉感受。在三维动作类或射击类游戏中，画面底部通常具有一定的安全感，这一安全感的来源，也是基于对已探索区域的信任。但在一些恐怖生存类游戏中，有时候会故意破坏这种安全感，怪物或僵尸也可以从背后攻击。《生化危机 4》将游戏摄影机紧贴至玩家角色的肩膀后，减少玩家对角色背后的环境信息的掌握，从而提供恐惧感。画面的顶部相对而言是危险的领域，当玩家处于警觉状态时，视觉的中心就会徘徊于高出角色的区域部分。在《最后生还者》(图 4-08) 的一些高难度强制战斗关卡中，敌人通常会从画面顶部入画，陆

图 4-08　非常规的视角——《最后生还者》游戏截图

图片来源：《最后生还者》，开发者：顽皮狗，发行日期：2013.06.14，发行平台：PS3、PS4。

续冲向位于底部的玩家和同伴，同时在三维空间透视的效果影响下，敌人越靠近玩家，他们运动的速度就显得越快。这种从上至下的视觉冲击力，带给玩家强烈的紧张与刺激，是三维角色扮演类游戏中常用的手段。画面顶部也通常象征着权利、神圣与威严。《风之旅人》沙漠场景中，角色占据画面的比例很小，凸显场景中那些矗立着的高耸而庄严的废墟，而远处那座发出神圣光芒的高山，不断提醒着玩家最终的目的地方向。

画面的动态构图也会根据游戏的互动设计而打破常规。如在一些游戏的设计中，重力的方向会有所改变，造成玩家或摄影机的角度变化，从而影响构图形式。《地域边境》中有一段关卡涉及反向重力的互动谜题，在反向重力的影响下，角色会被倒吸在天花板上。这时候的构图模式就会给玩家造成一定的视觉混乱，考验玩家在两种重力状态下的反应速度。在《最后生还者》中，有一个关卡设计的情节是角色踩中了陷阱，被倒吊在空中，这时摄影机也跟着角色的视线倒过来拍摄并随之晃动，接着以这样的状态与敌人搏斗。这一倒着的视角与玩家正常的状态形成强烈的视觉反差，为游戏的可玩性增添了更加真实丰富的元素。

场景空间

真实的场景空间具有三个维度：高度、宽度和深度。为了避免平面化，电影的场面调度会在画面纵深轴向上进行细致的安排。借鉴这一方式，游戏也可以采取类似的措施。最简单的方式，就是把游戏场景分为三个层次：前景、中景和背景。游戏中的主角通常处于中景中，前景的一些景物偶尔会遮住角色的一部分，但通常不会完全覆盖住角色，从而合理地展示角色与镜头的空间距离。而背景如果是比较开阔的场景，通常会再细分层次。重要的场景造型不会离角色太远，场景中的其他角色也通常出现在这一层次，而最底层的背景通常是作为画面的填充，没有实际的互动意义。当然，不同的互动方式也会有不同的场景层次造型方式。在横版类游戏中，场景的层次感是被强调的。基本上玩家扮演的角色与所要互动的场景都处于同一层次中，可以将这一层次概括为中景，而前景和背景基本上都是美术层面的装饰，所需要考虑的重点是，在帮助体现画面深度的同时又不能与互动层次（即中景）抢夺玩家的关注度。

场景的空间造型方式，也可以从开放与封闭这两个方向去考虑。一般来说，开放的场景显得更真实更具现实感，而封闭的场景则通常更能集中表现戏剧化的情节。《魔兽世界》中大部分的副本都安排在一个相对封闭的室内或地下洞穴中，这样既能控制玩家们的行进路线，又能合理安排怪物出现的数量与关卡难度。

图 4-09　开放的空间造型方式——《最后生还者》游戏截图

图片来源：《最后生还者》，开发者：顽皮狗，发行日期：2013.06.14，发行平台：PS3、PS4。

一些动作类的游戏也通常采用这样的手法。如《波斯王子 4》的 BOSS 战，玩家的活动范围被限制在一定的区域，不是在地牢就是在四面悬崖的平台上，玩家无法行进到其他区域。封闭的环境使得游戏创作者可以为游戏的互动创造出一些戏剧性的情节设计，如某一 BOSS 只能利用场景中的某些物件才能战胜，或者当玩家攻击到一半时，会引发一定的剧情设计。这在开放性的场景中是很难实时把控的，因为玩家的行进路线无法确定，而场景环境如果比较复杂的话，很多情节就无法很好地演绎。所以在一些大型的强制战斗中，绝大部分游戏都会采取封闭式的场景造型方式。

在开放的场景模式中，玩家可以相对自由地游历探索。但并不是室外开阔的场景就意味着开放，很多时候，一些室外的远景只是美术意义上的空间填充，游戏创作者会用各种方式阻止玩家靠近。同样，一些室内场景也并不总是封闭的，一扇门和一扇窗，就能把一个封闭场景给打开。《最后生还者》（图 4-09）就充分借鉴了电影开放空间的造型方式，将游戏的实时叙事能力，提升至新的层次。如主角与同伴泰丝来到某个营地的检查口时，两人处于室内，营地在室外，泰丝打开室内的一扇门，将入口的凭证交给室外看门的小男孩，小男孩收到凭证后把门关上，两人继续在室内等待。这时场景的空间已经明确建立起两个区域，一个是玩家和同伴所处的室内，另一个是室外的营地，二者通过一扇门建立起关系，但由于还未通过验证，两人无法到达室外的营地，因而角色所处的空间是封闭的。这时候如果玩家稍等片刻，小男孩打开门放玩家和同伴出去，也是可以被接受的一种设定。但是游戏中利用了室内右边墙壁上的一扇窗户将小男孩接下来的行为进行了清晰地描述。透过窗户，玩家可以看到小男孩在室外验证刚接收的入口凭证，然后敲击窗户玻璃，示意二人通过了验证，可以开门。这一巧妙的场面调度形式，合情合理地将游戏剧情的细节描述得真切动人，使处于封闭空间中的玩家也能够对另一空间层次中的情节发展进行实时的了解，游戏叙事在视听呈现上更具现实主义。

另外，对镜头画面以外的区域进行设计，也可以成为场景空间的造型手段。如一些相对比较神秘、危险的角色或物品，可以根据相应的剧情，将它们排除在画面内部。通过一些视听化的手段，如声音、发出的光线等方式来体现他们的存在感，玩家可以试图接近，却始终无法知晓其真正面目。画面外的空间还可以是游戏场景后面不可见的空间，如上文所提及的《最后生还者》的小段落，如果没有右边窗户，室外的营地就是画外的空间，通常可以用声音对白等方式展现情节的发生。事实上，这也是一些恐怖生存类游戏中经常被使用的手法。

（三）游戏中的电影蒙太奇

1. 游戏中蒙太奇的特点

蒙太奇是电影艺术中镜头分切与组接，段落、场景之间衔接与转换，以及剪辑的具体技巧技法，是电影艺术最具特色的叙事方法。根据电影的主题、情节的发展以及情感的表达等需要，蒙太奇可以通过各种相应的剪辑手段，将画面之间、声音之间、声画之间组接为一个有机的艺术整体。我们可以将蒙太奇理解成电影创作者对电影时空的一种掌控权利。为了体现其在作品中的艺术构思和价值追求，电影中的时空可以采用压缩、扩展、重复、交叉、平行等各种蒙太奇手段来为电影艺术服务。游戏在发展的过程中，不断借鉴着电影蒙太奇的视听叙事手法，是游戏艺术养分的重要来源。但并不是所有的借鉴形式都是成功的，一些游戏由于过于强调电影化的叙事内容，而忽略了游戏最本质的互动需求。我们在前面章节中曾经论述的游戏与电影的本质区别，使得游戏在借鉴电影艺术的同时，需要与自身的互动目标相适应，从而发展出一套相对独特的蒙太奇手法。接下来我们可以分别从游戏影像段落之间的时间、空间、节奏以及图形等方面的关系去剖析游戏中电影蒙太奇的特点。需要指出的是，游戏中通常涉及的完全剥夺玩家控制权的过场动画，事实上隶属于电影艺术的范畴，因而并不是我们所要研究的对象。

首先，我们先从游戏中影像段落的时间关系谈起。我们知道，玩家在游戏的互动环节中，需要一种实时连贯的操作与回馈体验，这样的需求使得在电影中本应剔除的一些不必要的琐碎甚至重复的动作细节，在游戏中却是互动内容的主要形式。因此，在游戏实时互动的过程中，需要尽量避免在时空上的打断，让玩家保持持续的视听互动体验。即便在一些特殊状况中需要剪辑手段，也必须保证时间上的连贯。如《刺客信条》中偷袭秒杀敌人的情节，游戏创作者为了提升玩家的感官刺激，将这一动作过程的呈现通过不同角度的两个镜头组接而成，这一剪辑手段的应用，尽管在空间调度上有了明显的变化，但在时间上却没有割裂，玩家的游戏体验依然保持连贯。某些游戏中也会根据剧情需要而安排一些闪回段落，大致可以分为两类：一类是以剥夺玩家控制权的方式出现，即类似于过场动画的形式；另一类则将这一闪回段落也设计成一个连续互动的关卡场景，而衔接这些闪回段落的，基本上也是一段相对完整的互动过程，因而这样的时间回溯式剪辑并不会给玩家的操作体验带来太大的影响，反而是控制游戏节奏的一种手段。

游戏中,影像段落之间的空间关系,也更加强调组接的逻辑性。在点触类的冒险解谜游戏中，往往通过不同场景空间的影像段落组接而构建起整个场景。这组接过程需要相对严谨地利用角色的出入走位等方式，从而合理地拼接起游戏的整体空间。同时，一些需要重点提示给玩家的关卡内容，游戏往往通过插入相关特写镜头的方式来呈现，这时同样需要符合空间的逻辑关系。一般来说，特写镜头的空间内容需要与前一镜头保持在造型上的从属关系，这样才能为玩家所理解，也更容易帮助他们去寻找这一特写中的目标。这一要求也适用于其他的游戏类型。如在《波斯王子4》中，一些机关的操作镜头与操作后相应的场景变化通常由两个景别不同的镜头衔接而成。因为拍摄操作的镜头通常需要角色近距离的表演，而场景中相应的互动变化，则需要更大景别的全景甚至远景来展现。因此这一组接的空间就需要保持一定的从属关系。但也存在机关的开关与机关主体体积接近但相隔较远的情况，如一扇门的开关在墙壁的另一边，这时即便是扩大景别也无法很好地同时展示门和开关。这时，玩家操作开关的镜头与门开启的镜头之间的组接是通过玩家在场景中行进时产生的已知空间方位感而建立起来的空间逻辑。

影像段落之间的节奏关系，在游戏中相对比较缓慢，原因在于游戏中互动环节的节奏基本上通过影像单元内部的方式来控制，比如，敌人的数量、出现的位置、进攻的速度等。但在一些相对紧张的时间段中，适当地插入时长较短的其他视角的镜头，更能够以视听化的手段提升紧张的气氛。如前文所述的《刺客信条》中，秒杀敌人时所采取的剪辑策略。游戏中的节奏还可以通过适当的插补慢镜头的方式，来强调某种视觉快感。如在《街霸4》中，当玩家发出最高难度的超级必杀技时，游戏会插补一些不同角度的镜头并刻意放缓，加长玩家完成任务后成就感的持续时间，并在视觉上给玩家带来戏剧性的暴力审美冲击。

游戏中，段落之间的图形关系通常以玩家扮演的角色来形成统一的辨识内容。不同场景之间的切换造成环境在视觉上的突变，但唯一相对应的图形是前后一致的角色形象。在《饥荒》这款游戏中，玩家可以在场景中发现一些传送门，通过传送门可以闪现到不同的场景区域中。这时的镜头剪辑，就涉及两个景别与角度一样的镜头组接，角色一致的图形关系使得前后镜头达到了连续性的效果。

总之，游戏中的蒙太奇通常在游戏的互动环节中是被尽量回避的，但在某些时候，却能以巧妙的方式将互动体验和叙事要求相结合而又不易被玩家所察觉。这些巧妙的方式，无外乎是在遵循基本的视听规则的前提之下，尽量保证时间上的连贯与空间上的逻辑。以此为基础，结合游戏创作者的艺术追求，必将会产生更多更好的蒙太奇应用方式。

2. 蒙太奇在游戏中的功能

如前文所述，蒙太奇在游戏的互动过程中，通常以极为细腻低调的手法而尽量不引起玩家的关注，保证游戏体验的流畅感。事实上，一些强调真实代入感的游戏甚至会极力避免蒙太奇所带来的时空上的断裂感，如一些第一人称视角的三维游戏。那么游戏创作者又是出于哪些考虑，把电影艺术中的蒙太奇手法带入游戏中的呢？我们可以通过对蒙太奇在游戏中的一些实用性功能分析梳理，来得到相应的解释。

叙事作用是蒙太奇最主要的功能应用。在游戏中，通常会将整个游戏过程分割成一些相对独立的叙事章节，每个章节内部提供玩家流畅连续的互动体验，而将最具戏剧性的情节内容集中体现在章节之间的衔接部分。每个章节之间可以通过蒙太奇手段将时间、空间进行合理的剔除，从而为游戏的剧情服务。如《最后生还者》中，一些段落之间短则略去一个晚上，长则略去几个月，使得剧情的发展更趋合理。在《机械迷城》中，玩家扮演的小机器人在城外关卡场景中，不慎从桥上跌落，从而转至另一个固定场景。两个镜头的组接，通过小机器人出画入画的一致趋势，把看似不相关的上下两个场景很好地衔接起来，并将跌落这一情节完整地呈现给玩家。这种手段也体现在某些特殊的互动过程中，如在《巫师》《荒野大镖客 2》中，玩家可以通过在篝火边休息恢复体力，这时候会用淡入淡出的手法将玩家不需要经历的时间用蒙太奇手段略去。在某些重要的实时对话中，也可以应用电影蒙太奇的正反打等拍摄手段增加戏剧性的气氛，但通常这样做会引起玩家互动体验的断裂感。《暴雨》中，很多涉及互动段落的重要对话或一些重要情节利用分屏展示的方式全方位地提供给玩家各个角色的信息内容，在实时叙事上也可以看作某种意义上的突破。

在一些解谜类的互动段落中，游戏也往往通过蒙太奇手段为玩家提供适当的提示，比如我们之前所说的《波斯王子 4》中某些解谜性质的互动方式呈现。提示的内容不一定都是基于空间，也可以通过闪回镜头的方式，强调玩家曾经经历过的有关细节，或者由于玩家对于角色经历的非全知状态，以闪回的形式提示玩家需要关注的内容。

蒙太奇的场景切换功能，是一些采用固定镜头拍摄场景的游戏常用的手段。如《塞伯利亚》《机械迷城》中，通过场景切换，将一个个断裂的、分开创作的游戏场景合乎逻辑地组接起来，给玩家造成连续完整的空间感觉。一些三维实时互动的游戏中，也会因为某些狭小的空间不适合采用连续拍摄的手法，利用场景切换的方式来组合空间。但无论基于哪些目的，游戏中实时的场景切换都必须遵守时间上的连贯性这一要求，避免给玩家造成互动的断裂感。

在很多强调叙事的作品中，游戏中的蒙太奇也是衔接过场动画的手段。这就需要保证游戏实时镜头与过场动画的开场镜头或结束镜头之间衔接的流畅度。如角色的运动方向、节奏、状态，以及镜头之间景别、角度、运动等关系，需要遵从电影语言的基本语法，不能给玩家造成视觉上的逻辑混乱。

蒙太奇还可以成为控制玩家情绪的重要手段。如我们之前所提及的《街霸 4》中关于超级必杀技的表现手法，就是借鉴了动作电影中的一些常用手段，对游戏的实时互动画面进行时间、空间的重新编排与组合，提升视觉冲击力，增强玩家的游戏体验。这样的手法在其他一些动作类的游戏中也经常使用。在《波斯王子 4》中，当角色第一次进入某一重要的又相对封闭的大场景时，游戏会故意插播远景镜头，为玩家展示场景的壮阔美丽，以及一些险要的关卡设计。通过这样的蒙太奇手段，游戏为玩家刻意呈现出一幅充满诗意的如画美景，从而提升玩家的视觉兴奋度。这一手法在《风之旅人》（图 4-10）中有着更为极致的应用。在衔接沙漠场景与地下城内部场景的过程中，游戏首先提供给玩家欢快流畅的快节奏互动体验，让玩家在夕阳余晖的笼罩下，驰骋于沙漠废墟中，而随着废墟不断往下的趋势以及越来越昏暗的光线，玩家操作的角色却可以进一步加速，并在前方地形无法预知的情

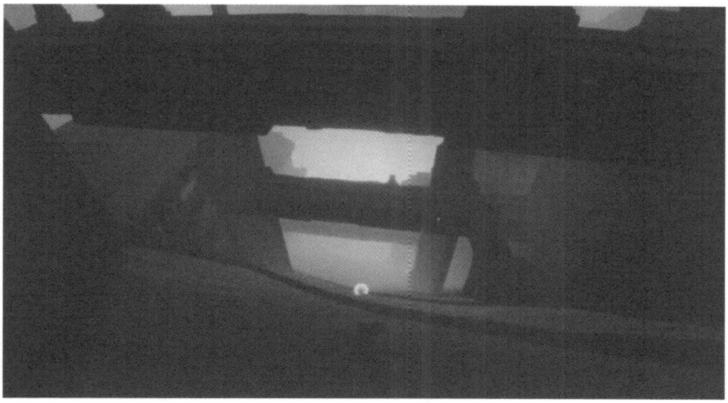

a

b

图 4-10 a,b　蒙太奇的情绪控制功能——《风之旅人》游戏截图

图片来源：《风之旅人》，开发者：Thatgamecompany，发行日期：2012.03.15，发行平台：PS3、PS4。

况下冲向一座悬崖。这种场面调度的方式，给玩家在欢畅淋漓之后带来一阵措手不及的慌乱。然而紧接着的侧拍大远景，将角色冲出悬崖继而飞身跌落至废墟内部的这一过程以诗意化的影像基调呈现给玩家，之前的慌乱在来不及思考的情况下消散殆尽，取而代之的是对废墟宏伟壮观的无限感动。《风之旅人》通过这一实时的蒙太奇手法，利用远景将角色的动态速度减弱，造成前后镜头节奏的强烈对比，同时结合明暗、色彩、景别、角度以及与气氛相应的音乐变化，将玩家的情绪顺利引导至高潮。

（四）不同互动类型的游戏影像叙事风格

不同的互动方式产生了不同的游戏类型，也导致了在影像呈现手法上的不同趋势。游戏中对于电影艺术的借鉴，受到互动方式的限制，因而游戏的影像叙事方式也有着相对明显的类型化区分。接下来，我们将选取受电影艺术影响较大的游戏类型为研究对象，对其相应的影像叙事风格加以分析梳理。需要指出的是，随着游戏的不断发展，不同游戏类型间也常有互动方式上交叉借鉴的情况，因而往往很难精确定义某一游戏类型，在这里我们将根据一个大致的区分方向，主要以影像叙事手法上的不同特征为切入点去概括这些类型，而不是试图给出一个精准的区分。

1. 第一人称视角游戏

第一人称视角通常在一些射击类游戏中使用，有时也会包含一些动作类和解谜类的互动元素。这一类游戏以最接近真实的观察手法，将角色与玩家的视角统一起来，给玩家带来最具代入感的互动体验。

然而游戏自由的主观视角，使得电影的叙事手法很难被直接套用，因而在表现剧情的方式上，游戏大量采用一些实时的场面调度手法，依靠 NPC 角色的人工智能与场景关卡的触发设计，以即时发生的体验方式，最大限度地让玩家融入剧情中去，而不是采用影像打断的手段去讲述。如在《孤岛惊魂3》序篇中，玩家扮演的角色在夜晚的丛林中疯狂逃命，为了制造紧张恐怖的气氛，游戏在角色身后安排了不断追逐的凶猛猎犬，前方则是敌人的伏击与直升机的搜索猎杀，随着剧情的发展，最后直升机将玩家试图通过的吊桥炸断，玩家被迫坠入桥下的河中。这些场面调度的手法，就如同让玩家亲身经历了一场实时的绝命狂奔，让玩家在游戏开篇就充分体会到命悬一线的恐怖氛围。

采用第一人称视角的游戏，也无法很好地展现玩家扮演的角色相应的动作与状态，更无法像第三人称视角一样对背后的环境信息有一定的呈现。因而在这些游戏中，无法涉及一些复杂的格斗动作，也无法很好地展示角色与环境的具体关系，这也为游戏的叙事造成一定的困难。在一些相对集中的戏剧化情节段落中，游戏创作者不得不使用一些类似于过场动画性质的故事插播。如《重返德军总部》中，游戏采用的第三人称视角过场动画尽管能够很好地以电影化的手法讲述剧情，然而在玩家的体验上却带来明显的段落感以及与角色关系的疏离感。《生化奇兵：无限》（图4-11）则采用了更加合理的方式。如玩家扮演的角色布克第一次与女主角伊丽莎白见面，游戏设计了一个戏剧化的情节，让布克突然从电梯上摔落，掉到伊丽莎白的眼前，生平第一次见到陌生人的伊丽莎白非常惊慌，同时又很好奇地尝试靠近，接下来两人之间发生了一系列的对白。这一过程中，玩家的控制权是被剥夺的，但由于影像上的连续以及摔落这一动作的发生，使得被讲述被呈现的动画表演合乎一定的逻辑，因而没有太大的打断感。

a

b

c

图 4-11 a,b,c　合理的叙事手段——《生化奇兵：无限》游戏截图

图片来源：《生化奇兵：无限》，开发者：Irrational Games，发行日期：2013.3.26，发行平台：PC、Xbox360、PS3。

由于第一人称视角游戏很难在时空断裂的影像衔接上自圆其说，因此通常游戏故事中的时间与玩家体验的时间是保持一致的。为了使剧情更加丰富，第一人称视角通常也会采用一些巧妙的叙事设计来达到目的，如利用游戏中的虚拟影像播放设备，以玩家主动探索的形式交代一些背景故事。《生化奇兵：无限》中玩家可以通过场景中一些古老的电影放映机来了解游戏世界中的历史故事，就是一种常见的应用方式。

游戏也可以为玩家扮演的角色设计一些穿越手段，使得游戏时空的断裂能够合情合理地呈现。如《生化奇兵：无限》中，角色沉入水中，就会产生幻觉，从而以蒙太奇的方式将玩家带入另一个时空阶段，使玩家的剧情体验更加丰富。

2. 第三人称动作游戏

第三人称视角的游戏借鉴电影化的叙事手段是最丰富的。正如我们在“第一人称与第三人称”章节中所探讨的，第三人称视角将游戏中的角色作为拍摄的主体，因而可以很好地展示角色在画面中的动态变化以及与周边环境的关系，为玩家提供比第一人称视角更加清晰直观的信息反馈。这类游戏的连续影像视频，通常可以当成一部电影来观看，尤其是注重剧情发展的一些游戏，在叙事表现上更是可以与真实的电影相提并论。

尽管第三人称视角游戏在时空呈现上，具有更加自由的叙事模式，但同样为了给玩家提供流畅的游戏体验，与第一人称视角游戏一样，这类游戏也尽量避免对玩家的互动过程造成生硬的打断。随着游戏制作技术的进步，依靠 NPC 角色的人工智能与场景关卡的触发设计等实时场面调度方式也是这类游戏互动叙事的发展趋势。如在《最后生还者》中，玩家扮演的角色由于不小心踩中了陷阱而被倒吊在半空中，这时玩家的移动控制权被合理地剥夺，同伴艾丽马上过来帮忙试图放下玩家，就在这一片慌乱中，一场强制战斗被触发，大批的感染者冲向玩家与艾丽，玩家不得不在倒吊着的状态下果断开枪，并且为地上独自战斗着的艾丽提供帮助。这一玩家互动的过程，情节连贯流畅，不仅为游戏的可玩性提高了难度，丰富了玩法，也为角色之间的情感递增累积细节，以非常自然贴切的方式将游戏的互动与故事情节结合起来，是第三人称视角游戏绝佳的叙事范本。

与第一人称视角游戏相比，第三人称视角游戏的过场动画插播起来更加合理。通过对电影叙事手段的借鉴，能够在视觉上呈现出流程自然的电影化过渡。随着技术的进步，曾经采用预渲染技术制作的过场动画正在被大量实时的表演与剪辑技术所代替，从而使游戏画面前后风格保持一致，同时，一些游戏也能够将过场动画的一部分掌控权交由玩家，如在《刺客信条》中，玩家可以在某些实时的过场动画中切换不同的摄影机，以改变叙事角度与景别。

第三人称视角的游戏，还能相对合理地借鉴电影中平行蒙太奇的手段，让玩家在不同的游戏阶段扮演不同的角色。如《暴雨》中，玩家就可以随着剧情发展而体验不同的角色，四条叙事线索在整个剧情中不断交叉、统一。与第一人称相比，这样的合理性也是得益于玩家扮演的角色在画面中的呈现，玩家能够根据角色的外表特征和动作呈现而建立起不同的情感对应关系。

事实上，我们在前文中所讨论的游戏对于电影蒙太奇的一些借鉴，都可以在第三人称游戏找到大量的案例，尤其是对玩家的情感控制方式，是第一人称视角游戏无法实现的。

3. 冒险解谜类游戏

冒险解谜类游戏的互动特色与其他类型的游戏有着明显的区别，这类游戏的重点不是考验玩家的反应速度，而是逻辑能力。因而这类游戏通常不需要复杂多变的环境地貌与大型的游戏空间，玩家需要的是相对稳定封闭的场景以及场景内部密集有趣的谜题设计，互动过程在节奏上也相对缓和。所以这类游戏通常以固定镜头的方式展现游戏场景，并在其中安排一些可以被拾取的道具和可以交互的角色，玩家通过操控场景中的主要角色在互相连接的场景画面中游逛，并以遇到谜题和解决谜题的方式，推动游戏剧情的发展。

这类游戏通常也采用第三人称视角，但与背面视角的第三人称动作类游戏不同的是，冒险解谜类游戏中的角色通常以正面或斜侧面的形象呈现，动作与运动速度相对缓慢，结合场景的固定镜头，游戏的叙事风格上偏向松弛和从容。在玩家进入谜题困境时，甚至会感到游戏影像叙事的拖沓与乏味。事实上，仅从一些外在的特征来分析，可以与艺术电影中的固定长镜头风格相提并论。

在一些偏写实风格的冒险解谜类游戏中，如《塞伯利亚 2》（图 4-12）中，游戏场景的固定镜头经过精心设计，景别与角度的选取，使得场景既能够很好地展示解谜所需的视觉内容，又能够体现整

图 4-12 《塞伯利亚 2》游戏截图

图片来源：《塞伯利亚 2》，开发者：Microids，发行日期：2002，发行平台：PC。

图 4-13 平面化的场景呈现——《机械迷城》游戏截图

图片来源：《机械迷城》，开发者：Amanita Design，发行日期：2009.10.16，发行平台：PC。

体所需的环境气氛，使得玩家在游戏中探险解谜的经历，非常接近真实电影的拍摄手法。

而在风格独特的《机械迷城》（图4-13）中，场景的呈现非常平面化，因而角色在这些固定场景中的互动演绎并推动剧情发展的过程更偏向戏剧舞台的风格。尤其值得称道的是玩家扮演的小机器人在被关进牢房后，本来处于未知黑暗中的其他牢房，由于玩家的探索而被一一点亮，各个牢房中的囚犯有趣的造型与夸张的表演为游戏的互动体验增添丰富的细节。这种以剖面图的形式，非常平面化地安排游戏的场面调度所展现出来的影像叙事风格，冷峻幽默、特立独行。

第五章 电子游戏中的叙事

电子游戏中的叙事研究是游戏研究理论中的重要议题。一方面，叙事为游戏增添了更多的情感体验，是游戏重要的艺术表现方式之一；另一方面，叙事在游戏中与互动的结合使得游戏的叙事体验呈现出有别于传统叙事的新的特征。接下来，我们将结合传统叙事理论的研究方法，剖析游戏中叙事的功能以及各层次特征，并就游戏互动与叙事所产生的矛盾及其调和方式进行一定的探讨。

（一）游戏需要故事吗？

并不是所有的游戏都有叙事内容，有的游戏由于讲述了一个缠绵悱恻的爱情故事而受到追捧，如《仙剑奇侠传》系列；而有的游戏没有任何戏剧天赋，也能大行其道，如《平衡》。那么，一款好的游戏到底需不需要故事呢？

事实上，我们可以从某些盗版游戏尴尬的用户体验中得到答案。一些国外动作类的盗版游戏，由于缺乏翻译，很多游戏的精彩情节对于外语并不精通的玩家来说很难消化，但这并不会对他们玩游戏的兴致产生很大的影响。有时他们甚至会觉得大段看不懂的过场动画过于烦人而宁可选择略去。也许他们并不明白劳拉为什么那么痴迷于古墓探险，或者春丽到底从事什么职业，但仍然可以在这些动作类为主的游戏中体验游戏给予的快乐。

从某种意义上来说，游戏并不需要故事。正如我们在第一章游戏的本质探讨中所论述的，游戏从内容本质上来说，是一套互动规则系统，没有叙事的参与，游戏规则依然能被执行，游戏的可玩性依旧存在。

一些广受欢迎并已成为经典的小型游戏，如《俄罗斯方块》《连连看》等，明确地展示出这里所指的游戏规则。但也许有人会提出异议，如特别强调叙事的解谜类游戏，看似并不能那么容易地离开故事。因为解谜类游戏的玩法，也就是规则，在很多情况下需要故事的支持。比如说，在一些经典的解谜类游戏中，破解一个谜题的关键，就是去和一个游戏中的角色对话，答案或者提示就在这段对话的字里行间，玩家就必须体验这部分的情节才能过关。但试想，如果把对话中无关的字句去除，仅留下答案或者提示，游戏的核心依然不会动摇。事实上，很多解谜类游戏会很体贴地把对话字幕中的答案或者提示重点标注，提醒玩家什么是真正需要关注的内容。

所以，如果从游戏的本质去考虑游戏是否需要故事，答案是显而易见的。但为什么还是有那么多成功的游戏都或多或少地添加了叙事元素呢？我们可以先思考一下游戏与叙事的关系。在游戏的规则基础之上，游戏制作者还需要将这种规则以某种方式表现给玩家。正如学者泰南·西尔维斯特（Tynan Sylvester）2005 年在他的博客《规则和表现方式》中所指出的："表现方式为规则提供一个外壳，令规则更类似于我们已认知的事物，无论是真实的还是虚构的。"游戏中一切的美术和声音呈现都属于这种表现方式，叙事也是其一。尽管对于游戏来说，叙事元素只是一种辅助，但它却对玩家的用户体验具有重要的积极意义。

触屏游戏《愤怒的小鸟》玩法非常简单，用手指控制弹弓的力量与方向，合理利用地形，尽量用最少的子弹去消灭最多的敌人，当然，在这个游戏里，子弹被包装成小鸟，而敌人则是小猪。游戏的成功之处，首先在于它良好的物理引擎，以及与触屏结合的游戏操作，带给玩家接近真实的弹弓体验；其次是优秀的关卡设计，不断给玩家提供考验逻辑与技巧的挑战。以上二者搭建起了该游戏的规则，是游戏的核心所在。但游戏开发者依然选择了在游戏作品中的每一大关卡前都加上一段简单的视频来描述故事背景：小猪偷了小鸟的蛋，所以小鸟们愤怒得不惜撞墙，也要消灭小猪，抢回属于他们的蛋。有了这样的戏剧性的矛盾冲突，角色小鸟的愤怒变得可以理解，小猪们即便长得可爱也不会让人同情。更重要的是，这样的故事和故事中角色形象的设定，能够为游戏吸引各个年龄段、各种文化背景的玩家，使游戏更具有持续的生命力。《愤怒的小鸟》目前带动的一系列周边产品，如毛绒玩具等，便可以证明。当然，《愤怒的小鸟》之所以大获成功，还有其他市场上的原因，如发布时机、营销策略等，但就游戏本身来说，游戏的故事设定以及由故事决定的角色设计依然是它成功的要素之一。

正如迈克尔·萨米恩（Michaël Samyn）在《线性矛盾》（*The Contradiction of Linearity*）一文中指出：叙事不是游戏的必要元素，但随着游戏的发展，却常常被添加在游戏中，甚至是一个棋盘类或纸牌类游戏。因为游戏中的对象之间存在着关系，而把这些对象包装成故事中的角色则显得更为人性化。所以游戏很容易被描述成一个具有矛盾冲突的故事。当然他也接着指出：但是就其本质来说，游戏并不需要故事。游戏是让玩家可以融入并参与的一个系统，一系列方程式以及逻辑结构。

（二）游戏中叙事的功能

在厘清叙事与游戏的关系后，我们接着来思考叙事在游戏中的具体作用。

从只是简单的故事背景，如《愤怒的小鸟》，到一部恢弘壮阔的史诗巨著，如《魔兽世界》，或者是一个充满悬念与复杂人性的幻境，如《寂静岭》系列，这些成功的游戏都巧妙地在不同程度上与叙事结合，并使之成为游戏不可或缺的特色内容之一。叙事在游戏中表现出来的积极能量不容小觑。要研究这种能量的具体来源，首先就要从游戏自身的一些特性出发，分析、研究它们与叙事的关系以及具体的结合方式。因此接下来，我们将从游戏的情感需求、规则所需的逻辑联系以及阶段性关卡机制等方面来讨论叙事在游戏中的功能。

叙事丰富了游戏的情感需求

我们不难猜测那些无法明白剧情的盗版游戏玩家在游戏中会享受到哪些情感体验：如打败敌人后的成就感、机关难以破解所带来的挫败感、由于敌人太强大而带来的恐惧感等。同样的情感体验也可以在《俄罗斯方块》这样的没有任何故事甚至角色设计的游戏中获得。如果我们将所有的游戏都去除叙事，甚至去除不必要的美术与声音表现，只关注由游戏的玩法所带来的体验，我们会发现得到的情感是类似的。剥离了游戏的表现形式，只反映游戏本质的游戏体验，将会引发由竞争所带来的最原始的情感元素：失败的沮丧和胜利的欢欣，以及附着在此之上的恐惧、愤怒、庆幸等。显然，这样的游戏体验是有限的、单一的。根据马斯洛的需求理论，一款没有叙事的游戏往往可以看成是满足人类安全需求的低级别的情感体验，满足的是人类原始的征服与统治的欲望。

给游戏注入剧情无疑改变了这种局面。人类对故事的需求似乎是一种天性。故事能带给人们新鲜有趣的经历、经验教训、历史和各地文化风俗等知识，但更重要的是，故事能够给人带来丰富的情感体验。

在《波斯王子 4》中，玩家扮演的角色一改以往系列中王子的尊贵形象，而以一个出生平凡、满嘴油腔滑调，甚至带点铜臭味的普通形象示人，这无疑更容易拉近玩家与角色之间的距离，让人自然而然地产生情感上的投射。为了追逐带着黄金的毛驴，玩家闯入一片神奇的国度，遇到了被困的公主，在解救她的过程中，玩家险些掉入深渊，公主及时施展法术解救了玩家，自己却变得虚弱。在这段游戏开篇故事中，游戏的过场动画很好地结合游戏的教学流程，介绍了游戏中的两大主角——玩家扮演的角色与公主以及这二者的关系。当玩家被公主救起的这一刻，除了感叹公主神奇的魔法，感激之情也油然而生。这一事件也拉近了二人的距离，玩家更能在情感上接受公主作为一名同伴，而不仅仅是因为她的神秘和美丽。在接下来的剧情中，公主请玩家帮助她进入神殿但并没有说明具体的原因，这时公主的父亲出现了，他试图阻挠公主的行为，玩家这时夹在这对父女中间，不得不和父亲进行对抗。与公主父亲的战斗是让人感到纠结的，即便是对手气势汹汹，但似乎他也只是想保护他的女儿。这种由道德判断带来的情感纠结会影响到玩家出招方式，一些道德上自我要求较高的玩家也许就会犹豫，甚至试图手下留情。而公主与她父亲之间产生矛盾的原因则无疑是一个很好的悬念设置，勾起人的好奇心，让玩家带着更积极的心态继续接下来的游戏旅程。认同、感激、喜爱、亲近、道德困扰、好奇等情感因素皆因游戏中的叙事引发，而这仅仅只是游戏的开端。当然以上的分析也不排除一些老道的玩家会更理智地意识到这些情节的虚拟实质，但这并不会影响游戏叙事给大部分玩家带来情感影响。

另一方面，游戏的互动特性也让玩家在游戏中的叙事体验更接近真实，从而进一步放大叙事对于玩家所扮演角色的移情作用。这是因为与传统的叙事手法不同，玩家在游戏中的情感表达是可以得到反馈的。这种反馈可以表现为多种方式，一些注重情感反馈的游戏会根据玩家个性化的行动而提供不同的技能、外表以及不同的剧情线索等，让玩家在游戏世界中的情感表达反过来影响叙事，使得玩家的情感体验更具个性化。如1995年的经典游戏《仙剑奇侠传》，李逍遥和赵灵儿的故事感动了一代人。但如果单从一个文学的角度去客观分析该作的故事情节，也许并没有什么特别值得称道之处，它讲述的无非是一个普通得不能再普通的武侠故事。但是把这样平庸的故事情节放到RPG游戏中，却产生了强大的叙事能量。多年后，玩家也许不会记得这款游戏具体的操作方式，但赵灵儿与林月如这两个女孩的形象却不会轻易抹去，当年投射在她们身上的情感寄托到现在依然历历在目。

叙事给游戏带来的情感体验是细腻而丰富的，游戏的互动特性则让这种能力超越了以往任何的叙事模式。尽管目前大部分游戏仍然停留在一个简单的以暴力血腥为主的游戏体验设计阶段，但随着游戏的艺术潜质不断地被挖掘出来，游戏中的叙事功能必将会成为一条令游戏通向更高级别的情感体验的最佳途径。

叙事加强了游戏中的逻辑关系

正如前文所提及的，游戏的本质可以看成是一种互动规则。单纯的规则是抽象的，游戏设计者必须通过某种方式让玩家掌握这种规则，如提供说明性文档，但大量枯燥的文字内容显然是失败的用户体验。事实上最简单的方式就是给这种规则加以视听的包装，用最直观的表现方式与玩家的生活常识结合，产生相应的逻辑关系，使得游戏规则不言而喻。如在《平衡》这个游戏中，玩家控制的球可以具有不同的质地，如纸质、金属及木头。因此从规则的角度来说，球的质量与摩擦系数会产生变化，这种变化会给玩家带来不同的操作体验，这也是该游戏大受欢迎的原因之一。如何让玩家理解这个规则设计，在游戏中只需将不同质地的贴图与相应的音效赋予不同物理属性的球即可。玩家通过简单的视听接触，便可与生活中积累的经验常识结合，理解如何去控制相应质地的球。但是并不是所有的规则都可以凭图像和声音来解释，视听呈现的逻辑表达是有限的，这一点上叙事的功能无疑更加强大。

叙事可以很容易地为游戏规则中的对象之间建立矛盾冲突，推动玩家自发地去解决这个矛盾。在解谜类游戏《迷画之塔》中，其中有一关的目标是为稻草人寻找一只手套。就规则来说这是非常简单的设定：把一个对象拾起放至另一个对象上。但如果只有图像和声音，玩家很难发现手套与稻草人的关系。因此游戏安排了稻草人与玩家的对话，用叙事的手法建立起稻草人与手套之间的矛盾，强调这二者之间的联系，推动玩家通过寻找手套、交还手套这一行为来化解矛盾，从而完成游戏目标。

叙事也可以为规则中某一对象自身的变化或某一属性提供合理的解释。比如角色的死亡属性，从规则的角度来说，角色扮演类游戏中角色的死亡是玩家失败的一种表现方式。死亡在现实中的认知是无终止的结束，但这一源于真实生活中的概念和一般游戏中的处理方式是不一样的。玩家失败后仍然可以重新进入游戏，即便游戏会给予相应的惩罚，如让玩家重新开始或者损失一些装备等，但无论如何，这样的设置是与人正常的逻辑常识相背离的。而在让人印象深刻的游戏《异域镇魂曲》中，游戏用叙事的手法非常精彩地设计了游戏中死亡这一概念。在这个游戏中，主角被设计成一个丧失了大部分记忆的无名氏，而他最特殊的本领就是能够死而复生。玩家将扮演这个无名氏，在神秘的世界里寻找自己的过去，探寻自己不朽的原因。在这样的设计下，玩家死亡后的复活便顺理成章。死亡在游戏中也不仅仅是失败的体现，一些特殊的任务就需要死亡来帮助完成。《异域镇魂曲》中对于游戏中玩家失败的叙事设定是具有里程碑意义的。在《波斯王子 4》中，则直接摒弃了死亡这一概念，在任何危机情况下玩家都能得到公主的拯救，当然这一没有任何惩罚的规则设计，从可玩性的角度来说是备受争议的。

为游戏规则提供良好的逻辑关系，是叙事在游戏中最为质朴最为实用的功能。它使得规则的解释更符合人类的理解方式，大大提高了规则的学习效率，为游戏良好的用户体验提供强有力的支持。

叙事使得游戏关卡之间的联系更加紧密

玩家愿意花时间在游戏中，最重要的目的就是在游戏中赢得胜利的满足感。但如果玩家的游戏技能和游戏所提供的需要玩家去克服的游戏障碍之间没有很好地平衡，就很容易造成游戏过于简单，使得游戏带给玩家的满足感大打折扣，或者过于艰难，让玩家在不断失败后感到沮丧而放弃游戏。因此，一个好的游戏过程，就是一个不断挑战玩家的过程。从最早的技能教学阶段，到最后的终极挑战，游戏的难度需要循序渐进。另外，游戏的过程是一个让玩家不断接近最终目标的过程。为了实现这一目标，玩家需要克服一切游戏设计的障碍，比如游戏过程中出现的敌人。这种障碍往往会被重复使用，目的是合理使用游戏资源，降低游戏制作成本。但如果游戏制作者希望制作的游戏能够让玩家经历相对较长的时间,而不是三两下就可以通关,这时候就会面临一个问题:不断重复的障碍设计会让这个实现最终目标的过程变得漫长而乏味。因而一个很好的解决方案是在实现最终目标之前提供一系列较小的目标，让玩家通过完成这一系列的小目标慢慢地接近最终目标。同时，在整个游戏过程中游戏的表现方式，如美术、音效也需要有所变化，不断地给玩家提供新鲜刺激的感官体验以吸引玩家的关注。出于以上几点考虑，一些游戏常常将游戏解构成一个个难度呈阶梯状、场景相对独立、风格具有差别并且目标明确的游戏单元，在游戏设计中称之为“关卡”。

在一些小游戏中，关卡会比较容易辨识，甚至会安排成明显的段落，如《超级马里奥》《俄罗斯方块》《愤怒的小鸟》等。但对于一些强调情感体验的游戏来说，关卡的相对独立会让玩家在游戏中产生断裂感。因此，很多游戏特别是一些大型游戏的设计倾向是尽力去消除关卡带给玩家在情感上的断裂，强调游戏的整体性，重要的方法就是添加合理的剧情。如策略类游戏《工人物语 7：国王之路》在每一关的开头与结尾，都有相关的叙事动画，尽管相对简单，但仍然能够将主角柔依公主在保家卫国、勇敢地走向女皇宝座的过程中所经历的每一次战役连贯起来，形成一条较为流畅的故事线。

事实上，游戏的关卡形式与传统叙事中的章节或者是戏剧中的幕或场的概念非常相似，一些游戏，如《巫师》《生化奇兵》《荒野大镖客 2》等，则直接将其视为章节。二者都是将一个相对庞杂的对象切割成一系列段落，每个段落相对独立却又互有联系，共同服务于同一主题。因此当叙事服务于游戏的时候，游戏制作者非常自然地选择将绝大部分重要的叙事元素插入游戏各个关卡的起始和结尾，也就是两个相邻关卡之间的位置。这种叙事元素比较经典的表现方式就是过场动画，目前也发展出更先进的即时动画方式，让玩家的游戏体验更加流畅。这些过场动画的剧情根据不同的游戏会涉及各种内容，如设置悬念、让角色产生变化、改变角色之间的关系等，但事实上，绝大多数的过场动画所担负的重要功能是具实用性质的，过场动画中所展现的矛盾的产生和转化，其目的就是交代下一关的目标或任务，而矛盾的解决则往往是对上一关的完成提供总结或者奖赏。如《生化奇兵》中，各个关卡的任务均由剧情需要所引发，表达流畅自然，合情合理地让玩家理解任务的原委、目标详情以及注意事项等。这样的过场动画环环相扣，层层递进，在玩家经历一个错综复杂、跌宕起伏的精彩故事的同时，引导玩家闯过一个又一个的关卡，向最终的目标挺进。过场动画的剧情衔接也能对游戏关卡不断挑战玩家的难度递增与艺术呈现的变化提供很好的解释，使玩家不会感到突兀。同时，不同的关卡常常意味着不同的场景和不同的敌人，过场动画给这种游戏空间的变化提供合理的解释，甚至能用电影的视听叙事手法略去一些不必要的过程，以达到压缩时间的功能。另外，玩家在游戏演绎过场动画的过程中，会感到暂时的安全感，游戏操作带来的疲劳与紧张由此得到短暂的释放。可以说，过场动画也是控制游戏节奏的一个方式。

随着游戏叙事手段的不断进步，关卡之间的叙事联系并不仅仅依靠过场动画。事实上，由于过场动画给玩家造成的被动感也容易引起断裂的游戏体验。因此一个好的设计思路，会提供其他更丰富的叙事手法。如在《生化奇兵》中，不断与玩家保持无线电联系的阿特拉斯，以及可以被不断搜集的某些角色所提供的录音。这些非过场动画的叙事元素部分则分担了过场动画的功能，叙事上显得更为自然流畅，使得游戏的虚拟沉浸体验也更接近真实，是游戏叙事的重要发展趋势之一。

（三）游戏中的叙事元素

本文所指的叙事元素是叙事表现手法的内容单元，是叙事的载体。与传统的叙事模式不同，电子游戏具有互动的本质属性，因而在叙事元素上呈现出与众不同的多样性、复杂性，甚至独立性。接下来，我们将围绕叙事元素的类型及其相应的特点进行探讨。

叙事是对事件的再现。在传统的叙事作品中，再现的作品是已经发生的，在读者或观众阅读观看之前已由作者创作完成，因而叙事作品的内容是确定的、固态的。即便是类似于体育比赛转播这样的共时性再现，其信息传递方向也是单向的，并不以受众的意志而转移。然而在游戏中，游戏的互动方式打破了这样的常规。玩家的操作对于游戏中的叙事产生影响，这种影响会根据具体的游戏设计而有所不同，但却是游戏中的叙事区别于传统叙事的一个首要因素。这部分的叙事可以看成是不确定的、变化的。

因此在游戏中往往存在两种叙事元素。一种是既有的，游戏设计者提供的叙事内容，其功能与传统叙事类似，本文称之为静态叙事元素；另一种是实时的，由玩家在游戏设计者规定的互动范围内与游戏既有的游戏内容互动而产生的，不同的玩家不同的操作会经历不同的叙事内容，本文称之为动态叙事元素。

要研究游戏中的叙事，就必须首先理清楚叙事在游戏中两种不同的状态。下面，我们将根据这样的区分，对游戏中的叙事元素进行内容上的归类和分析。

1. 游戏中的静态叙事元素

游戏中的静态叙事元素是游戏对于传统叙事的继承，在规律上基本符合传统叙事学理论，在表现形式上则有不同的呈现。根据现有的游戏作品的总结，将游戏中的静态叙事元素分类如下。

背景故事

游戏中的背景故事是指一种游戏世界观的具象描述，为游戏剧情的展开做内容上的铺垫。

这种描述往往是多样的、零散的、隐性的，渗透在游戏的世界中。如在《魔兽世界》中，玩家可以通过某些任务的对话或者在图书馆翻阅相关的书籍，了解与游戏有关的背景事件，从而使游戏的叙事内容更加丰富和完整。一些游戏也往往采用片头动画的方式来介绍游戏中的世界，游戏故事发生的背景起源，以及游戏规则、游戏价值观等。

相对于游戏剧情体验的当下性与在场感，游戏的背景故事则是一种过去与缺席的状态，通常可以看成是一种过去时态的历史性描述。经典的网游大作《魔兽世界》则将这样的历史描述直接写成 18 册官方正史，作为游戏的衍生产品从各个方面详细介绍了游戏中的世界。正是有了如此完善的背景故事，玩家在《魔兽世界》中的游戏体验已经不仅仅只是单纯的打怪升级，甚至可以理解成在另一个世界的人生经历。

在一些游戏中，背景故事并不仅仅是游戏剧情的铺垫，也是游戏剧情强有力的推动力。这在一些强调悬念的游戏剧情中特别常见，玩家扮演的角色在游戏中的使命，就是不断揭示游戏世界中过去所发生的一系列有趣的事实，这些事实就是游戏的背景故事。如《生化奇兵》《寂静岭 2》等。

游戏的背景故事并不是一种单一、完整的游戏叙事元素，它可以表现为各种方式，渗透在下文所述的其他游戏叙事元素中。它讲述的是游戏中过去发生的事情，在游戏的各个角落中等待游戏玩家去发现，使游戏的剧情更加丰富、完整。

过场动画

游戏的过场动画（cut-scene）专指游戏制作者为了展示游戏剧情而事先制作的动画片段。根据玩家的游戏进度，在游戏相应的阶段播放相关的过场动画，是电子游戏传统的主要叙事模式，是目前游戏中叙事内容的重要组成部分。

过场动画往往提取了游戏剧情中最关键的情节内容，集中展现了游戏中矛盾的产生和转化，以及矛盾解决后的情节内容。玩家通过过场动画了解游戏剧情的进展、游戏角色的性格、角色之间的关系以及游戏场景面貌。好的过场动画不仅能交代剧情，同时也注重与玩家情感交流，展示游戏的艺术意境，成为体现游戏核心价值理念的重要利器。

过场动画最经典的制作方式是预渲染成既定的动画片段，借鉴电影中成熟的视听语言讲述情节内容。采用这种方式的过场动画，完整细腻，能够在最大限度上为游戏的剧情服务。在过去一些大成本的游戏中，重要的过场动画都以电影级别的高度制作完成的，如《魔兽世界》《星际争霸2》《最终幻想》《荒野大镖客2》《双人成行》等。如果把这些动画片段提取出来并连续播放，其完整性和细腻程度不亚于任何电影级别的动画片。在这类过场动画中，角色、场景、特效等都是高细节高质量的展示，与游戏中实时的内容会有很大的差距，这也容易造成视觉效果上的不连续。随着技术的发展，实时内容的表现能力取得了很多重要的进步，越来越多的游戏选择使用真实的游戏实时内容制作过场动画，有的甚至在渲染上也选择实时渲染的技术手法，确保在视听上的统一性。

在大多数情况下，游戏播放过场动画过程中，玩家的互动能力是被剥夺的。玩家观看过场动画的方式与观看电影没有任何差别。这对于游戏的可玩性来说无疑是一种削弱和割裂，而对于游戏的叙事植入也显得刻意与生硬。事实上，当今很多优秀的游戏制作者已经意识到这样的问题。正如育碧蒙特利尔工作室的故事设计总监 Richard Rouse III 所说：“开发者都意识到了过场动画并不是交待游戏情节的主要方式。过场动画就像是我们从其他媒体方式中捡来的处理品一样，不能发挥我们的优势。现在我们的游戏都相当不错，可以通过场景或者扮演的角色叙事，不必使用电影里的人物做情节渲染。”可以说，预渲染的过场动画形式是游戏叙事发展史上暂时的一种策略。随着技术的进步和对游戏艺术更加成熟的创作手段，预渲染的过场动画正在逐渐被其他的叙事手段所取代。

对话

游戏的对话是指游戏玩家所操控的游戏角色在与游戏中的其他角色或某些特殊场景互动的时候所涉及的对话性质的叙事内容。对话并不仅仅指对话的文字内容，还包括对话过程中的动作、表情、情绪等。玩家可以通过某种互动方式参与对话，但是对话的内容都是由游戏设计者事先撰写而成，因此可以说玩家在对话中的互动是有限的，只在游戏剧本的范围之内。因而对话作为叙事元素之一也属于静态叙事元素的范畴。

游戏的对话过程推动着剧情的发展。对于多线程剧情的游戏来说，如《心跳回忆》《仙剑奇侠传》，对话也是不同剧情的分支点。玩家在对话中可以选择不同的对白来回应游戏中的其他角色，这些对白往往提供了对游戏中某一事件或某一角色不同的态度，玩家选择其中的一项即在有限范围内表明了自己的立场，从而影响接下来剧情的发展走向。

对话也常用在一些游戏的任务系统中。如在《魔兽世界》中，接任务与交任务都是一个对话过程。尽管这些对话功能明确地涉及任务的目的、任务的原因以及完成任务的方法提示等，但游戏设计者却将它们巧妙地融合故事背景，并与任务 NPC 本身的角色种族、性格等个性特征相结合，使这些任务对话的内容在叙事上产生强大的能量。

在一些注重细节的游戏作品中，游戏中的各个角色玩家都可以与之对话，对话可以揭示游戏的背景故事，也可以提供游戏提示和操作上的帮助，即便有些对话内容对游戏的剧情发展没有任何影响，但也使游戏中的世界更加接近真实，极大地丰富了玩家的游戏体验。

旁白或独白

游戏旁白或独白是指游戏过程中用画外音的手段来表现游戏剧情的方式。游戏中的旁白或独白的功能与电影艺术中的应用类似，是对游戏叙事的一种补充，也是一种艺术氛围营造方式。

与电影艺术相似，游戏并不擅长概括凝练地讲述故事，因而更具文学性的游戏旁白使得游戏叙事的层次更加丰满。在游戏《堡垒》中，一个浑厚的男性画外音将游戏的背景故事、游戏角色的相关信息等以传奇文学的讲述口吻用旁白的形式娓娓道来，使得游戏具有独特的艺术风格。

而游戏中玩家扮演的角色，由于游戏本身互动性的特色，在角色塑造上往往无法如电影或小说等其他叙事手法那么立体，角色的内心独白则是对这一缺陷的有力补充。在游戏《马克思·佩恩》中，就运用了大量的内心独白，不仅可以介绍剧情，同时也相当精彩地描述出一个复杂的内心世界，成功塑造了主角马克思·佩恩丰满、立体的艺术形象。

需要特别指出的是，旁白并不仅仅是一个人的念白，在一些游戏中，也包括双人或多人的对白内容。与前文所述的对白有所区别的是，这里具有旁白性质的对白是指与角色的互动无关的对话内容。如在《荒野大镖客：救赎》中，玩家扮演的角色和他的同伴一起骑马驰骋赶往下一个目标地点的时候，往往会伴有该角色和同伴的对话。这些对话内容揭示了一些游戏的故事背景、任务的细节描述、角色人物的性格塑造等，但其表现手法与旁白类似，玩家无法采取真实的互动，只是扮演一个单纯的接收者的角色，因而可以将这一类的叙事元素也归于旁白中。

文字信息

游戏中的文字信息是指任何为游戏剧情服务的既定的文字叙事内容。文字信息的表现方式是多样性的，书籍、信件、笔记等，都是文字的承载方式。如前文中提及的《魔兽世界》，玩家可以通过查看游戏中的相关书籍来了解游戏的历史故事，这些书籍的内容展现方式就是一些文字信息，与真实世界中的书籍属性相对应。

在一些早期的游戏叙事设计中，由于技术和表现能力的限制，游戏的剧情在很多情况下也是用文字的方式来表现，如《仙剑奇侠传》的过场动画中，角色与角色之间的对白，就是用对话框中的文字表现来完成的。《魔兽世界》中的任务对话也同样通过文字的方式加以呈现，但这并不仅仅是技术上的考量。文字相较于念白，更便于搜索和查找，对于一些注重功能性的叙事元素，如游戏任务交接部分，用文字的表现方式更方便玩家查看。因此，一些 RPG 游戏就会采用念白和文字同时呈现的方式来实现叙事设计，如《巫师》。

由此可见，游戏中的文字信息往往在承担叙事作用的同时，也能够很好地为游戏互动提供帮助，尽管不是游戏视听叙事的主要表现手法，却是一种能够被灵活运用的叙事元素。

2. 游戏中的动态叙事元素

游戏中的动态叙事元素是游戏可玩性的核心内容，但却不是游戏叙事的主要手段。这部分游戏元素的叙事意义在游戏理论界存在着争论，但无论如何，这些动态的过程化游戏内容与游戏中的静态叙事元素以及游戏整体的故事情节走向都有着非常密切的关系。因此，我们可以将这一争论暂且搁置，仍然暂时将它们看成是游戏的叙事元素，并且将这些内容与叙事的关系以及其叙事特征进行研究，从而对游戏中的叙事有一个完整的了解。

即时的视听内容

游戏中的即时视听内容，构成了游戏中动态叙事元素的主要内容。即时画面与声音是指游戏在玩家的操作下使得游戏中的虚拟对象，如角色、场景以及相关的音效等发生即时的变化的游戏叙事文本内容。

这种变化是由游戏玩家所决定的，因而具有不确定性。如同一千个读者就有一千个哈姆雷特般，玩家操作不同，即时视听内容的呈现就各不相同。如《街霸》中，玩家和敌人的对打方式可以千变万化，呈现在屏幕上的叙事文本也相应的具有明显的不确定性。

尽管即时的视听内容在表现上变化多端，但其同时又具有一定的可预见性。如《街霸》中玩家扮演的角色出招固然因人而异，但这些招数的动画元素与相应的音效元素都是游戏设计者事先设计的，是静态的。因而从这个角度来讲，即时的视听内容所谓的不确定是指游戏元素的排列顺序的不确定，玩家的操作即是对该排列顺序的选择性操作。随着技术的进步，一些动画和场景的生成，也可以用游戏程序的方式实时生成。如在《GTA》系列所用的 Euphoria 引擎中，利用人体工程学和生物力学原理，角色可以在游戏设定的物理世界中对环境产生即时反应，而不用事先经动画师设定或者真人运动捕捉。然而即便如此产生的动态元素也是可预见的，是在游戏中所定义的人体工程学与物理定律的规范之内的。

游戏中这种不确定的视听内容，在时态呈现上又是实时的。叙事文本的产生阶段，也就是游戏设计者的制作内容加上玩家的操作所产生的叙事内容，与叙事文本的阅读阶段，也就是被游戏受众——玩家所观看，几乎是同时进行的。这里的几乎，是考虑到计算机计算游戏数据所需的时间差，而这种时间差对于人类的认知反应来说是微乎其微的，因而可以看成是同时的。

即时的视听内容，在游戏的叙事中所呈现的叙事文本往往是细节化的、重复的和冗长的，是一种过程化的叙述模式。如在《波斯王子》这样的动作类游戏中，通过以下的即时内容描述便可见一斑：王子跳上一个平台，然后跳上另一个平台，接着飞檐走壁到下一个平台，下滑到一个平台，跳上一个平台，遇到一个敌人，用技能连击加上魔法技能打败了他，继续跳上下一个平台，飞檐走壁到一根木桩，跳到下一个平台……由此可见，即时的视听内容，对于游戏整体叙事的作用是微弱的，它是游戏可玩性占据主导的内容。对游戏的叙事整体来说，我们可以将其看成是一种叙事内容上的非必要的填充，除去这部分内容，游戏叙事的整体性往往不会改变太多。

游戏中对象的即时信息

游戏中对象的即时信息是指在某些游戏中，根据玩家的互动操作，游戏中角色或者物品的属性变化所需呈现给玩家的信息内容。如 RPG 游戏中，角色的血槽值和魔法值，包裹内的某物品的数目，地图的指示状态，等等。这些元素通常被称作游戏 UI，也是游戏叙事的内容之一，它们具有在互动中不断变化的特性，因而是一种动态的叙事元素。

对象的即时信息在表现方式上是多样的。如角色的血槽和魔法槽，既可以用直观的图形显示方式，也可以设计成精确的数值。而当血槽低于某一数值时，游戏给予相应的警告声效，也是即时信息的一种。

反映对象属性的即时信息在功能上是实用的，帮助游戏玩家判断互动状况，并且能给予玩家的互动以相应的评价。然而过多的即时信息设计，也不利于游戏的叙事逻辑，甚至会使游戏的操作复杂化，游戏的视听体验杂乱化。因此，这类即时的信息应用需要恰到好处，在表现自然和注重功能二者中选择良好的结合点。

（四）游戏中各叙述层次的特征

结构主义叙事理论将叙事分为两个层面的研究方向：故事

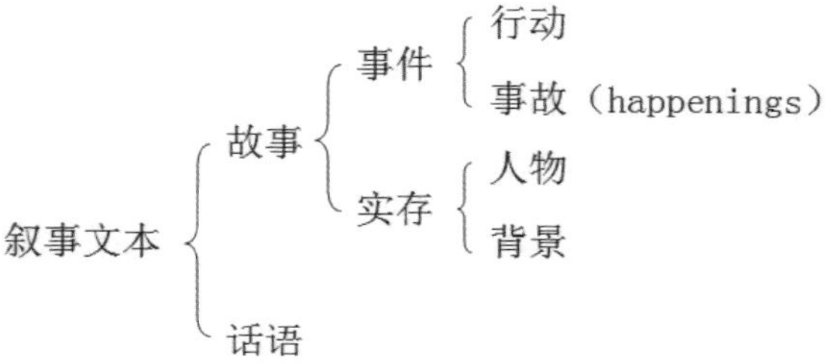

图 5-01　西摩·查普曼的叙事分析结构图——叙事的诸要素

图片来源：西摩·查普曼：《故事与话语》，徐强译，北京：中国人民大学出版社，2013 年，第 6 页。

（story）和话语（discourse）。从一般意义来理解，故事是指一系列根据时间顺序与因果关系所安排的事件序列，话语则是根据叙述者的叙述视角对故事进行某种方式的表述。通俗地来讲，故事就是指说什么，而话语则是指怎么说，这二者之间可以看成是内容与形式的关系。“一切叙事作品的意义可以说来自这两个层面互相作用的结果，因而它们是叙事学中最基础的概念。”[1] 尽管在叙事学领域对这一区分持有争议，同时，即便是结构主义叙事学内部也对“故事”和“话语”作为不同的研究侧重点而持有不同立场，但无论如何，叙事中对故事与话语两大层次的区分，在研究方法上为我们指明了一条清晰的思路。美国叙事学家西摩·查普曼的著作《故事与话语》（*Story and Discourse*）一书中对这两大层次进行了进一步的结构式细分，清晰直观，便于理解，见图 5-01。我们接下来将根据这一理论基础，从各个层面对游戏中的叙事加以剖析，探索并总结其不同于传统叙事的特点。

申屠云峰、曹艳：《试“故事”与“话语”系的两个层面》，浙工商大学学报，2005 6月，第 50—55 页。

1. 游戏中的故事层面

游戏中的事件及其编排

“故事的基本构成单位是事件，而事件所指的正是由行为者所引起或经历的由一个状态到另一个状态的转变。”[2] 在此基础上，我们可以将故事看成是一系列根据时间顺序与因果关系所安排的事件序列。而根据叙事功能的强弱，我们又可以将事件分为核心事件和催化事件两大类别。“核心事件可以在情节的发展中提供一个新的选择，或者说，在故事的进一步发展中，它打开或者结束一个未定的局面。”“在围绕着核心事件所出现的诸如进一步的扩展，以及维持或延缓原有情节进程的事件则属于催化事件。”“核心事件在故事的发展中既具有连续意义，同时又产生具有后果的意义，而催化事件只具有连续的意义。”[3] 对此，我们可以借鉴西摩·查普曼在《故事与话语》中对这两种事件关系的图形化描述来进一步理解这些概念。

图 5-02 中，核心即每个圆圈内顶部的小方块。圆圈是完整的叙事团块。诸核心由一条竖线联结起来，以表示故事逻辑的主要方向；斜线表示可能但未发展出的叙事路线。圆点是从属（催化[4]）：竖线上那些圆点，遵从故事的普通次序；线外那些带箭头的圆点，则是对嗣后核心的预叙或对早先核心的回溯（依箭头指示方向而定）。

对照图 5-02 中的结构，接下来我们针对游戏中的事件及其编排的研究就相对容易入手。

我们知道，叙事是一系列事件的符号再现，因而在传统叙事

2. 谭君强：《叙事理论与审美文化》，北京：中国社会科学出版社，2002 年，第 195 页。

3. 同 2，第 19 页。

4. “从属”和“催化”是对于英文原作中同一词汇“satellite”的两种译法。

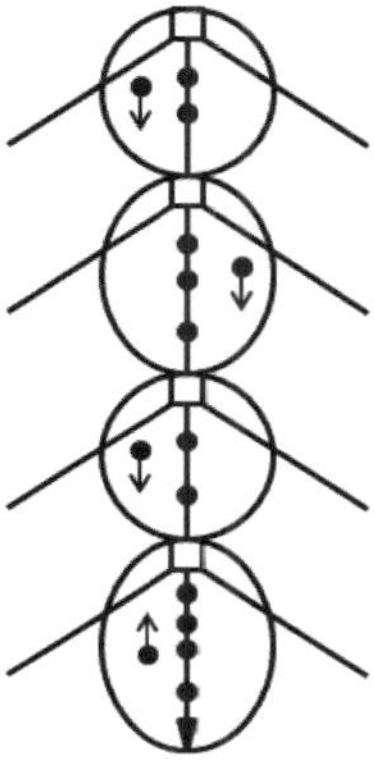

图 5-02　西摩·查普曼核心与催化（从属）的关系图

图片来源：西摩·查普曼：《故事与话语》，徐强译，北京：中国人民大学出版社，2012 年，第 40 页。

作品中，叙事内容是确定的、固态的。游戏也试图借鉴电影化的视听手段去再现这一过程，然而游戏的交互性却使得玩家的需求不是去接受再现，而是去体验事件的实时发生，因而游戏中真正交互过程中的事件是不确定的、动态的。这一区别，使得游戏中的互动与叙事在本质上是对抗与矛盾的。为了在游戏中调和这一矛盾，大多数游戏，特别是 RPG 游戏中，游戏创作者将游戏的叙事内容分成两大类别，一类是玩家具有操控权的互动部分，一类是玩家操作权被剥夺的固态化过场动画。在过场动画中，游戏创作者利用电影化的叙事手法，将游戏的核心事件集中表现，引起状态的改变从而结束或打开一个未定的局面。而在游戏的互动部分，游戏创作者将操控权的一部分交给玩家，由玩家的互动内容构成游戏的催化事件，对游戏的整个故事进行功能上的填充。

为了进一步理解游戏中的核心事件和催化事件，我们首先需要理清事件的推动者——行为者与玩家扮演的角色之间的关系，以及他们在核心事件中所起的作用。行为者改变了事件的状态，推动了剧情的发展，但行为者并不一定是玩家所扮演的角色，甚至不一定是具象化的人物。如在《最后生还者》中，主角乔尔的同伴泰丝在护送艾丽去火萤组织的途中，不幸被感染者咬伤，这一事件引发了泰丝的自我牺牲情节，掩护乔尔与艾丽避开敌人追捕的情节。游戏中用过场动画的形式来描述这一系列核心事件的剧情。单泰丝被真菌感染者咬伤这一情节来看，事件的行为者是真菌感染者，作为被动接受者的泰丝无法选择避开这一行为。而对于玩家扮演的乔尔来说，泰丝被咬伤这一事实更像是一种不可抗力所产生的状态的变化。无论玩家在战斗过程中如何奋力保护泰丝，她会被咬伤的这一既定的核心事件都不会发生改变。也就是说，玩家的战斗过程，即游戏的互动竞技部分，在游戏故事的发展方向上并没有任何选择的权利，故而我们将之视为游戏的催化事件。但这也并不是说，玩家所扮演的角色在任何时候都不是推动者，事实上，游戏的核心事件在以下几种情况下会由玩家扮演的角色作为推动的行为者。一是在玩家丧失控制权的情况下，游戏中的角色在游戏创作者的掌控下做出选择。如刚才我们谈到的《最后生还者》中的这一段落，当泰丝承认自己被咬后，要求乔尔继续护送艾丽去寻找火萤组织，这时候，乔尔就面临着一个选择，送或者不送。游戏中，乔尔在一番犹豫后，还是决定继续护送艾丽，从而成为整个游戏剧情的重要分岔点。在这一选择过程中，玩家并没有任何的操控权，也就是说，乔尔的选择并不是由玩家决定的，而是由游戏创作者预先安排的。因而对玩家来说，这一情况与泰丝被咬伤的事件如出一辙，玩家同样没有任何选择的权利，核心事件的推动依然与玩家无关。另一种情况通常出现在采用分支叙事结构的游戏中。在这类游戏中，游戏创作者将一些核心事件的选择权交给玩家，由玩家来控制角色的选择，无论玩家选择哪一个发展方向，游戏都会为之准备相应的叙事内容。如在《暴雨》中，主角伊森为救被绑架的儿子，在绑匪的胁迫下去枪杀一个无辜的人，这时候游戏提供给玩家两个选择：杀和不杀，玩家可以选择其中任何一个，但不同的选项会对游戏最终的结局产生影响。尽管此时看上去是由玩家来推动核心事件的发展，但是玩家所面临的选择状态同样是由一些不可抗力所推动的，也就是说，玩家首先是作为上一事件行为的接受者，其后才有了选择的权利。如伊森的两难境地，就是在绑匪的胁迫下造成的。因此在这种情况下，玩家无法避免做出选择，同时他的任何选择都在游戏创作者可预见的范围之内。所以与上一种情况类似，玩家在核心事件上的影响同样是无力的。同时，玩家的选择没有输赢的概念，与游戏性没有关系，从这一点来说，也与之前的情况类似。

由此我们可以得知，在叙事性较强的游戏中，游戏创作者通常将玩家的互动部分设计成催化事件，从而避开游戏叙事中最重要的核心事件，游戏的故事发展就不会被互动所影响，从而使游戏与叙事在矛盾中融合。

在这一理念的影响下，游戏故事的事件编排就可以很好地与西摩·查普曼的核心与催化的关系图相对应，从而演化成经典的珍珠串模式。在这种模式中，事件如同珍珠串一样排列，玩家的互动对珍珠串上的事件来说只是起到开关的作用。但这些事件的触发顺序也可以根据玩家的选择而有所不同，但所有事件都会被触发，并引发唯一的结局。

在珍珠串模式的基础上，结合互动叙事的方式，游戏也演化出分支叙事的结构。在这种模式下，玩家可以在一些特定情境下选择叙事的不同发展方向。随着游戏机制的发展，一些分支结构可以由游戏机制等多种途径达到而并非只以过场动画的方式呈现树状结构。分支结构也可以是多角色的，如《暴雨》。

沙盒类游戏模式则是分支结构的一种强化。在这类游戏中，玩家会获得更多的叙事选择权利，从而得到更加个性化的叙事体验。从某种意义上来说，沙盒类游戏使得玩家成为核心事件的推动力。但事实上，更多的选择权反而弱化了游戏的剧情。散沙式的事件结构，使得游戏的故事没有侧重点，一些事件之间没有因果逻辑关系，因而也构不成故事的情节。沙盒类游戏是一种对真实世界的模拟，提供的是一个故事制造机，玩家成为游戏故事创作的主要力量。

游戏中的主角

与动画类似，游戏中的角色并不一定是一个形象化的人类，可以是动物或者其他相对独立的对象，甚至可以是抽象意义上的几何体，如《孤独的托马斯》中的托马斯。但在游戏叙事的要求下，游戏中的角色往往需要加以一定的拟人化设计，使他 / 她 / 它具有自己的性格特征和情感变化，这样才能与游戏故事很好地结合。

但是，并不是所有的游戏都具有主角这一概念。如一些策略类游戏中，玩家以决策者的身份控制着游戏中的角色资源，但却将具体的形象隐藏在屏幕之外。我们这里所讨论的，是一般意义上的主角的概念，如具有一定的形象展示，能够在游戏中保持最大数量的人物关系，最重要的，就是他/她/它是在玩家的掌控之下。

传统叙事中，游戏中的角色特别是主角往往具有细腻饱满的性格描述以及根据故事情节的发展而产生相应的情感起伏。但在游戏中，主角通常作为玩家的操控对象而存在，在大部分情况下，都可以看成是玩家在游戏中的化身，因而过于强烈的性格反而会让玩家在代入感上产生困难。为了使玩家产生很好的移情作用，游戏中的主角通常具有棱角相对模糊、遵循一定普世价值观的普通人的性格特征。如《最后生还者》中的主角乔尔，他对女儿的至深情感以及在绝境下为了生存而自私自利的性格塑造，都能够在我们普通人身上找到映射。一些游戏为了加强玩家的代入感，甚至将游戏的主角设计成自始至终都保持沉默，没有任何语言上的主观表达，如《传送门》中的主角雪儿。但这样的设计模式，也容易造成主角在游戏故事中缺乏变化，玩家在游戏中闯关、拯救世界的过程中，除了游戏机制带来的能力或形象上的升级，玩家所扮演的人物的内心世界没有任何叙事意义上的变化。为了加强玩家与其所扮演的角色之间的关系，游戏中的角色在初期通常会以失忆或者新生的状态出现，让角色对于自己和游戏世界一无所知，从而与玩家的信息知晓程度保持一致。如《魔兽世界》中，玩家扮演的角色都是以新出生者的形象出现在新手村中，一些长老级的NPC会对玩家表示欢迎同时为玩家介绍游戏的操作方式。

游戏中主角的塑造还表现在能力上。在游戏中，主角的能力事实上就是赋予玩家在游戏世界中的能力，如何与游戏中的场景、角色产生互动，对玩家来说是最重要的游戏价值的体现。通常，在游戏的英雄模式中，玩家拥有比现实世界更强大更神奇的能力。在这些能力的给予下，玩家扮演的角色就有了相应的行动方式，在一定程度上刻画了主角的性格，而这些性格实际上就是玩家性格在游戏中的体现。如主角在游戏中是谨慎机敏的还是冒失莽撞的，都是玩家的操作所导致的。但事实上这种玩家参与的性格塑造，以及玩家行动中所具备能力的种类和强度，都不具有太大的叙事意义。因为无论使用哪种能力，采用哪种战斗策略，主角最终战胜 BOSS 才是与剧情相关的重要事件，所以角色的能力设计事实上更属于游戏机制的领域。

因而我们可以认为，在游戏的故事中，为了强化玩家的代入感，游戏主角的性格塑造并不是重点，也不会对游戏的剧情带来非常大的影响。相对的，主角的能力体现才是游戏创作者真正需要关注的，但这也基本与游戏叙事无关。这样的事实，一部分是源自游戏与叙事自身的矛盾，另一部分原因，则是现阶段互动方式与人工智能技术的限制。在现有的技术条件下，玩家扮演的角色能够被操控的行为事实上是有限的，因而并不能与故事中其他角色产生更加丰富真实的互动。如在交流上，玩家无法自然地说出自己的想法，更无法用表情或肢体语言来表达自己的情感，而游戏中的 NPC 角色也不能对各种情感表达产生更丰富的回馈方式。

但这并不代表游戏中主角的形象都过分的单一。游戏创作者在以上限制条件下通常会做出一些折中式的方案。如在《战神》

系列中，主角奎托斯背负着血海深仇，这样的极具悲情色彩的故事背景，使得其偏激的性格能够被同情和理解。在《最后生还者》中，游戏将序章的故事情节设计成主角乔尔的女儿莎拉为乔尔庆生，接着发生灾变，与兄弟汤姆一起逃生的过程。这些情节的设计，很好地刻画了乔尔父女的深厚情感，也容易使扮演乔尔的玩家对莎拉产生一种类似于父爱的亲切与爱护之情。因而序章的结尾莎拉被人误杀的场景，或多或少会引起玩家对乔尔悲痛的共鸣。《最后生还者》中，就是用这样的方式，尽量将主角的情感变化与玩家的感受保持一致，从而平衡叙事中的代入感问题。同时，游戏中的一些 NPC 在人工智能不断进步的技术条件下，丰富细腻的表情、肢体与语言表达能力，也越来越容易引起玩家的情感投射。相信随着这些技术的进步，游戏中主角与玩家之间的共鸣所受到的限制将会越来越小。

游戏中的其他角色

相对于玩家所扮演的比较特殊的主角，游戏中其他角色的塑造则更接近于传统叙事，因而也更具有丰富多彩的性格特征。所以在很多情况下，游戏中的其他角色甚至会给玩家留下比他所扮演的角色更加深刻的印象。如《传送门》中的人工智能 GLaDOS，它的伪善、险恶和颇具黑色幽默的性格特征与时刻处于沉默状态下的主角雪儿形成鲜明的对比。作为人工智能系统的 GLaDOS 没有具象化的形象呈现，大多数情况下玩家都只能听到它的声音，但这并不妨碍它成为游戏史上最为成功的角色之一，绝佳的对白设计使 GLaDOS 的形象栩栩如生，成为该游戏在叙事上最重要的组成部分。先声夺人的叙事手段在游戏角色的塑造中并不少见，如《生化奇兵》中的阿特拉斯，在游戏初期就一直用无线电的方式与玩家保持联系，指引玩家如何在逍遥城中生存。这样的方式不仅很好地节约了美术上的成本，也在叙事上产生了一定的悬念，推动玩家继续游戏中的行程。

由于游戏互动中所需要体现的竞争性，因而在叙事包装上，也通常将游戏中的角色分为两大阵营：帮助者和对抗者。帮助者在游戏中能够协助玩家，指引玩家的行进方向，同时也能够在游戏性上创造更丰富的互动方式。就游戏叙事而言，帮助者能够为玩家带来更加丰富细腻的剧情体验和情感投射。如《最后生还者》中，主角乔尔在游戏过程中，不断有一些角色以帮助者的形象结伴上路，在增加了可玩性的同时，也对剧情产生重要的影响。如乔尔与艾丽在猎人的追捕下遇到的亨利兄弟，哥哥亨利自私而敏感，但对于弟弟山姆却爱护有加，同样是在绝境下生存的弟弟山姆则天真友好，并在途中与艾丽成为朋友。经过一段时间的同舟共济，乔尔与亨利也开始互动信任，玩家也习惯了这两兄弟的陪伴。但这时剧情急转直下，山姆突发感染症状，亨利危急之下开枪击毙了他心爱的弟弟，但随即承受不住打击而选择自尽。这一幕活生生地发生在乔尔也就是玩家眼前，亨利这个角色的悲剧性结局无疑会给玩家造成情感上强烈的冲击，并带给玩家对于人性深层次的思考。同时，由于互动方式的影响，故事中的角色也更容易使玩家产生真实的情感投射，如前面所提及的亨利兄弟。

而在对抗类角色的性格塑造上，游戏中就显得相对平面。因为对抗类角色的数量通常较多，在游戏成本的制约下，多以重复的形式加以利用。为了营造对抗气氛，这类角色通常以邪恶恐怖的形象示人，为玩家的攻击行为扫清道德情感障碍。一些重要的对抗类角色，如通常所称的 BOSS，相对会有更多的故事背景与性格交代。如在《寂静岭 2》中，最终的 BOSS 事实上是玩家扮演的角色詹姆士所幻想出来的理想中的妻子，她对詹姆士的爱与怨念，以及幻想出她的詹姆士对她的复杂情感，使得角色在塑造上形成丰富的层次。

随着游戏创作者与玩家对于游戏叙事要求的不断提高，越来越多的游戏正在把叙事的重点从曲折离奇的故事转而放在人物形象的塑造上。无论是帮助类角色还是对抗类角色，通过对他们令人信服的性格塑造与相互关系的递进演化，提高玩家在情感体验上的真实度。《最后生还者》中的一系列人物，包括对处于敌对状态的重量级 BOSS——猎人头目戴维也进行了一定深度的刻画，这些在生存绝境中人物形象的成功塑造，正是该作大获成功的重要原因之一。

游戏中的场景

场景是指“行为者所处的和事件所发生的地理位置”。[5] 根据具体的需要，场景可以是简单低调的，对情节的发展与人物情感的变化并无直接的关系，仅作为背景存在；也可以是非中立的，与角色紧密捆绑的，为人物性格的塑造和剧情的发展起到重要的作用。在传统叙事中，寥寥几句即可概括一些游戏背景，即便是电影艺术，也只需专注于镜头所摄及的背景区域，叙事相关的空间整体形态，可以交由读者或观众的想象力去填充。而在游戏中，

米克·巴尔：《叙述学：叙事理论导论》，谭君强译，北京：中国社会科学出版社，2003 年，106 页。

场景首先是游戏互动规则的体现，是玩家持续互动的对象空间，包括为玩家设置障碍、谜题等一些涉及游戏机制的关卡内容。因而与传统叙事中可以对场景进行含糊的概括相比，游戏的场景更需要明确化的设定，在造型上更加具象化和细节化。在一些解谜类的游戏中，场景谜题与机关的设计，使得游戏场景的重要性甚至超过了对游戏角色的塑造。

游戏中场景的叙事作用也不总是处于相对较弱的状态，事实上，场景同样可以塑造人物、构建故事，并为游戏营造出与主题相关的意蕴和气氛，是游戏故事是否真实可信并打动人心的有力保障。如在《最后生还者》中，游戏将现代文明被彻底摧毁后破败凌乱的城镇无比真实地呈现给玩家，为玩家打造出强烈的末日生存体验。《生化危机：无限》剧情之初，空中之城哥伦比亚以其无比美好的乌托邦式美景雄伟壮丽地展现在玩家面前，而随着剧情的发展，这种虚假脆弱的美好外皮一步步地被其丑陋扭曲的内幕撕开，阳光下的血腥暴力使得游戏剧情所要体现的反乌托邦主题更加深刻有力。

游戏场景还可以通过一种静态呈现的方式，为游戏叙事进行细节铺垫。如在《最后生还者》资料片中，玩家在一个大型的废弃商场内会发现一架坠落的直升机，飞机上的人是否生还，他们之间发生了什么故事，游戏设计者用场景呈现的方式，在商场的各个角落设置了相关的信息，等着玩家去发现去体会。这种依靠玩家的互动探索来展开叙事的方式在很多游戏中被采纳，以琐碎的场景细节所展示的情节通常并不属于游戏的核心事件，却使整个游戏故事显得更加饱满、丰富。

场景不仅是指一些自然地貌和人工建筑，也包括一些由人际关系所构成的社会活动以及一些非人格化的生命形式。随着人工智能的发展，游戏场景的设计也越来越注重对这些内容的填充。如《最后生还者》中走私者营地的塑造，就充分利用游戏互动的特色，为玩家搭建出一幅凶狠冷漠的走私者群像。玩家扮演的乔尔与同伴泰丝在穿过营地的过程中，一些走私者对泰丝格外尊敬的态度，也为泰丝在形象塑造上添加更多的细节。

2. 游戏中的话语层面

游戏中的叙事交流

叙事是一个交流的过程。从广义来说，“叙述指的是将叙述内容作为信息由信息发送者（addresser）传递给信息接收者（addressee）的交流过程”[6]。这里的信息发送者与信息接收者在小说中，可以理解成作者和读者，在电影中则可以理解为电影导演和电影观众。在传统的叙事作品，如小说、戏剧、电影中，这种交流过程是单向的。交流的信息可以表现为任何形式，无论是语言文字还是光影声效，只要能承载发送者所需的内容都可以包括其中。

电子游戏最重要的特性——互动却改变了传统叙事的这一交流模式。在电子游戏的叙事交流中，游戏制作者通过玩家体验游戏的过程，将一些已编撰完成的叙事内容传递给玩家。这一传递方向与传统叙事的单向形式是一致的。然而，信息的接受者——玩家，在这过程中却并不仅仅只是被动地接受，玩家通过在游戏体验过程中的互动操作，对接收到的信息产生一定的影响，从而

谭君强：《叙事理论
审美文化》，北京：
国社会科学出版社，
2年，第11页。

对叙事的内容进行再创作，形成逆向的信息回流。

玩家对于游戏叙事内容的再创作是多方面多层次的。不同的游戏机制所对应的不同的互动设计，使得玩家再创作的能力、范围也有所不同，从而对游戏的叙事文本产生的影响程度也不尽相同。如在传统的多支线 RPG 游戏中，玩家可以对游戏中的重要事件进行叙事性质上的选择，从而经历不同的剧情；而在《神鬼寓言》系列中，玩家可以决定游戏中角色的性格、外貌等属性，对游戏的叙事文本产生巨大的影响。尽管这种再创作的能力在具体的游戏设计中形式多样，但运用这种能力，使得叙事交流的方向产生回流在游戏中是普遍存在的。

游戏交流中信息回流的目标是游戏制作者所创作的游戏程序，游戏程序根据玩家的具体操作，将游戏中一些既有的确定的内容进行再创作，形成个性化的游戏内容，然后再次将传递的方向指向游戏玩家。因此，游戏玩家在这一过程中，作为游戏叙事文本的接受者这一身份并没有改变，但他同时又扮演信息发送者的角色。因而游戏的叙事文本，可以看成是游戏制作者和游戏玩家共同创作的内容，这一内容通过游戏的程序即时产生，然后传递给游戏玩家。

游戏中这一特殊的叙事交流过程，使得游戏叙事文本中的叙述者、叙述视角以及叙事时间等均有别于传统叙事的经典模式，是形成游戏叙事独特性的一个重要原因。

游戏中叙述者与叙述视角

“叙述者指叙事文中的‘陈述行为主体’，或称‘声音或讲话者’”[7]；叙述视角是指叙述者与叙事文本中的事件相对应的位置或状态，即以什么角度去观察故事。二者一起构成了叙述。“任何故事都必然至少有一个讲述者，无论这个讲述者是作为人物的叙述者，还是隐姓埋名的叙述者，否则故事就无法组织和表达。”[8]叙述者并不是真实的作者，也不是叙事理论中所指的隐含作者。叙述者是一种抽象的存在，真实的作者通过叙述者，以某种视角叙述故事。

有别于传统的文字类叙事作品，游戏的叙事方式更接近电影艺术，二者都采用直观的视听表现手段，因而常常容易让人忽视叙述者的存在。尽管在一些游戏中会采用旁白或者内心独白的方式展示叙述者，如《马克思·佩恩》《堡垒》等，但在绝大多数的游戏中，故事都似乎通过镜头在自行陈述。然而这并不能说明游戏叙事没有叙述者。和电影艺术类似，游戏中的叙事是一种相对“沉默”的叙事方式，叙述者并不是直接通过语言来描述故事，而是通过控制摄影机以及与叙事相关的对白音效等方式来表达，我们可以把这种方式看成视听叙述者所使用的特殊的“声音”。“就影片来讲，镜头‘话语’的组织、文本时间畸变的处理，事件信息范围的框定，人物形象的刻画等无不受影片‘叙述人’的‘声音’制约与导引。”[9]“在那些看上去似乎是事件在‘自行讲述’的叙事文本的背后，仍然有一个‘叙述人’作为叙事源而发挥着组织、引导、暗示和推动叙事进程的功用。”[10]因此，游戏中通常为叙事服务的大量过场动画无疑也可以用此方式去理解其背后的叙述者。

根据电影叙事理论，我们也可以将叙述者分成人称叙事与非

胡亚敏：《叙事学》，汉：华中师范大学出社，2004年，第36页。

司7，第36页。

李显杰：《电影叙事学：论与实例》，北京：国电影出版社，2000第226页。

同9，第232页。

人称叙事两大系列。电影中的人称叙事，包括外部角度“看到”事件而不参与其中的第三人称叙述者和从内部视角观察事件并参与其中的第一人称叙述者。第一人称叙事的叙述范围比较受限，叙述者只能讲述“我”看到和了解到的故事信息，而第三人称叙事的叙述范围则更加宽广，具备呈现多样化故事层面的能力。非人称叙事，则是对电影的叙事文本中没有明确的“叙事人声音”这一现象的解释。

在游戏中，叙述的视角总是围绕着玩家扮演的角色展开。作为视角的承担者，主角不仅参与了故事中的重要事件，同时还推动了整个剧情的发展。因此我们大致可以判断出，游戏通常采用的是以玩家扮演的角色为定位点，并以此展开的内部视角叙事方式，是对应于电影叙事方式中的第一人称叙事。但这也带了两个疑问：一是在游戏于摄影视角上采用的第一人称、第三人称与我们这里所说的第一人称叙述视角的关系和区别；二是如果游戏中的确是以第一人称的方式展开叙事，那么这里的“我”，即玩家扮演的角色，又与玩家是怎么样的关系？

第一个问题相对比较容易解答。我们知道，摄影视角上的第一人称与第三人称区分，事实上只是视觉影像上的两种呈现方式，前者模拟人物的眼睛去观察周围的环境，后者则以人物为中心交代人物与环境的关系。但二者对整体的叙事过程影响差别不大，同样是在玩家的操控下观察与了解事件，叙事的情节、时间顺序以及人物的交流等，都不会因此改变。如在《重返德军总部》中，互动部分的第一人称视角与过场动画部分的第三人称视角的切换，虽然给玩家造成了视觉体验上的断裂感，但叙事的视角并没有改变，依然紧扣主角的发展动向，以他的视角来讲述故事。因此，从叙事研究的角度来说，无论是采用第一或第三人称的摄影机视角，如果排除玩家的参与，那么在一般情况下都可以将它理解成第一人称叙事视角。

第二个问题我们可以先从玩家扮演角色时的不同偏好切入分析。玩家对于扮演的角色，通常会有两种态度：一是角色即自己，把角色完全想象成自己在游戏世界中的化身；二是角色即游戏中的主角，这一种情况则是将角色以传统叙事的方式，尤其是电影中的叙事体验一样去对待。这两种态度，也会根据游戏中玩家对于角色的掌控度而有所改变，如在掌控度较高的互动环节，玩家通常会进入第一种状态，而在玩家掌控权被剥夺的过场动画中，第二种状态就很容易出现。基于这两种态度，玩家的叙事体验也不尽相同。当玩家处于角色即自己的状态中时，玩家与游戏的叙述者合二为一，玩家的"我"即游戏的叙述者，由"我"来观察游戏中的世界，并推动这个世界中故事情节的发展变化，由此产生一种代入感强烈的互动叙事体验；而当处于角色即游戏中的主角这一状态时，玩家的叙事体验与电影相似，玩家扮演的角色以叙述者的身份讲述游戏中的故事，但玩家对角色的操控，又使得这一体验在本质上还是与电影有所区别。一些强调游戏叙事体验的游戏中，往往会采取一些手段，尽量引导玩家进入第一种状态，使玩家和游戏中叙事的叙述者在身份上重合。比如第一人称视角的摄影机拍摄手法，即时演绎的人工智能 NPC 表演与对白，以及尽量减少剥夺玩家操控权的过场动画等。

由此我们可知，游戏中的叙述者不仅仅是真实作者（游戏制作者）创作的产物，同时也在不同程度上受到游戏玩家的影响。玩家参与创造了游戏叙述者，掌控了部分游戏叙事的制约与引导能力。不同的游戏互动方式，玩家对于游戏叙述者的影响程度也不尽相同。在自由度较高的沙盒游戏性中，玩家可以决定游戏中的主要剧情、角色造型，甚至是叙事节奏。但无论是何种游戏，只要存在互动，游戏中的叙述者都离不开玩家的作用。

因此，游戏中的叙述者，可以看成是由两位真实作者共同创作的产物。第一位真实作者是游戏的创作者，这是起决定作用的一位创作者，他决定了叙述者的基础轮廓。第二位真实作者则是游戏的玩家，他在游戏创作者所提供的互动范围内，在已然形成基础轮廓的叙述者身上，加入了颇具个性色彩的内容细节，从而对游戏的整个叙事话语产生一定的影响。

游戏叙事文本中的时间

首先我们必须理清楚叙事中的两种时间概念。叙事是一个双重的时间序列，包括被讲述的事情的时间以及叙事的时间，即所指的时间与能指的时间。这里所谓的叙事的时间，就是指叙事文本中的时间，也称本文时间。“本文时间，指的是在叙述本文中所出现的时间状况，这种时间状况可以不以故事中实际的事件发生、发展、变化的先后顺序以及所需的时间长短而表现出来。”[11]被讲述的事情的时间，即故事的时间，“指事件、或者说一系列事件按其发生、发展、变化的先后顺序所排列出来的时间”[12]。

在传统的叙事作品中，“叙事时间（话语时间）的顺序永远不可能与被叙述时间（故事时间）的顺序完全平行，其中必然存

11. 谭君强：《叙事理论与审美文化》，北京：中国社会科学出版社 2002 年，第 151 页。

12. 同 11，第 151 页。

在‘前’与‘后’的倒置”[13]。事实上，传统叙事文本中对时间的处理往往丰富多变。如一些日常的、重复的、对整个剧情毫无贡献的时间段落，可以用寥寥几个字或用蒙太奇手段概括略去。相反在一些重要的、展现细腻情感的段落中，叙事文本也可以用相应的手段，将时间自由地伸展，把细节充分地描述清楚。与此同时，故事中事件的先后顺序，也可以根据需要在叙事文本中进行灵活多变的安排，更好地为作品的艺术追求服务。

而在游戏的叙事过程中，这一自由的时间处理能力却被削弱了。我们知道，在通常情况下，玩家通过操控角色参与了游戏的故事，并推动游戏剧情的发展。从这一点去理解，游戏的故事时间是由游戏的创作者与玩家在具体的游戏互动规则下共同决定的。而玩家对于叙事文本的参与，特别是某些情况下与第一人称叙事者身份的合二为一，使得游戏中叙述者在讲述故事时所涉及的叙事时间，必须与叙述者之一的玩家在游戏故事的时间体验上保持一致。这种叙事时间与故事时间所保持的高度一致，包括事件发生、发展、变化的先后顺序以及所需的时间长短，都具有强烈的一致性，尤其在玩家具有较高掌控度的互动部分，这种情况更为普遍。我们可以把游戏叙事时间的这种特性与舞台剧中的场景时间进行比较，就会发现有一定的相似性。戏剧中的一场戏与游戏中的一个关卡通常都具有时间上的连续性和叙述角度的单一性。而事实上，一些游戏叙事研究者所提倡的代表游戏叙事未来发展方向的自生性叙事（Emergent Narrative）方案也具有同样的叙事模式。

但并不是说，游戏中所有的叙事内容都在叙事时间与故事时间上存在一致性。一些游戏的创作者也试图勇敢地打破这种常规

谭君强：《叙事理论
审美文化》，北京：
国社会科学出版社，
2 年，第 152 页。

模式，从而给玩家带来不一样的叙事体验。如在《巫师2》中，游戏为玩家设计了一段倒叙的内容。在倒叙的时间段落内，玩家同样需要操控角色进行互动，并推动这部分剧情的发展，但这也为玩家的叙事体验带来逻辑上的混乱。因为通常意义上倒叙时段内的故事情节是被确定了的已经发生的事件，作为叙述者的角色又是这一系列事件的亲历者，而玩家与叙述者的视角的重合关系，使得玩家按照常理来说也应视这段内容为过去的已知。但游戏中这样的叙事设计，却让玩家在本应是过去的已知时间中再一次去经历这种未知，因而这一叙述显得并不合理。游戏大胆的叙事创新手法还是赢得了一些玩家的肯定，但并不代表这样的倒叙处理是游戏叙事所擅长的。事实上，时间的回溯在游戏中的应用需要相当谨慎的考虑，以避免造成叙事逻辑的混乱。在一些游戏中，如《生化奇兵：无限》，将叙事者的回忆和幻想相结合，用类似倒叙的方式呈现给玩家，也是一种具有积极意义的叙事探索。

前面我们讨论到，游戏的叙事时间与故事时间通常保持高度的一致，一些游戏，如《波斯王子 4》《生化奇兵》系列等作品，创作者尽量将整个故事的时长设计与玩家的叙事体验保持一致，但这样的方式并不能满足游戏叙事多样化的需求，一些需要更长时间跨度的故事在叙事上就会产生一定的困难，对此，游戏创作者通常采用过场动画的方式来解决这一问题。过场动画能够借用电影叙事的手法，将游戏故事中一些不必要的时间段落省略或概述，从而达到压缩时间的目的。游戏中被压缩的时间段落，通常是难以涉及互动内容的叙事片段，或者是因为时间跨度太大，同时又对剧情的发展影响不大的内容。如在《最后生还者》中，主角乔尔与同伴艾丽在比尔的帮助下开车前往目的地的这一过程就是用蒙太奇的方式将时间略去，其后的一些章节衔接，更是略去了一整个季度，为人物情感的变化提供可信的时间基础。

游戏叙事中的时间特性还表现在它的节奏上。相对于电影叙事，游戏中叙事时间与故事时间的一致性，使得游戏互动过程中的剧情推进节奏较缓。同样的故事内容，电影用一个半小时的讲述时间就可以放映完毕，而在游戏中则需要八小时以上。与叙事节奏较慢的情况相反，游戏中角色的动作节奏却相对较快，由于玩家对于互动操作快速反应的要求，游戏中的角色所采用的动作在速度和幅度上都有较大的设计。比如角色的跑步动作就比走路更受到玩家的欢迎。因此如果将整体叙事的节奏视作外部节奏，而将叙事内容中角色的动作看成是内部节奏，那么，这二者通常在游戏中存在较慢的外部节奏与较快的内部节奏这一明显的比对。但在某些情况下，根据需要适当地调整内部节奏，能够更好地为游戏叙事服务。如《马克思·佩恩》系列游戏中招牌式的子弹时间设置，开启后可以将游戏中的时间放慢从而使玩家更容易精确瞄准，这一设计，使得在视觉形式上与正常状态形成一种强烈的节奏对比。原本应该是快节奏的应敌战，却将角色飞身射击以及敌人中枪后的动作在时间上进行高速拍摄式的慢动作处理，从而带给玩家反常态的暴力美学。

（五）常见的游戏叙事原型和审美倾向

1.“英雄之旅”的叙事原型

游戏史上优秀的作品不胜枚举，如果我们把这些游戏中的故事单独整理出来进行比对，不难发现游戏叙事的一个类型化趋势，它们所讲述的故事几乎都围绕着一个主题：英雄。无论是基于何种技术平台、何种游戏互动类型，大部分游戏的创作者不约而同地选择了英雄主义的主题。从早期经典横版跳台类游戏的《超级马里奥》中水管工马里奥拯救公主的英勇事迹，到微软的Xbox360上的第一人称射击类游戏《光晕》中的超级战士大战尸脑虫并最终揭开光晕真相的传奇故事，英雄的冒险之旅成为游戏中被反复使用的叙事原型。

事实上，“英雄之旅”是好莱坞电影界常用的经典叙事结构，其理论源自神话学大师约瑟夫·坎贝尔的著作《千面英雄》[14]。书中通过对世界各地文学和民间传说中的神话原型进行总结归纳，得出故事所需要的一些经典元素及其编排策略，并提出了以“召唤→启程→历险→归返”为基本架构的“英雄之旅”理论，成为好莱坞电影叙事套路的重要参考依据。随着游戏创作者对游戏剧情的不断重视，“英雄之旅”也顺理成章地成为游戏叙事的经典结构。

一次完整的英雄之旅可以用以下12个部分来简单归纳：

（1）正常世界（The Ordinary World）；

（2）冒险召唤（The Call to Adventure）；

（3）拒绝冒险（Refusal of the Call）；

14. 约瑟夫·坎贝尔：《面英雄》，黄钰苹译杭州：浙江人民出版社2016年。

（4）遇见导师（Meeting with the Mentor）；

（5）穿越极限（Crossing the Threshold）；

（6）考验、盟友和敌人（Tests, Allies and Enemies）；

（7）接近（Approach）；

（8）严峻的考验（The Ordeal）；

（9）报酬（The Reward）；

（10）返回之路 The Road Back）；

（11）复活（The Resurrection）；

（12）满载而归（Return with the Elixir）。

以上 12 个部分搭起了一个完整的叙事骨架。放眼纷繁复杂的各类传统叙事作品，尤其是一些在商业上获得成功的作品，我们或多或少地能在其中看到这一骨架结构的映射，尽管也存在着一些结构根据具体需要被删除、融合或缩放的情况，但总体的“召唤→启程→历险→归返”的基本结构不会动摇。无论是史诗神话还是现实生活题材，又或是动作枪战、伦理爱情，都可以在这一结构下填充相应的细节内容，从而得到一个情节完整而又内容丰富的故事。

在传统叙事中，“冒险”“考验”“报酬”等词汇，大多是一种概念化的比喻，而不是真正的词语本意。如在一爱情故事中，主人公的冒险就可以是对心仪女孩的追求过程，而考验则是追求过程中的各种波折，报酬自然就是女孩对主人公的情感反馈。相对复杂多变的传统叙事，游戏中对“英雄之旅”模式的应用则更加明显与直白，大部分的剧情变化都接近模式中结构的字面含义。

这在很大程度上与游戏的互动方式有关。我们知道，游戏的互动离不开竞争性，这就要求游戏的叙事包装尽量体现出明显的对抗，以及与对抗相关的快速反应内容，因此相对容易的选择就是采用与攻击防御等相关的动作类剧情，这就免不了会将主角的冒险之旅与一些神话或传说中的英雄传奇联系起来，与主角进行对抗的敌人设计也很容易从这些传说中得到灵感。

如《波斯王子 4》中的故事背景就引用了大量的琐罗亚斯德教的内容，利用宗教传说中的光明之神阿胡拉·玛兹达与黑暗之神阿里曼的对立，建立起善恶两大对峙阵营，从而为接下来的动作类互动提供黑白分明的叙事逻辑。在剧情流程方面，《波斯王子 4》的故事则完全可以用前文所说的十二个组成部分来归纳其骨架结构：

（1）正常世界：玩家扮演的角色——王子开始自我叙述，他在沙漠中赶着满载着黄金的驴，走在衣锦还乡的路上。

（2）冒险召唤：王子遇到沙暴走失了驴，就在寻找驴的过程中，遇见了被士兵追捕的公主艾丽卡。王子帮助她赶走士兵，并随她来到一座据说是囚禁着黑暗之神阿里曼的神庙。就在公主让王子离开的时候，公主的父亲莫宁国王出现。王子以为国王要加害于她，于是与他展开了战斗，战斗过程中国王不小心砍掉了封印着阿里曼的生命之树，整个城市遭到了黑暗的侵袭。公主请求王子跟她一起去净化这些被污染的地方，并恢复生命之树以阻止阿里曼的逃跑。

（3）拒绝冒险：王子却认为应该尽快逃离这个被污染的地区，但公主告诉他，他们根本就跑不远。王子无奈之下只得加入了公主的净化之旅。

（4）遇见导师：游戏中，王子的导师就是公主。在接下来的旅途中，公主讲述了自己的故事，并在战斗时施展魔法，协助王子。在王子掉下悬崖的瞬间，公主也能用魔法将他带到安全的落脚点。而当王子迷失方向时，公主的魔法还能用以指引方向。

（5）穿越极限：王子在公主的指引下，进入被污染的城市，就是极限的穿越。但也可以认为是王子遇到公主之后，跟随她从沙漠进入神庙的这一过程，使他从正常的世界进入到未知世界。

（6）考验、盟友和敌人：游戏中的考验包括复杂的三维跳台设计，以及一些机关与谜题；盟友是兼具导师身份的公主艾丽卡；而敌人则是一些普通的黑暗士兵以及阿里曼的四位将领，四位将领分别是猎人、术士、幻术士和战士。

（7）接近：在分别战胜四位将领以后，王子和公主通过搜集散落在各大场景中的光之种子，相继净化了所有被污染的地方。他们再一次回到神庙，试图封印阿里曼。

（8）严峻的考验：被黑暗控制的国王出现在神庙中，与王子展开了终极一战。

（9）报酬：最终王子取得了胜利。生命之树获得重生，阿里曼被重新封印。

（10）返回之路：就在一切恢复正常的同时，公主从身上掏出最后一颗光之种子，将它归还给生命之树，让封印更加完整，自己却失去了生命。原来国王就是为了救回早已去世的公主，才与阿里曼签订协议，以他的自由交换公主的生命。

（11）复活：王子悲伤至极，他最终砍掉了千辛万苦才恢复的生命之树，并把光之种子再次种入公主体内，公主复活了。

（12）满载而归：王子抱起公主离开。整个地区陷入了黑暗之神阿里曼的统治。

尽管最后不是一个太过于圆满的结局，但却为游戏的续作埋下了伏笔。而王子最终不惜释放阿里曼也要营救公主的这一选择，使得公主的复活成为他的“满载而归”。

随着游戏叙事能力的不断进步，相对复杂的剧情也正在尝试着渗透其中。常规化的“英雄之旅”会在结构上借鉴电影叙事的手法加以一定的改造，并结合游戏互动的特色，使之更适应于游戏中的讲述方式。根据故事情节的复杂程度，一些结构被强调或省略，甚至可以被重复和嵌套。如《最后生还者》中，游戏叙事同样采用了“英雄之旅”的基本框架，但在很多细节上加以改进，使得游戏中各大角色的性格丰满立体，游戏的剧情也更加迂回曲折。

在很多大型的动作类游戏中，一些章节化的关卡内容，就可以看作是一次相对完整的英雄之旅，最后一环的“满载而归”则通常与下一关卡的“正常世界”与“冒险召唤”结合，以过场动画的形式展现给玩家，为玩家提供该关卡的奖励，并定义下一关卡的目标。事实上，“英雄之旅”中的这些阶段性情节设定，使得游戏关卡的叙事包装更加便捷，段落区分更加便于玩家理解。即便是强调自由探索的沙盒类游戏，通常也会设计许多以“英雄之旅”模式包装的支线任务，使得玩家的叙事体验在碎片化的形式下也有局部的完整性。

2. 游戏中叙事的审美倾向

在“英雄之旅”这样的叙事原型影响下，一款款有着优秀故事作为支撑的游戏相继问世，如《最终幻想》《生化危机》《古墓丽影》《质量效应》《光晕》《生化奇兵》等佳作，其中更有一些被改编成电影或动画片，成为游戏改编电影的成功案例。但在这一系列大制作的主流游戏中，我们不难看出游戏在主题上的局限性。比如大部分游戏都有史诗般宏伟的故事背景，有神通广大能力超凡的主角，有层出不穷的强大敌人，也有着令人大吃一惊的最终结尾。

游戏作为新生代的娱乐产品，在商业化的需求下，游戏的叙事包装，特别是一些主流大制作的商业化游戏产品，必须迎合大众的趣味，并尊重普世化的价值观。因而游戏中的故事通常情节曲折离奇、悬念丛生，但又通俗易懂；角色则善恶分明，性格平面化但极富传奇色彩。同时，游戏互动方式的局限性，使得游戏剧情的包装在叙事类型上与电影类型中的动作片、恐怖片有相当多的交集，强调奇观化的视听效果。

但游戏的商业属性并不意味着游戏作品就无法涉及更具有思想内涵与人性思考的叙事内容。由于交互技术的进步以及游戏创作者自身的艺术追求，很多优秀的游戏剧情，既有成功的商业元素，同时也保持着较高的审美品位。如 KONAMI 公司制作的恐怖生存类游戏《寂静岭》系列，就在弗洛伊德心理学说的支撑下利用商业化的恐怖元素对复杂的人性进行了深入的探讨，尤其值得一提的是《寂静岭 2》的剧情设计，被玩家们奉为经典。《寂静岭 2》

是一款 2001 年发行的多平台单人游戏。游戏的开场中，主人公詹姆士收到一封三年前就去世的妻子玛丽的来信，信中玛丽约詹姆士到曾经的蜜月度假地寂静岭相聚。这一经典悬疑片式的开场奠定了整部游戏的叙事走向，由此玩家扮演的詹姆士来到寂静岭这个神秘诡谲的地方，踏上了一场惊心动魄的寻妻之旅。随着游戏剧情的展开，我们开始知道，詹姆士深爱着妻子玛丽，但自从在寂静岭度完蜜月后，玛丽得了一种奇怪的病。三年来，在病魔的折磨下，玛丽面容枯槁，脾气也越来越暴躁。尽管詹姆士处处忍让，尽心伺候，但内心极度压抑，再加上住院费造成的经济压力，绝望的詹姆士不禁产生了杀死玛丽的想法，他相信玛丽始终是要死的，而玛丽也时常显露出厌世的情绪。在爱与现实的矛盾之间，詹姆士陷入了道德困局。最终在玛丽的要求下，詹姆士杀死了她，并在极度的自责中强迫自己将这段记忆忘却。但他潜意识中强烈的罪恶感却从未消失过，以至于出现各种幻觉。游戏中形形色色的怪物就是由詹姆士潜意识中的罪恶感所幻化出来的形象化身。玩家扮演的詹姆士与这些邪恶怪物的战斗，正是自己内心备受煎熬的挣扎过程中，试图消灭这些罪恶感的赎罪方式。游戏借鉴了经典名著《罪与罚》中对人性的思考，带着“没有任何人有罪，但罚却加诸每个人身上”这样的理念，塑造起一个在极端道德困境中的普通人形象。除了主角詹姆士，游戏中还有其他一些同样深陷罪恶泥潭的悲情角色，他们与詹姆士一样，需要去面对自己内心的可怕怪物。另外，游戏还设计了一个天真无邪的、不受任何怪物威胁的小女孩劳拉，她的另类存在，与这些在寂静岭中处于非正常状态的人物作出了明显的对比，更加突出了其他人所遭受的心理煎熬。可以说，《寂静岭2》虽然是一款以血腥暴力与恐怖悬疑为卖点的游戏，但对人物内心世界的探索才是游戏剧情最精彩的呈现。

除了涉及伦理道德上的探讨，我们还可以看到一些游戏中对人类社会发展形式的深刻反思。如2K Games在2007年发行的《生化奇兵》，就以乔治·奥威尔笔下的反乌托邦主题为参考，将游戏的故事放在一个庞大的海底乌托邦城市——销魂城中展开。故事发生在1960年，玩家扮演的主角杰克作为一场空难的唯一幸存者，在海上求生的过程中发现一座巨型灯塔，通过乘坐灯塔中的潜水球，杰克来到了一座与世隔绝的海底大都市——销魂城。这座巨大的水下都市，是由工业巨子安德鲁·雷恩设计修建的，依靠海底火山的能量，实现了水、电、空气、食物等的自给自足，城里的居民都经过雷恩审查，均是全球最顶尖的杰出代表。但是，本应是承载着人类梦想的乌托邦，却因为雷恩的独裁统治以及由于人口经济的发展出现的阶层划分而离这一初衷渐行渐远。特别是发明了基因改造品EVE后，销魂城的人们为了获得更多更强的超能力，疯狂争夺EVE，甚至通过屠杀他人回收EVE。而大量使用EVE，也使得很多人发生变异，成为相貌丑陋、肢体变形的怪物。整个销魂城的社会秩序轰然崩塌，而主人公杰克就是在这一时间来到销魂城。为了生存下去，他被卷入了雷恩与反抗者阿特拉斯的对抗斗争中。游戏中虚构出来的销魂城并不是一个笼统的概念，游戏创作者对其政治、经济、科学等各方面的发展过程进行了巨细无遗的设想，使其存在与最后衰亡的过程真实可信。玩家扮演的杰克，在这曾经辉煌壮观，如今却疯狂可怕的海底都市与各大角色斗智斗勇，在剧情的推进下慢慢揭开销魂城所有的秘密，引领玩家对极权政治形态的深刻反思。

这些优秀的游戏作品，将我们对真实世界的思考加以丰富的想象发挥，用游戏互动的方式，为玩家塑造起一个个具有丰富内涵的异想世界。随着游戏叙事能力的提高，近些年来，一些游戏创作者也逐渐把叙事的重点放在人物与人物之间关系的刻画上，更加深入地为游戏的情感体验创造更多的可能性。如在 2013 年由顽皮狗工作室开发的《最后生还者》中，游戏采用的经典末日题材，只是以背景模糊的方式提供了一个绝境式的环境空间，而在绝境下的人物，才是该作重点描述的对象。游戏中各角色真实丰满的情感塑造与人物关系的细致变化，是游戏获得评论界高度肯定的主要原因，同时，游戏将这些叙事内容，与游戏互动设计紧密结合，为玩家带来游戏叙事中特有的情感体验，也是该作大获好评的原因之一。

与此同时，一些独立游戏中的故事则在短小精干的基础上颇具独特风貌。如 2010 年 Playdead Studios 开发的《地狱边境》，就以个性化的艺术风格以及其简单却又感动人心的故事内容打动了无数的玩家。故事描述了一个男孩在姐姐不幸罹难后勇敢地踏入地狱的边境，不断战胜艰难险阻寻找姐姐的故事。游戏场景中没有任何的文字或对白内容，完全用视觉化的方式来讲述故事，最后开放式的结尾，也给玩家带来一些意犹未尽的遐想空间。

最后需要指出的是，在现阶段互动方式的限制下，游戏的叙事能力并没有得到完全的释放，一些暴力互动的游戏方式与奇观化的视觉呈现是商业化运作的必然选择。然而随着技术的进步，游戏创作者的不断反思与探索以及玩家自身审美情趣的不断提升，游戏正以越来越成熟的叙事方式向更多的题材领域和叙事风格做出的勇敢尝试，并不断带给我们令人欣喜的佳作。

（六）游戏中叙事与交互的矛盾及其调和方式

尽管故事似乎已经成为游戏必不可少的内容之一，但在将叙事应用于游戏的过程中，实际的情况却显得不那么顺畅。正如我们之前在游戏的事件及其编排中所讨论的，叙事作为一系列事件的符号再现与游戏的实时交互是对立与矛盾的。很多早期的游戏创作者都意识到了这一问题，他们为调和这一矛盾提供了许多设计思路与方案，如过场动画、非线性的叙事模式、开放式的沙盒游戏等，为游戏的叙事能力探索出多条道路。但这些道路并不总能够带领我们走向正确的方向，即便有些游戏在创作之初极具先锋意义，也获得了相应的商业回馈，如极具互动电影风格的游戏《暴雨》，曲折离奇的多线性叙事模式，以及完全电影化的视听手段，使得它在发行之初便获得了极高的评价，但如果以一部游戏作品的立场去评价，却很难在游戏性上获得较高的肯定。同时，过度地追求游戏的叙事性，也容易使游戏中与互动无关的固态叙事内容过多地占去游戏有限的资源。王如游戏设计师佛雷塔格（Walter Freitag）所言：在电子游戏中，叙事与交互性程式之间横亘着一座黑洞，不断吞噬着时间、技术与资源。但随着一代又一代游戏佳作的推陈出新，游戏创作者们在叙事与互动矛盾的化解之路上不断带给我们惊喜，尤其是 2013 年的两部大作《最后生还者》和

《生化奇兵：无限》的游戏叙事手法，让我们明显地看到佛雷塔格所指的这一黑洞正在可喜的缩小减弱。是时候站出来，对这一黑洞的征服策略进行一个梳理了。接下来，我们就以《暴雨》和《最后生还者》这两部经典佳作中的叙事应用手段为主要研究内容，分别从正反两方面来讨论游戏中叙事与交互之间矛盾的各种调和策略。

在我们试图去调和游戏与叙事的矛盾之前，首先要对这二者的关系有一个正确的认识。我们在前几章节中早有分析和结论，即叙事不是游戏的主要目的，它在游戏中是为游戏的互动服务，为玩家的交互体验提供合理的包装手段，因而对于任何游戏来说，故事不是游戏创作者的首要考虑内容。游戏的目的不是去讲述一个故事，而是去提供一种竞技体验。游戏中的故事，就必须发挥叙事的能量，为这种竞争机制中必要的规则和目标以及奖惩提供相对应的解释和情感投射。在明确这一关系后，我们就可以很容易分清楚游戏中故事包装的好坏区别，以及它们各自的原因。如在《暴雨》中，交互式电影的叙事模式是它的成功之处，但作为一款游戏，《暴雨》却没有过多的考虑竞技体验这一在游戏中最重要的内容，游戏与叙事的关系被颠倒过来，很多互动操作的设计，都只是根据剧情发展的需要而被硬生生地填充在情节段落之中，以至于游戏百分之六十至七十的内容都在播放过场动画。可以说，在这款游戏中，剧情不是在为互动服务，而是互动在为剧情服务。但令人遗憾的是，即便是这样，为剧情服务的互动也在大部分时候偏离了它应有的设计方向，并使叙事与游戏交互的矛盾进一步加深。

《暴雨》中，游戏互动设计的偏离首先体现在大量与剧情无关的 QTE（Quick Time Event 的缩写）操作方式上。在要求快速反应的格斗类互动方式中，QTE 的应用可以被理解，但一些日常生活中最简单的动作，如刷牙、剃须、摆盘子等，也被设计成需要考验玩家快速反应的操作方式，就显得不太合乎逻辑，更何况，这些与反应相关的指令设置，都是没有合理联系的按钮序列。游戏创作者似乎意图让玩家体验真实的角色生活细节，但这种细节的操作模式，由于现阶段游戏手柄的按钮限制，无法与真实生活的操作产生联系。事实上，这正是那些以真实世界为世界观背景的游戏所需要避免的互动模式。当然并不是说将一些日常生活化的动作设计成玩家的互动操作一定就是不合理的。在一些冒险解谜类游戏中，存在着大量这样的互动内容，但它们往往将具体的动作过程省略，而重点是让玩家去发现如何触发这一过程，同时将玩家的互动方式简化统一成点击操作。如开门这一动作，冒险解谜类游戏中，往往只需要普通的点击即可，然后触发相应的表示门开启的动画。

《暴雨》中对于这些日常行为举止的 QTE 化，其实从反面让我们得出一个结论：游戏中的情节设计必须与游戏的操作体验，即可玩性保持一致。这一点上，《暴雨》中也有正面的应用。如主角在商场寻找跑丢的儿子这一段落，玩家必须控制角色，向远处拿着红气球的孩子前进，但熙熙攘攘的人群不仅挡住了视线，还给玩家造成非常大的阻力。这时，玩家对角色的前进操作与游戏手柄方向键的关联性相对而言就比较符合逻辑。考验玩家反应的不是脱离叙事的随机 QTE 指令，而是在视觉反馈和操作感受上都相对一致的人群阻力。这样的互动设计，对一款游戏来说就比较合理化。事实上，市场上绝大部分的游戏能够做到这一点，如射击类的方向瞄准控制与扣动扳机的射击按钮，动作类的角色在运动方向上的操控与不同按键的角色技能设定等，这些几乎是约定俗成的操作方式，正是因为其合理性被延续至今。可以说，游戏中的情节设计必须与游戏的操作体验保持一致，是游戏中叙事为互动服务最基础最重要的应用方式。

游戏与叙事的矛盾调和，还需要对其阶段性的互动操作设计明确的目标。游戏作为一种竞技性的互动方式，必须为玩家提供不断进阶的任务目标，没有任务没有目的的游戏是无意义的，即便游戏中玩家拥有华丽的技能与史诗般壮阔的场景，在一些新鲜刺激消失殆尽后，剩下的就是毫无乐趣的闲逛，游戏中的虚构世界也只会成为真实世界的华丽投射而已。目标就意味着需要通过玩家的互动操作来推动故事的发展。但在传统叙事中，推动故事发展的并不一定是叙述者，如主角在一些日常生活中遭遇了突如其来的变故，这些变故并不是由主角推动，只能被动地接受。因此在游戏中，就需要避免把游戏互动的部分，包装成游戏角色没有明确目标的日常生活状态。在《暴雨》中，一些段落却将这些无目标的状态作为玩家的互动内容，玩家几乎是在无所事事中等待游戏特定事件的发生。如序章中，男主角起床后的一系列 QTE 操作，几乎是由玩家因好奇而产生的自发性目标在推动游戏的进行。除了工作环节的建筑绘图部分，其他如刷牙、洗澡以及吃水果等，都没有明确的目标设定，同时这些互动操作，对于角色的性格塑造与成长也没有特别大的帮助，基本上就是玩家操控角色熟悉游戏场景的一个过程。如果说序章中这样的设计还有助于玩家学习该游戏的操作方式，并且以游戏的新鲜感吸引玩家去探索场景，那么在另一个场景段落中，玩家扮演的私家侦探从趴在家中书桌上的小憩状态中醒来后的互动内容，就会使这一问题显得更加明显。角色醒来后，如同序章中一样没有收到任何的任务提示，只是在场景中随意探索。比如进行拉开书桌抽屉、打开厨房柜门、打开冰箱喝饮料等一系列的琐碎操作，直到有人来敲门这一事件的发生，这才打断了之前漫无目的的状态。这样的互动内容填充，对于剧情的发展没有太大的作用，只是为真正的叙事需要做一些没有实质意义的铺垫，最重要的是，让玩家在无目的的互动中等待事件发生，而不是由自己去推动事件，大大降低了游戏的可玩性，是与游戏设计的目标相违背的。

这一点，在《最后生还者》中就做得很好。同样也是序章，同样也是从角色醒来后开始的游戏互动内容，并且同样是一些日常生活的行动方式，在《最后生还者》中，游戏创作者就采取了非常明确的阶段性目标设计。如莎拉醒来的原因，就是被叔叔的电话吵醒，并被要求与她父亲交谈。这样的叙事方式，使玩家在一开场就得到了非常明确的目标——寻找父亲。玩家接下来的互动内容，就是在室内场景中自主式游历探索，顺带参观下居住环境。游戏设计者也为好奇的玩家提供了一些场景互动内容，虽然这些零碎的细节与主线剧情没有关系，但却是介绍游戏故事背景的有力填充，如场景中可以拿起来观看的忘记送给父亲的贺卡，凸显父女的亲密情感，卫生间报纸上的社会新闻则为游戏接下来的致命病菌大面积爆发做铺垫。与《暴雨》相比，这些互动内容在数量上相对较少，进而确保玩家将注意力放在主线剧情上。接着，游戏又安排了一系列触发式的插播动画，如电视新闻上的现场爆炸以及窗外的两起爆炸，使得寻找父亲的目的显得更加迫切。在这一任务的指引下，玩家操控的小女孩最终看到父亲从门外慌慌张张地冲进屋内，然后迅速关好玻璃门，并警告她不要靠近这扇门，由此玩家得到了下一个任务——远离玻璃门。

对比《暴雨》和《最后生还者》在同类型互动内容的设计，我们可以看到游戏中阶段性目标设计的重要性，大到关卡章节，小到每一个场景，都必须提供相应的任务目标，让玩家清楚地知道自己接下来应该去完成的是什么事情。同时，要让叙事对目标进行承上启下的包装，为每个目标设计相应的情节，从而使玩家成为推动故事发展的主要动力。

在建立起一连串大大小小的任务目标系统后，我们还需要考虑使游戏中的情节为其竞争机制所服务，任务的难度要有所递进，方式也需要变化，这样才能不断给玩家提供新的挑战。这就要求在叙事上为这样的递进与变化提供合理的解释。在这一点上，《暴雨》也做得有所欠缺，由于多线程的叙事设计，每个角色都有自己的进展模式，为了保证故事的曲折和情节的丰富，四个角色的推进节奏通常无法统一，这也导致了尽管游戏的总体难度在递增，但这些难度与故事的相关性却不是那么紧密。这对于采用单线程叙事模式的《最后生还者》来说，就显得相对简单。玩家扮演的主角乔尔，不断地因为叙事所提供的任务而踏上越来越艰险的旅程。如为了寻找被抢的货物，从相对安全的隔离区出发到脱离军队管控的走私者营地，这一路相对简单，仅仅受到几个感染者的威胁，但接下来为了夺回货物，与码头走私黑帮的战斗，难度就有一定的升级，因为在游戏中，比起感染者，正常的人类更加难以对付。战胜黑帮老大后，却发现货物已经落在火萤组织手中，于是剧情再一次指引玩家跟着火萤领袖返回隔离区。这时玩家的对手不仅包括感染者，还包括荷枪实弹的军队，难度进一步升级。难度递增的这一过程很好地与叙事内容结合，合情合理。看似是由玩家在推动着剧情，其实却是剧情在引导着玩家。

这也引出另一个需要注意的问题，就是关于任务目标的达成与下一个任务的触发。通常在叙事上会包装成故事中的重要事件，引发剧情变化，从而推动玩家去探索新的环境，迎接新的挑战。这些重要事件，一般会采用预制的过场动画的方式插播，此时玩家的操控权通常被剥夺，要求连贯的游戏体验不得不被打断。这就要求过场动画的内容尽量紧凑，长度尽量简短，把主要的矛盾焦点以最优化的方式描述清楚，从而最大限度保证玩家的互动内容。事实上，实时渲染技术已经把过场动画从预渲染的方式中解放出来，实时的动画插播越来越普及，随着人工智能的进步，过场动画必定会被实时的演出手法所取代。即使在现有的技术限制下，也可以根据剧情的设置，为适当剥夺玩家的操控权提供合理解释。如在《生化奇兵：无限》的开篇中，玩家坐在飞行器上冲出云端来到天空之城“哥伦比亚”的这一段过场动画，就是将玩家扮演的角色设定成被绑在飞行器的座椅上，从而为角色无法自由行动提供合理的解释。

在游戏发展的过程中，过场动画是一个注重叙事的游戏必不可少的策略，是平衡游戏与叙事矛盾的解决方案。故事情节的发展、人物的性格特征与成长变化，以及人物之间的关系变化，都需要过场动画来集中展示。但是这样往往会对游戏的体验造成强烈的断裂感。随着游戏技术的进步以及游戏创作者不断地探索实践，对于过场动画的依赖性正在慢慢地瓦解。一些静态的叙事元素，如背景故事、角色对某个行为或物件的看法等，都可以适当地打碎，实时地插播在互动过程中。如在《最后生还者》中散落在场景各个角落的生还者留言，角色之间的非剥夺式的对话，以及实时发生的场景坍塌事件等。这些叙事元素通常并不具有强烈的戏剧性，不会对玩家的游戏进程产生大的影响，是对过场动画叙事内容的细节填充。

人工智能的发展，对于这种叙事细节的插播具有重要的技术意义。随着游戏中 NPC 角色的人工智能增强，游戏的叙事方式就可以采用更加合理更加巧妙的场面调度方案，让玩家自然地参与其中。在这样的叙事模式中，玩家如同参与了一场即兴戏剧的演出，所有演员的调度、对白以及场景中的环境变化、互动点设计，都是根据游戏的互动需求而为玩家刻意安排，最大限度地让玩家进入到角色扮演的状态。《最后生还者》中，很多段落就是采用这样的方式。如我们之前曾经提及的让人印象深刻的一段，玩家扮演的乔尔不小心踩到陷阱被倒吊在空中，同伴小女孩艾丽跑过来帮忙，但这时大量的感染者冲过来，乔尔不得不在倒吊着的情况下开枪射击，并且时刻保护受到攻击的艾丽。这一段强制性的战斗，通过对玩家移动控制权的剥夺，以及倒吊着的摇晃设计，不仅拓展了游戏的玩法和难度，而且使玩家游戏体验的真实性得到提升。这样戏剧化的场面调度方式，是游戏叙事的发展方向，尽管在现阶段还受制于输入技术的单一性，但相信在不久的将来，随着技术的不断突破，游戏的叙事方式将会得到极大的拓宽。

我们再次将讨论内容移回至《暴雨》。在《暴雨》中，叙事与游戏的对抗性，还表现在它引以为傲的多线程叙事方式上。玩家可以同时扮演多个角色，并从不同的视角去体验剧情的发展，这的确是一个创新。但这一设定，同时也会对玩家的互动体验造成生硬的打断。毕竟，游戏和电影是两种本质上不同的体验方式。《最后生还者》中也涉及不同角色的扮演体验，在游戏的冬之章节，玩家扮演的角色就转变成了小女孩艾丽。两者不同的是，《暴雨》是在前后没有任何征兆的情况下，无逻辑地更换角色，仅仅是为了推动多线程的叙事特色；而《最后生还者》单线程的叙事设计，使得两位主角作为一路相随的生死伙伴，在游戏过程中完全可以看成一个整体。《最后生还者》为了更换角色，在前一章节的末尾埋下伏笔，玩家一路扮演的乔尔因为在战斗中受到重伤，虽被艾丽救出，但生死不明。因此在接下来的章节中，以艾丽为主角的设定就显得合情合理，与此同时，也留给玩家关于乔尔生死的悬念。综上所述，多线程的叙事方式，在游戏的叙事设计上，是具有先锋性的实验意义的，但其究竟对游戏来说是否真的适用，目前看来还没有更好的模式出现。

最后需要指出的是，在游戏与叙事矛盾的调和方式中，玩家的情感需求受到越来越多的重视。由于游戏的互动式体验，玩家沉浸在游戏中所获得情感体验，比起传统叙事更加真实和深刻。而游戏设计者，往往可以利用这一情感联系，控制玩家对游戏剧情走向的合理性的判断。如在《最后生还者》中，主角乔尔最后为了营救艾丽，宁可置人类的生存未来于不顾，救出命悬一线的艾丽。这样的结尾，如果没有前几章节中的那些细腻丰富的角色情感与二者生死相依的剧情来打动玩家内心的话，玩家会很难认同乔尔的选择，毕竟这一路乔尔与艾丽的最终目标就是要通过艾丽的免疫力拯救全人类，这几乎成为两个角色同时又是玩家在游戏中贯穿始终的终极任务。但也正是乔尔的这一选择，把《最后生还者》的故事高度进一步提升，游戏对于人性的复杂、可怕而又温暖的描述成为该游戏区别于其他商业游戏的重要因素。

由叙事所产生的情感联系，事实上在很大程度上就是去说服玩家，让他或她相信在游戏中所做的努力都是有意义的。这种意义，能够引起玩家的成就感，是游戏中推动玩家不断接受挑战，继续前进的重要动力。因而，当游戏的剧情设计与玩家的成就感相背离的时候，玩家的体验就会大打折扣。《暴雨》中，玩家可以体验到多个结局，每个结局会因为玩家之前的一些选择或游戏操作而受到影响，而大部分玩家所得到的并不是一个大圆满的快乐收尾，之前玩家所投入的情感也没有很好地得到回馈，玩家的成就感并没有被满足。当然这样的设计，也可以认为是对玩家失败的惩罚，从而促使玩家再度重玩。但由于以叙事作为主要的卖点，知晓最终凶手的真面目以及他的动机才是玩家真正的推动力，但所有的结局都是谜题解开后所发生的剧情，因而对于玩家来说，丧失了需要重新体验的意义，再加上游戏在可玩性上的缺失，更加降低了玩家选择重玩的比例。

最后需要指出的是，拿《暴雨》和《最后生还者》来比较并不合理，因为二者追求的目标本就不同，更何况《暴雨》比《最后生还者》更早发行，在技术上也没有可比性。我们在这里用这二者作为正反案例，只是借以讨论游戏中叙事与交互矛盾的调和方式，并不是对游戏整体的艺术性加以评判。《暴雨》作为2010年互动电影游戏的探索式创作，是对游戏中新的叙事方式的一次积极尝试，是游戏历史上具有里程碑意义的经典之作。

游戏中叙事与交互的矛盾是客观存在的，在现有的技术模式下也无法完全化解，但是可以通过一些适当的手段进行调和，比如避开多线程的叙事模式，注重游戏互动的叙事包装、加强玩家的情感体验等。而随着技术的发展，相信所能采用的调和手段会越来越多。

第六章
电子游戏中的动画艺术

电子游戏融合了人类的多种艺术形式，在这些艺术形式中，将动画艺术称为电子游戏艺术最显著的艺术属性并不为过。在这里，我们将借助相对成熟的动画艺术理论，梳理游戏在吸收融合动画的视觉表现上所采用的各种艺术手段，并根据游戏自身的创作需求，对其业已成型且相对独立的视觉表现手段与视觉风格形态进行详细的解析探讨。

需要解释的是，由于前文已另有章节专门探讨游戏中的叙事与电影艺术，因此，动画艺术理论中所涵盖的叙事、视听语言等重叠的研究范围不是我们接下来所要论述的重点，而是将研究范围锁定在游戏的视觉构成与风格走向上。

（一）游戏与动画艺术

1. 视觉呈现上的相似

动画是电影的特殊门类。它是电影的一种形式，却又区别于普通的电影类型，最重要的原因在于它非真人真景的表现手法。动画可以将任何无生命的形象赋予动态的艺术力量，使之发散出鲜活而富有个性的生命气息，但凡在人类想象力的范围内，天马行空，无所不及。这就是动画区别于真人电影的原因，也是它特殊的魅力所在。而这种独特的表现能力，同样也是游戏艺术展现其强大生命力的重要手段。

很多时候，人们很难根据几张作品的截图来区分是游戏还是动画。尽管二者出生相差100多年，但在视觉呈现上却如此的相似。

图6-01是1996年The Neverhood制作的一款冒险解谜类游戏《黏

图 6-01 《黏土世界》游戏截图
图片来源：《黏土世界》，开发者：The Neverhocd，发行日期：1996.10.31，发布平台：PC。

土世界》（*Clay Jam*），它以黏土动画为视觉表现手法，塑造了一个令人印象深刻的可以互动的黏土世界，加上其生动有趣的故事情节与优秀的互动设计，成为当时颇具特色的游戏力作。而如果将该游戏的游戏过程视频精简压缩，则完全可以视作一部有趣的黏土动画作品。

类似的例子不胜枚举。如今，很多游戏作品以衍生产品的身份直接套用某部动画电影中的视觉形象和脚本故事。在设计和技术上稍做调整，就能快速便捷地开发出相同主题的游戏作品，可见这二者在艺术表现上具有较强的共性，是游戏中的其他艺术形式所不能相比的。

2. 视觉技术上的差距

需要指出的是，游戏对视觉画面实时的表现要求，使得游戏的视觉呈现在质量上还是与动画艺术存在一定的差距。

图 6-02、图 6-03 分别取自动画电影《功夫熊猫》和其同名的游戏衍生产品。同样是基于 2008 年的三维制作手段，但在角色与场景的细节表现与画面的整体光影效果上，存在着明显的差距。

动画电影的预渲染制作模式，使其具备强大的视觉表现能力。现如今，足以以假乱真的动画制作技术早已打入真人电影的制作流程，特别是在一些魔幻、科幻类的电影中，大量现实生活中根本不存在的形象、景观被创造出来，给观众带来一场场视觉的饕餮盛宴。

而游戏的视觉表现，却受到其实时播放的限制，这在一些依托三维技术制作的游戏中表现得尤为明显。为了让游戏中的画面表现得更加流畅，三维游戏往往在模型的面数和贴图的大小上有所限制，导致画面表现力的降低。在很多网络游戏中，为了兼顾不同玩家电脑间参差不齐的运行能力，通常会提供画面效果的设置选项，将画面质量的控制交给玩家。即便是相对而言制作精美的二维游戏，也受到图像分辨率、序列帧帧数等技术限制。因此，虽然游戏中存在着大量的动画表现方式，但其表现能力还是与动画存在差距，但这种差距正在逐步缩小。

图 6-02 《功夫熊猫》电影截图

图片来源：动画《功夫熊猫》，出品公司：梦工厂动画，导演：马克·奥斯本、约翰·斯蒂文森，上映时间：2008.6.6。

图 6-03 《功夫熊猫》游戏截图

图片来源：游戏《功夫熊猫》，开发者：nox Studios，发行日期：2008.06.03，发行平台：PC。

图 6-04　追求真实的游戏画面——《极限竞速：地平线 5》游戏截图

图片来源：《极限竞速：地平线 5》，开发者：Playground Games / Turn 10 Studio，发行日期：2021.11.09，发布平台：Xbox 系列、PC。

事实上，一些大型游戏引擎的开发重点，就是不断追逐动画艺术的极致表现能力，例如游戏《极限竞速：地平线 5》(图 6-04)。随着技术的进步，越来越多的高成本的游戏大作们不断创造出令人震撼的实时光影效果，加上游戏引擎的不断优化迭代，尤其是虚幻 5 引擎的问世，无疑让我们对游戏实时表现能力的未来保持乐观的期待。相信在不久的将来，游戏很可能与真实的电影一较高下。

游戏与动画由于技术原因导致的视觉呈现上的差距，并不是本文的研究方向。因此，如涉及此类的案例细节，本文将不做细致讨论。

3. 相似的原因：高度假定性

游戏在视觉呈现的各个方面都自觉或不自觉地融合了动画艺术，我们可以从二者创作的目的入手来探讨其中的原因。

从本质上讲，动画艺术的目的在于讲述一个故事，这个故事往往不受真实世界的规则所束缚。它的讲述方式借鉴了电影的镜头语言，但在视觉呈现上不受真实的时间、空间限制。这种自由的动态造型表现能力，也使得动画所讲述的故事在创作上更能脱离真实的逻辑规则，很大程度上解放了创作者的想象力，使得动画在叙事情节上也能够做到无拘无束。这也是大部分动画作品都以童话、神话、魔幻、科幻等具有浓厚幻想色彩的故事为主题的原因。

同样，对于游戏来说，它也是一种与真实世界拉开距离的艺术形式，尽管它的创作目的与动画并不相同。游戏旨在创造一个世界，这个世界有着与真实世界不同的运行规则。玩家不是被动地去观看故事，而是在这个崭新的世界中主动地去探索发现故事。虽然本质上有所区别，但不难发现，游戏和动画有着一个重要的共同点，那就是都需要创造一个非真实的世界来为它们的目的服务。

基于这个共同点，二者在动态视觉造型上天然的相似性就不难被理解。我们可以将之归结为一种高度的假定性。任何艺术在本质上都具有假定性，这是艺术创作者和艺术接收者之间的契约，基于这一契约，艺术才能被相信，才能被欣赏和体验。而对于游戏和动画来说，这一假定性得到了高度的体现。二者都力图从无到有地创造一个新的系统，在这个系统里的角色、环境、时空规则并非是真实世界的机械复制，创作者根据创作需求用各种艺术手段对它们进行设计制作，并为它们的合理性提供视觉上的解释和支持，玩家或观众才能遵从这一高度假定性的契约。

4. 不同的原因：互动

游戏与动画在艺术本质上的高度假定性，使得二者在美学追求上呈现高度的统一，视觉造型可以畅通无阻地互相借鉴甚至直接调用，但二者在本质上的区别也使得其艺术创作在某些方面有所不同。正如前文指出的，动画的目的在于讲述故事，游戏的目的在于创建一个世界，或称之为一种规则。二者不同的创作目的，导致为其服务的最终形式也有着本质的区别。在动画中，所有的视觉艺术形式，都是为故事所服务，角色、场景、灯光、构图等，无一不是围绕着这一中心展开设计与制作的。而对于游戏来说，即便是同样拥有一个故事情节的作品，它所涉及的视觉艺术，尽管某些时候从表面上来看同样是围绕着故事，但最终还是为游戏的创作目的——规则所服务。毕竟，游戏的故事也是游戏规则的表现手段之一。通过这样的分析，就不难理解二者在视觉表现上尽管如此相似，但两者的区别却渗入到创作中的方方面面。

以动画电影《功夫熊猫》与其同名游戏作品为例。游戏与原动画作品有着相同的故事情节：热爱功夫的熊猫阿宝为了保卫自己的家乡，跟随武术高人学习功夫，最终战胜强大的敌人。在动画作品中，为了更好地讲述故事，阿宝的动作、神态显然具有更多细腻丰富的表现。而在游戏中，阿宝的动作更加单一化、类型化，以满足玩家对角色操作的重复化使用。阿宝的神态甚至不是一个重点表现的视觉元素，因为对于游戏的可玩性来说，玩家操控的主角基本上是背对屏幕的状态。比如在故事发展初期，动画中阿宝笨重的动作设定转换到游戏中则基本略去，阿宝可以轻松地奔跑跳跃，满足玩家在游戏世界中探索互动的要求。在场景的设计上，游戏则要比动画作品制作更多的细节和数量，因为游戏所搭建的世界是可以被玩家反复探索，并且从各个角度观看的。而在动画中，剧情是场景造型与细节程度所考虑的目标，大部分情况下只是作为背景而存在。游戏中的场景也常常是体现游戏可玩性的重要手段，因此互动性也是场景服务的重要目标。为了指引玩家的探索路线，提升玩家的成就感，游戏中加入了金币搜集系统，游戏场景中不同的位置常常会出现一些比角色稍小的金币，这与故事情节没有任何关系，但在游戏中却是为可玩性服务的重要的游戏机制。

（二）电子游戏中的视觉构成

1. 角色和场景孰轻孰重

与动画类似，游戏中的视觉构成也可以分为角色和场景两大要素。这二者在设计上相对独立，在游戏美术的制作流程中常常可以同时进行，各自演化出一系列相关的方法规律。研究电子游戏中的动画艺术，首先从这两大构成要素入手，探讨并梳理其中的方法规律，方能从细节上理解游戏美术最终呈现的视觉追求和艺术风貌。

在分章节探讨之前，我们可以先来梳理一下游戏中角色和场景的关系。游戏中的角色是游戏互动主体的视觉化，游戏场景则是游戏互动主体所处的互动空间的视觉化。角色往往是玩家可操控的代理，而场景提供互动的环境，是游戏规则的视觉化体现。在场景中，玩家通过角色与场景中的其他玩家角色或 NPC 进行互动，这一动态的视觉过程构成了游戏中的动画艺术元素。

角色和场景同样作为游戏与动画的两大视觉构成要素，二者的次重点并不相同。在动画中，角色作为叙事的主体，通常比作为叙事背景的场景更为重要。动画角色的形象造型、表情动作、神态气质等是动画作品的灵魂所在，有了好的角色，才能真正体现赋予本无生命的静态造型以动态的生命活力的能力，才能将动画独特的动态艺术魅力展现给观众。相对而言，场景在这方面的要求就小很多，动画作品中的场景，往往是作为叙事的背景而存在，它可以在很大程度上影响着动画作品的整体氛围和艺术气质，但与动画的角色相比，它并不是设计上最重要的要素。

而对于游戏来说，视觉最终服务的对象是互动，不同类型的游戏有着不同类型的互动方式，这就使得角色和场景在设计上有与动画不同的侧重点。事实上，在很多游戏中，场景的设计反而是比角色更重要的一个环节。如在经典的横板类游戏《超级马里奥》中，场景不仅仅是叙事的背景，场景中的大部分视觉元素都是角色互动的对象。如半空中的砖块，可以打破或者跳跃；水管需要跳起越过，或者可以通过水管进入另一个场景。这些场景的互动设计，构成了玩家互动的主要内容。需要指出的是，在游戏的制作流程中，这些重点考虑互动的方式和难易程度的场景互动设计称为关卡设计，这与游戏的场景美术设计有本质的区别。但为此目的而服务的场景视觉设计，是此类游戏的视觉内容中最具感染力的要素，不仅需要考虑在互动上的可行性、逻辑上的可信性，还要在艺术上提供与游戏世界观相对应的视觉呈现，营造实时的光影氛围，是游戏视觉设计中真正的灵魂。

但在另一些游戏中，游戏场景的设计却无关紧要，甚至将之剔除也无可厚非。如在格斗类游戏中，游戏互动的重点在于角色的打斗，互动主体的操作与场景无关，而是与另一个角色扮演的互动主体之间的竞技。在《街霸 4》（图 6-05）中，没有背景设计的训练房间丝毫不会影响玩家对于游戏的体验。但是在很多时候，格斗类游戏还是提供一个甚至多个可供选择的场景。《街霸》系列就根据角色不同的国籍提供不同的国家和民族风格的背景以及一些格斗的围观者，为玩家提供更加人性化的游戏氛围。尽管

a

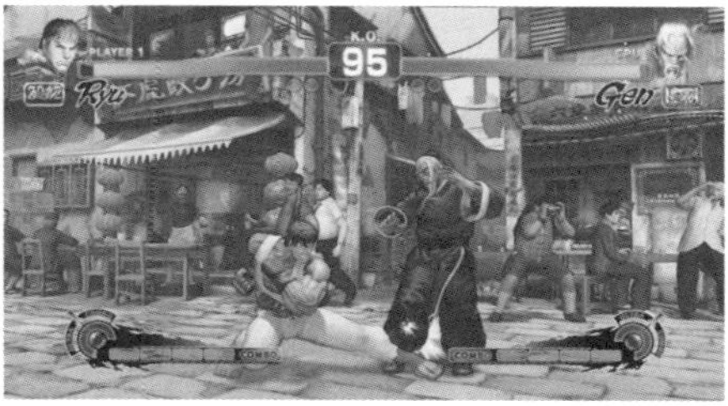

b

6-05a,b 不同背景下的格斗——《街霸 4》游戏截图

来源：《街霸 4》，开发者：CAPCOM，发行日期：2010.4.27，发行平台：多平台。

在操作上没有任何的区别，但也许会对某些玩家造成情感上的影响，如与玩家出生成长环境相似的背景也许会在心理上助长玩家的主场优势，旁观者的观看也有可能激发玩家更多的荣誉感等。

因此，不同类型的游戏在互动形式上的差异，造成了游戏中角色和场景的设计并没有固定的比重关系。在研究游戏中的视觉构成之前，必须打破由于动画艺术对于游戏的重要影响而造成的固有印象，具体问题具体分析，从游戏的互动要求出发，去理解分析其中的创作目的，以此作为视觉设计以不变应万变的统一准则。

2. 游戏角色造型艺术

正如前文所述，游戏角色是游戏互动主体的视觉化，是玩家操作的可视化代理。在一些极端的例子中，如windows系统中经典的纸牌游戏，它没有明确的角色呈现，但我们稍做分析，便不难发现玩家操控的看似平常的鼠标箭头，其实就是该游戏中的角色代理。在一些主观视角解谜类游戏中，玩家扮演的角色几乎没有任何形象显示，但事实上，玩家可以操控的主观镜头就代表了游戏的互动主体。这些极端的案例并不能说明游戏角色的造型规律，当然也不是我们研究的重点。接下来，我们将以游戏中广泛存在的造型具象且具备鲜活生命力的视觉形象作为研究对象，探讨其中的设计规范。

角色视觉造型

※ 叙事的主体

为了使游戏体验更加丰富，绝大多数的游戏都涉及叙事内容。在这些游戏的创作中，叙事内容成为影响游戏角色视觉造型的重要因素。这种影响可以大致分为两个方面，一是游戏的世界观背景，二是游戏的故事情节，分别可以看成是塑造角色形象的外因和内因。

游戏的世界观背景作为最重要的参考体系，为游戏角色造型奠定了相应的基调。世界观背景大到包括游戏世界中的历史、政治、经济、文化、宗教等，如《魔兽世界》；也可以小到一个简单的矛盾起因的描述，如《愤怒的小鸟》。一个好的角色造型，能够在第一时间让玩家对游戏的世界观产生一个概括性的直观印象，角色是人还是动物，是古代还是现代，是来自东方还是西方，等等，一些可以被视觉化的背景元素都可以被用来作为角色最初的设计依据。世界观也是角色与场景在造型上保持统一风格的参考准则，使得二者尽管处于不同的设计制作流程，但在设计思路的方向上却殊途同归。

在《魔兽世界》中，以人类与兽人两大种族之间的恩怨为主线的庞大历史架构，将游戏中的角色分为两大阵营：联盟和部落（图 6-06、图 6-07）。人类所引导的联盟，倾向于人性和文明，因此角色造型以人类特征为设计出发点，尽管不同的联盟种族在身高肤色上有着巨大的差别，但在五官和人体结构上，却都保持着统一的风格倾向，使得人性、文明、正义成为角色的造型共性。而兽人所引导的部落，则以兽性、野蛮、邪恶为主要的表现特征，因此在角色设计上结合了动物或邪恶的视觉元素，如牛头人的头部和腿部结构、兽人和巨魔的獠牙等。这些特征使得两大阵营的区别和对立在视觉上十分明显，非常直观地将一些抽象的概念用视觉呈现的方式展示给玩家，帮助玩家在游戏初始对阵营的选择做出自己的判断。事实上，为了平衡玩家的审美倾向，《魔兽世界》在资料片《燃烧的远征》更新之后，为联盟和部落陆续添加了具有对方阵营风格的种族，如德莱尼和血精灵，但这二者的种族气质还是有着明显的倾向性。对圣光有着坚定信念的德莱尼与满怀复仇怨念的血精灵显然具备各自阵营的归属感。作为 MMORPG

图 6-06 《魔兽世界》联盟角色
图片来源：《魔兽世界》，开发者：暴雪娱乐，发行日期：2004.11.23，发行平台：PC。

图 6-07 《魔兽世界》部落角色
图片来源：《魔兽世界》，开发者：暴雪娱乐，发行日期：2004.11.23，发行平台：PC。

图 6-08　《街霸 4》中隆与肯的角色造型
图片来源：《街霸 4》，开发者：CAPCOM，发行日期：2010.4.27，发行平台：多平台。

类型中的经典力作，《魔兽世界》的角色设计成功地刻画了两大阵营的对立，然后在这两大阵营的视觉框架下，以相关的欧洲神话故事经典形象作为视觉参考，结合巨细无遗的世界观设定，再为每个阵营细分出几大种族，使得各种族的视觉形象各自具备较高的辨识性，成为游戏在视觉上吸引玩家的核心竞争力，表现出游戏作为艺术的强大能量。

世界观背景为角色的视觉设计方向找到了基本的定位，是影响角色造型的外因，犹如提供一份角色设计的草图。而这份草图的各项细节，则是由游戏的故事情节提供。根据故事情节，角色的年龄、性别、性格、喜好、高矮胖瘦、气质特征等一系列个性化的设定则可以进一步细化丰富。如在《街霸 4》（图 6-08）中，师出同门的隆和肯在视觉基调上无疑是一致的，二者都是拥有着强健体魄的帅气青年，浑身洋溢着力量与正义。然而白衣黑发的隆显然比红衣金发的肯性格更加低调、沉稳，这可以从他们各自的背景故事中略知一二。作为孤儿的隆一生隐忍刻苦，踏实顽强，是一位孤高的求道者，而肯则是从小衣食无忧的富家子弟，天资聪颖，外向暴躁。因此在角色造型上，隆的白色与肯的红色就是对二者性格区别的精辟总结，同时在表情和动态设计上，隆的严肃沉着与肯的肆意傲慢也是角色个性化的有力表现。

游戏的故事情节也影响着游戏角色造型的稳定性。在一些优秀的游戏作品中，游戏角色的视觉形象并不是一成不变的，随着游戏情节的发展以及玩家的互动对叙事造成的影响，游戏角色会产生相应的视觉变化。如《波斯王子：宿敌之剑》中，王子不断被黑暗侵蚀，造成他在容貌上和武器上的邪恶化，并最终成为自己的敌人。在《神鬼寓言 2》中，角色每次的死亡，会给角色添加一条疤痕，并且不能消除。角色在视觉上的变化设计，是角色成长的表现，更多的还体现在角色装备的更新系统中，这一点我们将在后面的章节中对此进行探讨。

从叙事内容出发创作设计角色，也是动画角色设计的重要方式。作为游戏和动画在角色创作上的共同点，体现了动画艺术对游戏的角色创作有着深入的影响，这也是二者可以互换的重要原因。

※ 情感的投射

游戏中的角色根据互动形式的不同，基本上可以分为三大类别：可视为玩家代理的游戏主角、游戏中协助玩家的辅助 NPC、处于敌对状态需要去战胜的 NPC，如图 6-09《GTA5》中的三大角色类别。当然，并不是所有的游戏都同时拥有这三大类别，但游戏主角的设定确是广泛存在的。不同的角色类别，带给玩家的

图 6-09 《GTA5》中的三大角色类别

图片来源：《GTA5》，开发者：Rockstar Games，发行日期：2013.09.17，首发平台：Xbox360、PS3，2015.04.14，发行平台：PC。

情感需求也不尽相同。在这一小节中，我们将根据这一区分，分别从三个方向去探索角色造型的情感因素。

游戏的主角是玩家操作的视觉化代理，通常是互动体验的核心，也是玩家的情感投射最主要的依赖对象。在游戏过程中，玩家往往将主角看成他在游戏世界中的化身。一个好的游戏主角设计，就必须强化玩家的这一心理过程，在角色造型上提供目的性强烈的代入感。基于这一原因，游戏的主角更倾向于设计成与玩家相似或接近的人类外形，由于常常肩负着拯救世界的任务，因而一套强健的体格轮廓也是设计中常用的手法。为了让不同玩家能够更好地对主角产生认同感，主角的外貌通常让人感到周正亲切却又平淡无奇，甚至过目即忘，如同平凡世界中平凡的玩家自身。主角的服装设计也往往需要避免一些个性化的设置，如色彩鲜明、风格独特的一些纹理图样，避免玩家因为不同的偏好而对主角造型产生疏离感。

总之，这些强调代入感的游戏往往在主角的造型策略上采用

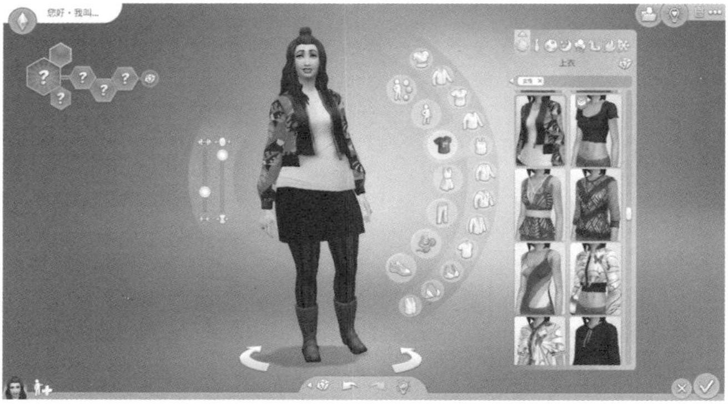

图 6-10 《模拟人生 4》角色定制界面截图
图片来源：《模拟人生 4》，开发者：Maxis Software，发行日期：2014.09.02，发行平台：PC。

中庸之道，但随着技术的进步，很多游戏特别是 MMORPG 游戏可供玩家定制造型，为主角的个性化形象提供解决方案。这类游戏中，玩家在进入游戏前往往需要完成一项定制角色的任务，主角的造型可以根据玩家个人的喜好进行一定程度上的再创作。如《模拟人生 4》中玩家所操控的模拟，见图 6-10，可以调整主角的五官大小、皮肤颜色和体型。在韩国 MMORPG 游戏《剑灵》中，玩家的定制范围更加自由，大到整体身高，小到脖子粗细，都是可供调节的视觉参数。该游戏的这项功能，是游戏在商业上取得成功的重要因素，极大地提高了游戏在角色造型上的代入感，为玩家的情感体验提供强大的视觉引导。

另一类角色——辅助型 NPC，他们在游戏中往往起到训练、指引玩家的作用，也常常会在危险的时候帮助玩家共同应敌。人作为群居的社会性动物，对抗孤独是人类的本能。单机版的游戏对于玩家来说无疑是一场孤独的艰险之旅。辅助型 NPC 的出现，

图 6-11　《仙剑奇侠传》中赵灵儿的经典形象
图片来源：《仙剑奇侠传》，开发者：大宇资讯股份有限公司，发行日期：1995.07，发行平台：PC。

在情感上提供了对抗孤独的独特方式。对于这一类角色，玩家的情感体验需求更倾向于陪伴感。

在这一目的的指引下，这类角色往往有着智慧温和、正义善良的外表，使玩家在第一印象上就产生很好的信赖感。同时，在能力的视觉表现上，辅助型 NPC 往往比玩家更弱，以保证玩家在游戏世界中的心理优势。这类角色的视觉造型在某一程度上也需要采用中庸的设计策略，以满足玩家的认同感。根据剧情的需要，某些 NPC 甚至会和玩家扮演的角色产生情感纠葛，这就更需要在造型上考虑玩家的情感投射需求。如经典 RPG 游戏《仙剑奇侠传》（图 6-11）中的柔顺温和、没有明显个性的赵灵儿就是许多玩家心目中完美的辅助性 NPC 的形象概括。

相对而言，对抗类的 NPC 具有更自由广阔的设计范围，从成群结队的蜘蛛到来自外太空的外星人，对抗类的 NPC 几乎囊括了各种真实或非真实的生命形态。他们对于玩家的情感体验有一个

图 6-12　《死亡搁浅》中的怪物设计

图片来源：*Selections From The Art of Death Stranding*, KOJIMA PRODUCTIONS,Titan Books, 2020.07.14,Platform:PC,34-35。

共同的特性：敌意。以此为出发点，这类 NPC 在造型上几乎都被赋予与主角正义善良相反的属性，如更加尖锐的轮廓造型，相对阴沉的色调，以及卑鄙猥琐的表情动作等。因此，骷髅、恶魔、僵尸、爬行类生物等在人类既有概念中就属于敌对势力的视觉形象或相关设计元素就常被用来参考借鉴。在这样的设定下，玩家几乎出于本能会对角色产生厌恶、恐惧的情绪，不需要任何叙事性描述的帮助，如《死亡搁浅》中的怪物设计，见图 6-12。

根据剧情的需要，某些标新立异的游戏也会故意颠倒正邪，给玩家带来不一样的情感体验。如在《格林童话惊魂记》中，玩家扮演的邪恶角色需要去污染纯真的童话世界。游戏中，NPC 们被污染之后的造型，同样结合了一些常用的邪恶类设计元素，与被污染之前的造型产生明显的对立。但正因为这样的设计，本应是对抗类的视觉造型很难让玩家产生正常的同类情感，使得游戏只能成为小众化的非主流作品。

※ 属性的外化

游戏中的角色常常被赋予一些随着玩家互动而产生变化的属性。属性变化会造成互动规则的变化，从而影响玩家的操作，因而属性的变化需要即时地告知玩家。最简单的告知方式是用直观的数值或图标方式，如通过 HUD 设计，将玩家剩余的生命值、魔法值等展示给玩家。但这样的信息展示方式并不直观，也容易分散玩家的注意力，造成游戏视觉体验的碎片化。因此，一些好的游戏视觉设计尽量将属性的变化表现在角色造型身上。

如在《超级马里奥》中，当马里奥获得一颗变身蘑菇时，他的力量属性将进一步增强，这时候角色的尺寸会明显变大，将属性的这一变化简单直观地呈现给玩家。把角色尺寸的大小作为角色力量大小的外化表现，是游戏角色造型中常见的一类设计方式。如游戏中 BOSS 级的敌对 NPC 往往在尺寸上明显比普通敌对 NPC 更加高大强壮。

属性大小强弱的视觉呈现方式，也可以用设计元素的优劣贵贱来表现。如 RPG 游戏中常见的角色等级系统，通常会利用角色装备的造型变化来加以体现。低等级的角色造型，在装备上往往显得廉价、破旧，随着等级的提升，角色的装备则更趋于贵重华丽。在《魔兽世界》（图 6-13）中，这一设计思路显得非常明显。

角色属性的变化不一定体现在量的大小上，还存在不同的状态选择。如《波斯王子：宿敌之剑》中，王子的正邪两种状态具有不同的互动方式，不同的关卡需要不同的状态参与互动。因此

图 6-13 《魔兽世界》中的装备设计
图片来源：《魔兽世界》，开发者：暴雪娱乐，发行日期：2004.11.23，发行平台：PC。

在这一类设计中，需要体现各个状态的特征，这样属性变化的逻辑关系才能被玩家更好地理解。

角色动作设计

※ 操作的反馈

游戏的角色动作基本上继承了动画艺术的创作理念，以运动规律为基础，融合角色自身的性格特征，为角色的动作和表演设计奠定了最基本的创作方式。和动画类似，游戏角色的动作通常是预先设计完成的既有艺术内容，是固态的，但游戏的互动特性，使得游戏角色的动作需要及时地对玩家的操作做出动态的反馈。这一固态与动态的矛盾，使得游戏角色的动作设计呈现出一些与动画作品不同的艺术规范。

为了解决这一矛盾，游戏角色的预设动作采取段落式的制作方式。比如一个循环跑步、一个攻击动作、一个跳跃动作，都采用分段的形式单独赋予角色。这些段落在时长上往往尽量压缩精简，以提高玩家的可操控感。比如角色的攻击动作，如果采用过长的攻击时间，会让玩家在采取第二次攻击操控前需要等待更多的时间，游戏的可玩性被降低了。相对而言，一些操控难度较高的动作则可以具备较长的表演帧数，比如格斗类游戏中的必杀技。时长更多意味着有更加细腻丰富的表演内容，进一步强化玩家使用必杀技之后的征服感，是对玩家操作能力的奖励。在《街霸 4》中，角色的必杀技的表演，甚至加上电影的慢镜头与蒙太奇剪辑等视听手段，强化这一动作在动态上美感和攻击上的致命性。

为提高玩家的操控感，一些角色动作在操作过程中是可以被打断的。比如玩家的行走或跑步。当玩家前进到某一时刻需要跳跃时，行走或跑步动画是可以被即时打断，取而代之的是跳跃。这一个取代过程往往是断裂生硬的，是与赋予角色灵魂的动画追求相背离的。随着技术的进步，一些优秀的游戏引擎中会提供插补前后动画片段的一项功能，使得打断的过程看上去更加自然。有的游戏甚至摒弃传统的预设动作制作模式，角色会根据引擎提供的人体工程学程序对玩家的操作进行完全实时的反应。用这些方式去消除动作被打断时的粗暴感，是一条很好的解决思路，但也会相应地弱化角色的某些个性特征。

游戏中角色的动作特点，还体现在其可以被不断重复地表演。事实上，动作段落预设式的制作方案，使得表演顺序的操纵权落在玩家的手里。玩家对于角色的不同操作，决定了哪个动作表演在先，哪个动作表演在后，而哪个动作又是一而再再而三地重复出现。这种动作的重复性，虽然对游戏的可玩性影响甚微，却使得玩家的视觉体验显得枯燥单一。因此，在一些优秀的游戏中，会为同一操作提供更加丰富多样的预设动作。比如《魔兽世界》中，女性血精灵的跳跃方式就分为两种，一种是通常形式上的跳跃，在大部分的操作中播放；另一类跳跃结合了空中优雅的转身，以一定的概率播放。这样的设计，避免了重复表演对角色造成的刻板单一的印象，使角色的动作更加细腻丰富。

※ 能力的体现

游戏角色作为玩家在游戏世界中的代理，通常是展现互动能力的视觉主体。这种能力的视觉化展示，可以是如前文中所探讨的在角色造型上加以表现，同时也可以体现在角色的动作设计中。

由于需要将互动的能力外化，因此在设计上，角色的动作就必须有明显的动态变化。比如意念型的攻击方式，尽管更写实的做法也许是不动声色地控制敌人，如一些真人电影的超能力展示，但在游戏中，却需要将这样的能力加以一定的动作呈现。在体感类格斗游戏《威猛英雄》（*PowerUp Heroes*）中，玩家扮演的某一角色可以通过脑电波控制对方，这一动作的视觉呈现设计成身体前倾、双手指向脑部的动态姿势，使得力量的来源得以在视觉上得到解释。在《波斯王子 4》中，王子类似超人的高难度攀爬跑跳动作，无疑是游戏的一大特色。这些动作基于真实又超越真实，体现了创作者对角色动作的高度凝练、概括，使动作在符合玩家视觉逻辑的基础上，再适当地加以夸张延伸，把角色的能力外化成极致的动态展示，是游戏可玩性的重要表现手段。

在角色能力大小的体现上，同一类型的动作设计中，同样是攻击类动作，攻击力越大，角色动作的幅度变化也越大，姿态设计更加优美，节奏的掌控更加丰富。如《街霸4》中，角色的攻击技能系统非常丰富，但基本上可以分为四个层次：普通、必杀技、连续技、超级连续技，这四个层次的能力大小依次增加。因此，在动作设计中，就必须体现这四个层次阶层关系，将抽象的数值关系用动态的视觉方式直观地展示给玩家，与玩家在现实中的力量感产生真实的对应，不仅承担了信息传递功能，还能赋予玩家更丰富的情感体验，提升玩家的游戏快感。能力的大小，也体现在游戏其他角色对于玩家操作的反馈上。比如敌对NPC对于玩家的攻击动作产生的受伤或者死亡的动作。普通攻击和必杀技攻击，所造成的伤害是不同的，因而优秀的游戏动作设计，也会将被攻击动作分出相应的层次，丰富玩家的视觉体验。

角色的能力也常分为不同的种类。角色动作的设计就必须体现不同能力类型的动态特色。常见的魔幻类主题游戏中，角色的能力通常分为物理类和魔法类，然后再从这两大类的基础上进行细分。在这样的分类中，物理类通常参考真实的格斗技巧和武器的使用动作，用力量外化的方式设计动作，而法术类则采取一些约定俗成的既有概念，角色往往表现得轻盈灵动，并结合相关的法术特效，重点表现源于角色内部的魔法能力。

※ 夸张完整的表演

游戏中的角色动作，往往会比动画更加夸张。这就好比演员在剧场的表演需要与电影中的表演方式有所区别一样。演员在一些话剧、戏剧等现场的表演空间内，与观众保持着一定的距离，人与景的视觉比例较小，而且是固定的、直接的。而在电影中，观众与演员的距离却可以随意拉近或远离，根据剧情的表演需要，丰富细腻的肢体语言以及表情上的情感流露都可以通过特写或近景来进行再创作。因此电影的表演方式会显得更加真实和生活化，而舞台上的表演则更趋向于适度的夸张化，这样即便是较远距离的观众，也能通过肢体信息的传递感受表演的目的和内涵。

游戏和动画的表演也有着类似的区别。尽管动画中的角色表演，本身就是一种夸张化的动态表现方式，但作为电影艺术的一大门类，动画与电影一样，都具有时空的再造能力。利用视听语言的强大力量，动画能使表演的细节更加丰富细腻。而在游戏中，角色的动作表演常常处于单一的、连续的镜头构图中。同时，和戏剧类似，游戏角色在视觉上也与玩家保持着基本固定的全景比例，角色所占屏幕的比例较小，因而细致入微的表演风格在游戏中并不适用。这也是在大部分以角色动作为主导的游戏作品中，角色能够比真实世界跳得更高更远的原因之一。提升角色跳跃的高度和距离，使得角色在屏幕上运动距离更加明显，从而带给玩家视觉上更加明晰的信息反馈。在《魔兽世界》中，玩家可以通过输入相应的表情命令后使扮演的角色表演相关的动作，如表示愤怒、害羞、悲伤等，这一视觉化的交流方式使得玩家的游戏体验更加真实丰富。这一系列与角色情绪相关的动作主要通过剧烈夸张的肢体语言来表现。如果放在真实的环境中，这种表演技巧无疑是肤浅做作的，然而在游戏中却具有较高的实用性，角色夸张的动作在全景比例的画面构图中，能够很好地被玩家解读，因而信息的传递更加准确有效。

同时，游戏中的角色动作往往是完整的。在动画或电影作品中，不完整的动作也可以用来表述情节。比如坐着的角色起身走开，这一动作可用剪辑的方式剔除中间的一部分起身过程，观众照样能理解。但在游戏中，连续的镜头使得角色动作的表演必须有完整的提供，才不会造成玩家的误读。

同样的原因也导致了游戏中的角色往往没有特别丰富的表情设计。就实用性而言，三维游戏中玩家扮演的角色，往往背对着玩家，角色面部很难被观察到，因此角色的表情设计相对而言就显得不那么重要。另外，人物的表情是内心情绪的投射。以目前的技术来说，玩家内心细腻的情感体验是无法被游戏读取的，因而游戏角色的面部表情即便有丰富的设定，也无法体现真实的玩家心境。比如，在格斗类游戏中，玩家遭到攻击时可以设计痛苦恐惧的表情，但或许玩家真实的心理是不甘失败的隐忍，毕竟不存在真实的痛感。因而在表现被攻击时，游戏中通常采用夸张的肢体语言来表现被痛击的程度。

3. 游戏场景造型艺术

互动体验

如前文所述，游戏场景是游戏互动主体所处的互动空间的视觉化。和动画场景不同，游戏场景不是固态的背景存在，而是可以互动的动态环境。这个动态环境反映了游戏设计的规则，是游戏给玩家创造的不同于真实的虚拟世界。

由于游戏的场景造型首先是服务于互动的，在满足于互动要求的情况下，再从艺术层面加以视觉造型设计，因此在游戏场景的设计过程中有关卡设计这一环节。关卡设计是指从规则的角度

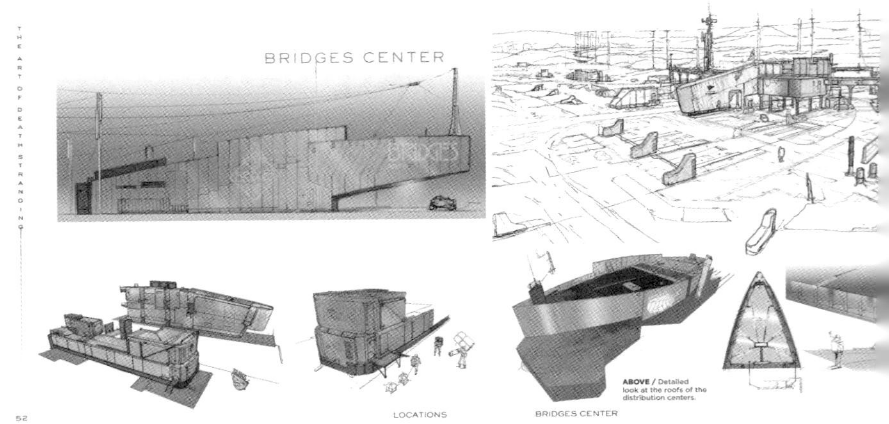

图 6-14 《死亡搁浅》场景设计图

图片来源：*Selections From The Art of Death Stranding*, KOJIMA PRODUCTIONS,Titan Books,2020.07.14,Platform:PC,52-53.

出发，以最原始的造型搭建游戏场景，构建游戏在这一场景中的互动方式和目标。关卡设计提供的是一种原型化设计，通常不提供具体的艺术呈现。如在虚幻引擎提供的教学示例中，游戏关卡的原型可以完全是抽象化的构成。在视觉上，关卡定义了场景的地形、边界、大小等要素。这些要素决定了场景主要呈现结构，为场景造型打下了框架似的草图，如《死亡搁浅》场景设计图，见图 6-14。

互动体验的要求也使得游戏场景在造型更加具象化和细节化。游戏创造的是一个世界，在相应规则的约束下，玩家可以相对自由地在这个世界中观察探索。因而游戏场景必须提供相对完整的设计思路。场景中的每一个设计元素，只要有可能在玩家的视觉范围内，就需要有具象化和细节化的内容呈现。这与动画场景的创作也是一个重要的不同之处。在动画中只需提供镜头涉及的场景内容即可，而且一些场景元素可以根据叙事功能的强弱选择是否虚化。因此在游戏场景的创作中，特别对于三维制作的游戏来说，往往需要提供全方位的造型内容。比如场景中的建筑物，在设计过程中就常常需要提供相关的三视图，从各个角度解释其具体结构，做到各个细节的巨细无遗，才能为场景的制作提供丰富的参考依据。

游戏场景的细节化要求使得场景的题量相对较大，在技术上会对引擎造成一定的压力，游戏存储容量也无法很好地得以控制。基于这一原因，游戏场景造型通常采用模块化的搭建方式，通过造型元素的重复使用解决这一问题。比如一棵树、一辆汽车、一幢建筑物，甚至模型上的贴图，都可以成为重复使用的场景模块。然而这样的设计方法容易给玩家带来视觉上僵硬的机械化感受。因此，如何规避场景搭建中的重复感，是游戏场景设计的一个要点。最简单的方法是尽量避免同一模块同时出现屏幕中，或者适当改变模块的大小、角度、颜色，尽量在视觉上呈现随机自然的效果。

图 6-15 《三位一体 3》游戏截图
图片来源：《三位一体 3》，开发者：Frozenbyte，发行日期：2015.08.20，发行平台：PC。

如《三位一体 3》（图 6-15）中，场景造型丰富细腻，某一个关卡段落的自然环境布满了大量的植物，但我们仔细观察，会发现同类植物其实出自同一模型，只是在大小角度上有不同的调整。这一策略在游戏场景中的应用屡见不鲜。随着技术的进步，一些高级的游戏引擎，甚至可以在指定艺术风格的前提下，提供实时生成的模型和贴图，并随机摆放，不仅能提高场景制作的效率，也为规避场景搭建中的重复感提供很好的解决方案。

叙事引导

游戏场景的框架结构是由游戏的互动决定的，不同的互动方式，会在结构上影响场景的呈现方式。然而真正决定场景艺术造型的，还是游戏的世界观背景。与游戏的角色造型一样，游戏的年代、地域、叙事背景等，都会对游戏场景的具象化造型表现产生重大的影响。大到环境地貌，小到建筑物的纹理细节，无一不是围绕着世界观背景。

在《魔兽世界》中，游戏的场景造型表现出强大的视觉能量，几近完美地诠释了各个种族所处的环境地貌与城市建筑。这些设计造型迥异，但同时又保持着统一的艺术风格，最终有机地结合成一个气势磅礴的庞大世界。如血精灵的种族环境设计（图 6-16），以其自命不凡的高贵气质为主要出发点，借鉴欧洲古典建筑风格与经典的魔法造型元素，构建出高挑优雅的建筑主体，并以白墙为主体质感，配以与其名“血”相对应的红色和代表高贵的金色的屋顶和纹样作为优雅细腻的点缀。气度非凡的血精灵气场跃然于屏幕，与其他种族的差别也不言自喻。而与血精灵同宗同源的

图 6-16　血精灵主城——《魔兽世界》游戏截图
图片来源：《魔兽世界》，开发者：暴雪娱乐，发行日期：2004.11.23，发行平台：PC。

图 6-17　暗夜精灵主城——《魔兽世界》游戏截图
图片来源：《魔兽世界》，开发者：暴雪娱乐，发行日期：2004.11.23，发行平台：PC。

暗夜精灵，则由于低调的性格隐居在黑暗之中（图 6-17），他们正直可敬、崇尚自然，因此他们的建筑物在结构上借鉴以木材为主的日式和中式的建筑风格，并用一些原始的未经雕琢的材质纹样，使整体散发着粗糙和原始的气息。在色彩的应用上，同样紧扣其名中的“暗夜”，选择了紫色作为其主色调，配以原木色等材质原色作为搭配，很好地体现了暗夜精灵的性格特征。场景造型的世界观表现力，强化了玩家在游戏中的沉浸感和投入感，为玩家带来优质的游戏体验。

场景造型对于世界观背景的信息传递，在互动上也起到引导玩家的作用。如《魔兽世界》辨识度较高的各种族造型元素设计，使得在一些中立的地区看到同一阵营的建筑会带来的亲切感和安全感，从而引导玩家去接近。与之相反，对方阵营的建筑出现，就会引起不安与躲避的心理。在《风之旅人》中，所有的户外场景都会看到远处高耸着一座造型奇特的山峰，不断地提醒玩家这是该游戏的最终目的地，从而非常直观地在视觉上起到引导作用。在一些解谜类的关卡设计中，谜题的答案或提示会在场景的某处出现，在这种情况下，场景造型的引导能力已和游戏的互动操作成为一个整体，共同构建出该关卡的玩法。

场景造型同时也具有一定的叙事能力。通过对场景的布置设计，可以用视觉化的方式，静态地展示曾经发生了什么，为游戏的体验提供丰富的叙事内容。如在《生化奇兵》中，各个章节的场景散落着大量相关的视觉元素，有意无意地向玩家述说着这个神秘怪异的世界曾经发生的故事。这样的叙事方式将故事体验者的被动性和玩家互动的主动性和谐统一，使得游戏的叙事更加贴切自然。

氛围营造

氛围是弥漫在游戏环境中影响玩家行为的心理因素总和，是玩家对游戏画面整体的情感体验。紧张、恐惧、欢乐、神秘、宏伟等，

图 6-18　《寂静岭：归乡》游戏截图
图片来源：《寂静岭：归乡》，开发者：Konami，发行日期：2008.09.30，发行平台：PC、PS3、Xbox360。

都可以是某种意义上的氛围体验。游戏场景通常占有游戏画面绝大多数比例，提供了游戏画面主要的视觉内容，是营造与游戏互动主题相关的环境氛围最重要的造型方式。

氛围体现了玩家对于场景的整体印象，因而氛围的营造首先要从场景画面的整体进行把控，构图、光线、色彩等视觉要素都将起到重要的作用。如在《寂静岭：归乡》（图 6-18）中，为了营造恐怖气氛，游戏通常将角色的互动空间设置在狭小逼仄的室内环境中，因而得到的画面构图通常具有较小的景别，带给玩家紧张压抑的感受。游戏中的光线设定则通常模糊昏暗，很多场景只能靠角色持有的手电筒才能被照亮，这无疑加强了人类对未知空间和黑暗环境的恐惧感。同时在整体色彩上，游戏采用了阴冷脏旧的灰暗色调，进一步地将恐怖的气氛衬托出来。

氛围的营造，还体现在场景细节的设计上，如添加相应氛围所需的造型元素。《寂静岭：归乡》中，地板或墙壁上经常出现

图 6-19　春节的场景造型——《魔兽世界》游戏截图
图片来源：《魔兽世界》，开发者：暴雪娱乐，发行日期：2004.11.23，发行平台：PC。

图 6-20　雨中的城堡——《迷你忍者》游戏截图
图片来源：《迷你忍者》，开发者：IO Interactive，发行日期：2009.08.30，发行平台：PC、Xbox360、PS3。

的血迹，就是常见的恐怖元素之一。MMORPG 中常见的节日系统，就常常利用与节日相关的细节元素布置场景，为玩家提供欢乐的节日气氛。游戏中的天气设计也是细节设计的一种。如《魔兽世界》（图 6-19）中对应春节的场景造型，又如在《迷你忍者》（图 6-20）中，玩家经历完景色旖旎的自然场景后，需要进入一个巨大的城堡去挑战 BOSS，这时场景中下起了冰冷的雨，结合夜晚灯光迷离中昏暗的建筑物，暗示着此行的艰险不易，与前一场景形成强烈的对比，给玩家带来清冷萧瑟、充满敌意的紧张气氛。事实上，游戏中的雨对玩家的操作没有任何的影响，但对整个游戏画面的氛围营造却起到非常重要的作用。

场景中的NPC，通常也可看成是场景视觉效果的一部分，他们的动态视觉表现力强有力地助长了整体氛围的把控。《寂静岭：归乡》中各种怪物扭曲的动态呈现，便是游戏恐怖氛围营造的重要组成部分。在《魔兽世界》的凄凉之地中，年老体弱的科多兽们成群结队地往他们生命的终点——科多兽坟场默默地前进，脚步沉重而缓慢，给玩家造成一种宿命论的悲壮情怀，这样的表现力是静态的场景展示方式无法企及的。

4. 游戏中的其他视觉元素

除了构成画面主要视觉内容的角色和场景外，游戏中还存在着一些其他类型的视觉元素，如道具和特效。这些视觉元素相对独立，尽管不是游戏美术的主体，却是游戏整体艺术造型的有益补充。

道具

道具是游戏中可以获得或使用的一种互动元素，如打败敌人后得到的金币、可以开门的钥匙等。道具在视觉呈现上首先需要遵循的是游戏的世界观设定，在视觉风格上与游戏角色和场景保持在同一个基本框架内。如在《寂静岭》系列中，游戏的写实风格与真实生活环境的设定，使得游戏中的道具更加生活化，如随手拣到的破铁管也可成为防身的武器。而在《波斯王子》这样以古波斯文化为造型特色的游戏世界中，道具的视觉呈现就显得精致美观而又具民族特色。

道具常常以武器的形式出现，是游戏角色能力的外化延伸，是角色造型的完善。因此，道具通常需要反映角色的性格、背景、职业、喜好等。如在《火炬之光》中，游戏的三个角色在能力和外观上各具特色，分别代表魔法、远程和近战，因而他们的道具：法师的法杖、盗贼的弓箭以及骑士的盾与剑，就是魔幻游戏中经典的武器定位，贴切地展现出属于他们自己的职业特色。

道具有时候是游戏对玩家获得某一成就的奖励，因此在视觉上就需要考虑这一需求，使道具看上与众不同，以满足玩家的成就感体验。如《剑灵》中的武器升级系统，玩家需要通过大量的精力物力才能升级打造一把属性高级的武器，这把来之不易的武器自然在视觉呈现上显得更为精美，甚至会附上相应的特效。同样，随着等级的提升，武器属性的变化也需要进一步地体现在视觉上，这一点与角色的设计方式相类似。

道具在一些解谜类的游戏中，出于互动引导的考虑，往往在视觉上需要引起玩家的注意力，因而通常将尺寸稍微放大作为解决思路。如 Q 版解谜类游戏中，主角拿着一枚硕大的钥匙去开门是常见的视觉表现方式。

特效

游戏特效是游戏中特殊的美术元素，是对游戏美术主体——场景和角色的有益补充。游戏特效往往能让游戏场景变得更真实，更有说服力，让游戏角色的动作更华丽，更具冲击力。它的目标就是用动态的方式使游戏在原有的视觉基础上更吸引人。

首先，与游戏中的其他视觉元素一样，特效以游戏的世界观背景作为主要的视觉参考体系，在风格上和角色场景保持一致。如魔幻类游戏《火炬之光》（图 6-21）中的华丽招式特效，体现了魔法这一游戏主题。而在枪战类游戏《马克思·佩恩》中，真实地表现四处扫射的子弹以及子弹打在墙上的效果是该游戏的追求目标。

特效大致上可以分为为角色服务的特效和为场景服务的特效。为角色服务的特效主要在动态上为角色动作提供辅助效果，如一些砍杀动作，配上夸张的气流特效，能更好地体现角色动作的力量感。这类特效更多的是在一些魔法效果上的使用，如魔法师通过施法从魔杖中释放出魔法光球的视觉效果，使得这一并不真实的动作在视觉上得到重要的补充。角色的特效，能够为角色的动作在节奏上、表现力度上以及优美程度上都得到一定的提升，是玩家互动体验重要的视觉反馈来源。

6-21　华丽的魔法特效——《火炬之光》游戏截图
片来源：《火炬之光》，开发者：Runic Games，发行日期：2009.10.27，发行平台：PC。

特效作为场景的视觉辅助，是影响游戏整体气氛的非常有力的细节因素，通常表现在一些需要随机性质的视觉呈现元素中。这些可以是画面中相对独立的视觉元素，如火把、爆炸等。在《风之旅人》中玩家的走动对沙漠引起的相对真实的痕迹也是游戏特效的内容。场景的特效也可以是将游戏画面的整体进行调整补充，如上文中提及的《迷你忍者》场景中雨的特效。事实上，场景中的特效很大程度上依赖于游戏引擎实时的视觉呈现能力，随着技术的进步，游戏场景中的特效质量得到了极大程度的提升。

（三）电子游戏的视觉风格研究

如今，电子游戏在视觉风格上千差万别，但大致可以根据制作者的区别而分为两大走向：一是以实力雄厚的游戏公司为主要创作者开发的大型主流游戏，二是以资金受限但更具有创新精神的独立开发团队为创作者开发的独立游戏。这两大走向有着各自不同的艺术追求，因而在视觉风格上也有着天壤之别。本章将根据这两大走向，分别对其相应的视觉特征和艺术风貌进行探讨研究。

1. 主流游戏大作：趋同的视觉追求

与动画一样，游戏首先是作为一种娱乐消费品而存在。因而以此为导向的主流游戏通常强调感官刺激，把为玩家带来急剧冲击力的视觉快感作为追求目标，力图为玩家创造一个奇观化的互动世界。随着图像技术的迅猛发展，一些高级的游戏引擎不断更新着实时的视觉表现力，也为主流游戏的这一追求插上技术的翅膀。特别是灯光技术的进步，使得游戏在整体表现力上不断向电影级别靠近，带给玩家更加身临其境的高质量视觉体验。

主流游戏的受众目标主体为青少年，因此通常以该群体的视觉审美倾向为主要考虑依据。其中，角色的视觉形象受此倾向的影响最为显著。如游戏中的主角通常为男性，他们身材高大、浑身肌肉、体格健壮，散发着以力量为主的雄性气息。与此相应，游戏中的女性形象则通常强调女性特征，最大限度地展示女性躯体。敌人的设定也以外在的凶恶、丑陋、强大等主要切入点，满足玩家在道德上的优势和在竞技体验上的战胜感。以此为导向的设计还体现在互动方式的视觉表现上，主流游戏的操作往往与暴力血腥的主题相结合，在视觉上强化攻击性带来的快感，满足玩家本能的安全与征服的情感需求。

大投入大制作的大型主流游戏，必须从商业制作的角度出发，获取最大多数受众的认可。因而主流的大制作游戏往往选择保守的策略，降低制作的风险。这不仅体现在互动设计上，游戏的艺术风格也为其左右。因此，主流游戏的视觉风格相对稳定，没有特别明显的视觉差距。创新和突破只能以小心翼翼的方式，零碎地呈现在玩家面前。主流游戏自觉或不自觉地在视觉风格上呈现出同质化的倾向，但即便如此，主流游戏在各种因素交织的影响下，还是呈现出相对具有辨识力的不同风格面貌。

这些影响因素包括：不同地域的文化审美倾向，不同游戏平台的互动技术限制和不同游戏类型的互动要求等。这些因素导致了游戏的类型化形成，但如果从游戏世界观的设定出发，用游戏主题的切入方式去解析主流游戏的视觉种类，则更加符合本章游戏中动画视觉艺术的主题。以此，我们可以大概得到以下几个类别：

※ 写实类

写实类游戏的主题大多以真实或接近真实的人类历史和生存环境为世界观背景，在此基础上延伸拓展出一个虚构的游戏世界。因此在视觉表现上，写实类游戏以真实的人物、环境空间造型为视觉原型，风格相对严谨，目的在于与真实的世界保持一致。因此，从艺术创作的角度来说，这类游戏的创新要求比较小，重点在于游戏整体画面的真实表现力。这类游戏的代表作有：《GTA》、《使命与召唤》、《荒野大镖客 2》（图 6-22）、《马克思 · 佩恩》、《极品飞车》、《FIFA》、《UFC》等。

图 6-22 《荒野大镖客 2》游戏截图

图片来源：《荒野大镖客 2》，开发者：Rockstar 公司，发行日期：2018.10.26，首发平台：Xbox One、PS4。

图 6-23　《生化危机：村庄》游戏截图
图片来源：《生化危机：村庄》，开发者：卡普空，发行日期：2021.05.07，发行平台：Xbox One、PS4、PC。

※ 恐怖生存类

恐怖生存类游戏通常是一种异化的写实类游戏。这类主题往往将一些邪恶元素，如恶魔、僵尸、外星生物等造型元素以入侵的方式融入写实风格的游戏世界中去，力图表现为一种被异化的真实性，从而为玩家的恐怖生存体验提供强大的代入感。这些被异化的真实世界，遵循的依旧是写实的世界观背景，因此在视觉造型上与写实类游戏的风格基本一致。在此基础上，游戏根据恐怖的主题对角色、场景进行相应加工变形，并以各类形式的敌对角色作为视觉造型的创作重点，是体现游戏艺术主要手段。代表作有：《寂静岭》、《生化危机：村庄》（图 6-23）、《鬼屋魔影》、《求生之路》、《零：红蝶》等。

※ 西方魔幻类

魔幻类游戏的主题是以西方“魔法”这一概念出发，结合神话传说和一些与此相关的经典小说，形成的一套既有的相对完整

图 6-24 《英雄无敌 6》游戏截图
图片来源：《英雄无敌 6》，开发者：Black Hole，发行日期：2011.10.13，发行平台：PC。

的世界观以及在这一世界观背景的参考指引下所形成的视觉概念系统，如使用魔杖攻击的法师、长有双翼口吐火球的飞龙、有着绿色的皮肤和又尖又长的耳朵的哥布林、体型巨大但行动笨拙缓慢的巨人等。魔幻类与写实类在造型元素上保持着较大的视觉差距，从而在最大限度上满足玩家对于游戏中魔幻元素的视觉认同。这类游戏的代表作有：《魔兽世界》、《魔兽争霸》、《暗黑破坏神》、《战锤》、《三位一体》、《上古卷轴》、《神鬼寓言》、《部落战争》、《英雄无敌 6》（图 6-24）等等。

※ 异域类

这类游戏的主题通常以有别于主流文化所主导的异域作为世界观背景设定，将真实世界中由于不同地域、时代、民族、宗教所形成的不同风格类型作为该类游戏的主要视觉造型元素，再加以一定程度的强化和夸张，提供一个以真实文化为背景的架空世界。结合一定魔法元素的异域类游戏，是西方魔幻类主题的视觉

图 6-25 《波斯王子：遗忘之沙》游戏截图
图片来源：《波斯王子：遗忘之沙》，开发者：育碧，发行日期：2010.05.18，发行平台：Xbox360、PS3、PC。

变异。对于以欧美为主要消费地区的主流游戏，在以西方魔幻为主的幻想文化语境下所产生的审美疲劳采取的一种包装策略，满足玩家对于异域风情的猎奇心理。这里需要指出的是，异域是一个相对的概念，异域风格的游戏主题并没有特定的文化指向。这类游戏的代表作有：《波斯王子：遗忘之沙》（图 6-25）、《刺客信条》、《鬼武者》、《古墓丽影》、《迷你忍者》、《沙尘》等。

※ 科幻类

科幻类游戏的主题通常借用幻想的形式对未来人类科学技术的远景与社会形态的发展做出相应的虚构式创作。因此该类游戏主题通常借鉴人类真实的高科技造型元素，并在此基础上进行各种形式的夸张化创作，提供具有机械、金属、直线、冷光等比较硬质的视觉情感体验。在角色造型上则通常借用外星人的概念设定游戏的对立 NPC 形象，是游戏生物设定的一大重要创作要点。这类游戏的代表作有：《光晕》、《战争机器》、《孤岛危机》、《红警》、《星际争霸 2》（图 6-26）、《赛博朋克 2077》等。

图 6-26 《星际争霸 2》游戏截图
图片来源：《星际争霸 2》，开发者：暴雪娱乐，发行日期：2009.07.01，发行平台：PC。

※ 蒸汽朋克类

该类别事实上可以看成是科幻类的一种变异。维基百科对此具有相对准确的描述：“蒸汽朋克是以维多利亚时代为背景，构筑出一个超现实的科技世界，将蒸汽的力量无限扩大化，虚拟出一个蒸汽力量至上的时代。”因此，在视觉呈现上，蒸汽朋克

图 6-27 《生化奇兵：无限》游戏截图
图片来源：《生化奇兵：无限》，开发者：Irrational Games，发行日期：2013.3.26，发行平台：PC、Xbox360、PS3。

类游戏以工业革命早期科技为主要造型元素，着重体现以蒸汽科技为主导的各种奇观化的机械妙想，同时结合怀旧的维多利亚时期衣着风尚和建筑造型，创造出一个与19世纪西方世界平行的高科技乌托邦世界。这类游戏的代表作有：《生化奇兵：无限》（图6-27）、《羞辱》、《神秘岛》、《塞伯利亚》、《密室逃生》等。

※ 仙侠类

仙侠类游戏是随着亚洲特别是中国消费市场的崛起，根据中国本土的神话传说与武侠文化的两大元素创建出来的相对完整统一的世界观体系。这类主题在视觉表现上，深受亚洲审美倾向的影响，其中的人物造型强调一种理想化的美型理念，相对于西方更倾向于飘逸灵动而非外在的力量感。在设计元素上，通常以亚洲文化为主要的灵感来源，并采用类似上文所述的异域类造型方式，并加以相应的强化和夸张。这类游戏的代表作有：《仙剑奇侠传七》（图6-28）、《剑灵》、《九阴真经》、《鹿鼎记》、《逆水寒》、《剑网三》等。

图6-28　《仙剑奇侠传七》游戏截图

图片来源：《仙剑奇侠传七》，开发者：软星科技，发行日期：2021.10.22，发行平台：PC。

※ 奇幻类

奇幻类游戏的世界观是对各种幻想类主题的借鉴综合，以此创造出一个与现实世界规律不同的超自然的架空世界。这类主题融合了西方魔幻中的魔法与科幻类主题中的科技，同时也可能涉及仙侠类的武侠元素，因此在视觉表现上，奇幻类游戏有着更多的创造性空间。这类游戏的代表作有：《最终幻想》、《鬼泣》（图6-29）、《仙境传说》。

上文总结的这些风格类型，基本上概括了目前主流游戏中的一些主要视觉倾向。这些倾向在游戏创作者和玩家中已经形成了一套既有的观念，是游戏视觉定位的重要指导方向。但是需要指出的是，并不是所有的主流游戏都被囊括其中。如在自由度较高的游戏《孢子》中，玩家可以自行设计生物与建筑物的造型。同时，这些游戏类型也互相影响，互相融合，一些游戏根据自身某些相对独特的世界观设定，会涉及多个上述类型中的视觉元素，如《刺

图 6-29　《鬼泣》游戏截图

图片来源：《鬼泣》，开发者：卡普空，发行日期：2001.8.23，发行平台：PC、PS2、Xbox。

客信条》对于科幻元素和异域化风情的结合，《文明》系列中对于真实历史的参考与未来科技的畅想等。随着时代的发展，主流游戏的主题类型也必定会在全球化文化语境的影响下不断交融、裂变。

2. 独立游戏：创新、实验、另类

独立游戏是指在没有游戏公司和游戏发行商提供资金的情况下，游戏开发者独立创作的游戏。由于资金的缺乏，独立游戏的开发团队通常在 10 人以下，在某些情况下甚至只有一个制作者。然而，也正是由于这一点，独立游戏在创作之初可以避开商业化的考虑，把创作的重点放在游戏的创新上。这种创新，通常体现在具有探索和实验意义的互动方式上，是游戏互动艺术的先锋派。在此基础上，一些独立游戏的视觉表现也呈现出独特的艺术气质。

必须指出的是，不是所有的独立游戏都可以称为艺术。事实上，大部分独立游戏都是平庸之作。的确，其中一些独立游戏在互动方式上有着独创性的奇思妙想，但是在视觉呈现方面的低质粗糙让他们依旧被阻挡在艺术之外；当然也有的在艺术表现方式上独树一帜，但却在游戏性上表现不佳。真正能称得上艺术的独立游戏可谓凤毛麟角。本文以动画艺术为切入口，遴选一些在视觉呈现上具有优秀表现力的独立游戏作品为研究对象，剖析其间的独特的视觉表现手段与艺术风格形态。

首先，独立游戏的低成本特质，使得它们在通常情况下无法选择高级的三维游戏引擎。即便有高级的技术支撑，也因为有限的人力、开发时间的因素而无法追求像主流游戏那样大型的体量和高品质的具象表现以及画面整体光影的真实效果。同时在艺术追求上，独立游戏的开发者通常也愿意主动避免主流游戏所引导的审美疲劳。因此，在视觉表现方面独立游戏通常选择相对简单抽象造型方式，以适应这样的审美需求。简单抽象并不意味着降低艺术质量。事实上，一些独立游戏的视觉表现尽管非常简单，但却颇具独特的艺术风格。在益智类游戏《孤独的托马斯》（*Thomas was Alone*）（图 6-30）中，创作者以抽象的矩形为主要造型元素，并以此搭建起整个场景空间。游戏中的角色同样也是一些不同宽高不同颜色的矩形。在这样的视觉主题框架下，为了避免形象上的单一，设计者在游戏的非互动背景中，加入风格一致的动态水印纹理，同时把游戏中的危险区域设计成质感相对真实的水。最具有创新意义的细节设计在于游戏中对灯光阴影的应用。游戏单色的抽象造型，使得角色和互动场景内部没有任何明暗变化，但是创作者巧妙地利用光源在游戏的填充背景中产生同样是单色的几何形阴影。角色在运动过程中，阴影也会随之产生相应的动态变化。这一独创性的表现手法，使得游戏在空间表

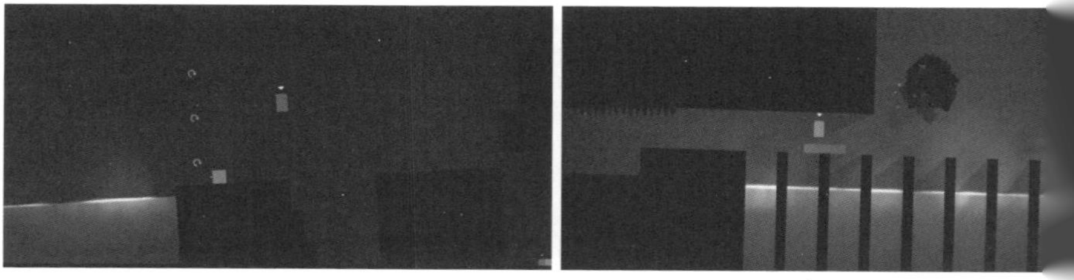
a b

图 6-30 a,b　《孤独的托马斯》游戏截图
图片来源：《孤独的托马斯》，开发者：Mike Bithell，发行日期：2012，发行平台：PC。

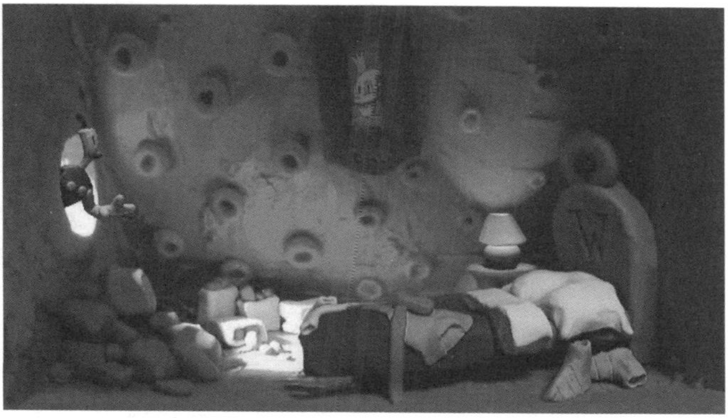

图 6-31　《黏土世界》游戏截图

图片来源：《黏土世界》，开发者：The Neverhood，发行日期：1996.10.31，发布平台：PC。

现上生动有趣，加上如此简约概括的造型设计，是该游戏最具魅力的气质特征。在如今扁平化视觉设计的风潮下，这样的游戏作品无疑是与之呼应的视觉探讨，也不免让人联想起早期的电子游戏《Pong》，是展示游戏的本质与表现二者关系的绝佳范本。

尽管简单抽象，但独立游戏独创性的艺术追求，也使得它们在具体的视觉表现上呈现出丰富多彩的风格特征。动画艺术中的各种表现形式，都可以被独立游戏借鉴吸收。如探险解谜类游戏《黏土世界》（图 6-31），在视觉表现上完全借鉴了黏土动画的形式，从角色造型到人物动作再到场景灯光镜头，无一不体现了黏土动画的风格特征，是独立游戏中的经典力作。

另一优秀独立游戏《重力世界》（图 6-32），其独特的重力设计成为当时的一大亮点，而其撕纸造型的独特视觉表现也同样大胆创新。

解谜类游戏《纸境》（图 6-33）以折纸书的表现形式，在场

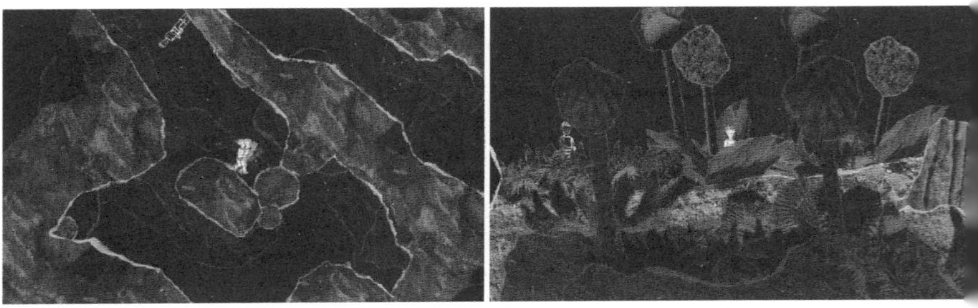

a b

图 6-32 a,b　《重力世界》游戏截图
图片来源：《重力世界》，开发者：Broken Rules，发行日期：2009.04.11，发布平台：PC。

a b

图 6-33 a,b　《纸境》游戏截图
图片来源：《纸境》，开发者：Nyamyam，发行日期：2014.02.20，发布平台：iOS。

景设计上独树一帜。该游戏用折纸书的翻页动态变化，形成巧妙优雅的场景切换方式，场景中的一些谜题机关也围绕着立体折纸的造型特点，结合优秀的美术设计，构成一卷美轮美奂的东方意境。

《植物精灵》（*Botanicula*）（图6-34）是一款以近似儿童画的表现方式为主要美术风格的解谜类游戏。该游戏的视觉造型轻松随意、生动有趣，整体视觉表现清新脱俗，与游戏环保类的主题完美结合。

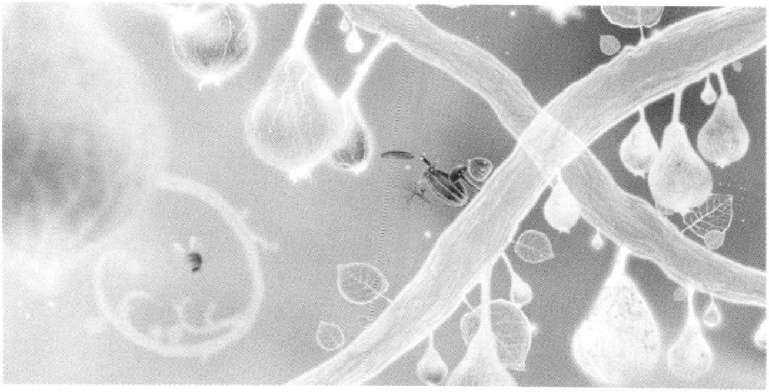

图 6-34 《植物精灵》游戏截图
图片来源：《植物精灵》，开发者：Amanita Design，发行日期：2012.05.08，发布平台：PC。

图 6-35 《超级兄弟：剑与巫术》游戏截图
图片来源：《超级兄弟：剑与巫术》，开发者：Capybara Games，发行日期：2012.04.17，发布平台：iOS。

《超级兄弟：剑与巫术》（*Superbrothers: Sword & Sworcery EP*）（图6-35）中独特的视觉造型与像素画风格让人耳目一新，由此掀起了一股像素游戏的怀旧之风。

这些游戏在视觉呈现上千差万别，但都以自己独特的方式给玩家带来与主流游戏形成强烈反差的优秀视觉体验，是游戏中动画艺术的魅力所在。

优秀的独立游戏作品在互动和视觉呈现上往往是和谐的整体。随着技术的进步，游戏引擎为开发者带来了更多的便利性，一些小型游戏的美术与编程制作要求逐步降低，使得开发者的理念更容易被实现。同时，各种平台的多样化交互体验，也为游戏的互动形式和艺术表现提供更多的可能。在这样的趋势下，必然会催生出更多的兼顾视觉表现与可玩性的游戏佳作，游戏艺术的真正潜力也将被完全释放。

（四）经典作品赏析

1.《风之旅人》动画艺术赏析

如果说还有人对当今电子游戏的艺术性心存疑虑的话，那么就请他玩一次《风之旅人》（*journey*），相信之后他会对电子游戏第九大艺术的身份确信无疑。无论从互动方式、故事情节，还是视听呈现上，《风之旅人》都几近完美地发挥出电子游戏强大的艺术潜质，以交互的方式给玩家创造出感动人心的生命体验，称得上真正意义上的艺术作品。接下来我们将以《风之旅人》中的动画艺术为主要研究对象，在动画艺术理论的指导下，结合游戏的互动特色，从各个角度剖析该游戏如此打动人心的魅力所在。

《风之旅人》（以下简称《旅》）是美国独立游戏公司 thatgamecompany 2012 年出品的游戏。该游戏公司的主创陈星汉是独立游戏界的先锋派领袖，强调用“禅”的思维方式去创作游戏，提倡非暴力、重情感的游戏体验模式。在创作出一系列的成功“禅”

意游戏后,《旅》无疑将他的这一理念再次提升到更高的境界。因此,在研究《旅》的动画艺术之前,有必要先简单介绍下它独特的互动方式,这样才能更好地理解以此为创作目的的视觉艺术。

在《旅》中,玩家的操作非常简单,移动、跳跃、触发机关以及发出声音就是全部的互动方式,没有暴力血腥的攻击,也没有复杂难解的谜题,游戏给玩家设置的目的,就是探索游戏中的世界,揭开自己扮演的角色以及这个世界被遗忘的过去。游戏中的可玩性最主要体现在能量符的搜集系统,玩家只有通过不断搜集场景中随处可见的能量符,才能跳得更高乃至飞得更远,并得以顺利地在游戏宏伟巨大的场景中游历。游戏最具有创新意义的互动方式是双玩家的参与模式。在这个模式中,系统会为玩家的旅途随机指定一位玩家伙伴。两个玩家可能来自不同的文化背景,有着不同的生活境遇,甚至不同的年龄层次,却无法知晓彼此真实的身份,以相似的面目在游戏中结伴而行。玩家间的交流方式只有单一的共鸣声,通过发出共鸣,彼此间互相召唤、引导。通过彼此靠近,玩家还可以为对方补充能量,强调帮助而不是竞技这一互动概念。

基于以上的互动设计,我们就能理解游戏角色在造型上的独特性。一身红色斗篷,包裹住膝盖以上的大部分身体,使得下面支撑着的两条腿显得更纤细修长,这样的主体造型,线条简洁、色彩单一,体现了概括夸张的非写实类视觉追求。随风飘扬的同色系围巾,与斗篷主次呼应,为角色的设计增加了一分优雅的美感。而事实上,围巾在互动上是一个重要的设计点。在围巾上,从头至尾地排列着一些特殊的符号,这些符号是游戏世界生命能量的源泉，玩家在场景中对能量符的吸收越多，围巾就越长，是玩家属性值的视觉外化。这一巧妙的设计，有效地规避了游戏中常见的 UI 设计，同时又在艺术上给角色增加了流线型的美感，是游戏角色设计的一大亮点。角色的面部是没有任何表情的抽象化五官，避免了文化种族上的倾向，同时也不予考虑任何表情交流的功能，与游戏中唯一的交流方式——共鸣相呼应。角色通过斗篷的主体造型方式，有意去掉手臂的形象，目的也在于将互动方式简化。主创陈星汉在这一点的解释是："我们去掉角色的手臂，是因为手臂的存在会让你想要捡起一样武器去攻击某些对象。"

游戏中还有相似造型的白袍长老，作为各个关卡讲述故事的 NPC，见图 6-36。这些长老高大温和，身躯完全被长袍裹住，显得更加神秘庄严，同样没有任何表情设计，与玩家的交流主要靠简单细腻的肢体语言，与玩家扮演的角色在形象上保持同一风格，强调交流单一性的互动设计。而长老长袍的白色，也是玩家经验的象征。多次通关的玩家，将会拥有一件白色的斗篷和与普通玩家相比更长的白色围巾，成为《旅》的世界里玩家中的长老，是游戏成就感的一种表现方式。

角色的动作则因为互动的简化也没有过多的类型，基本上都表现为躯体移动。跑步、跳跃、飞翔、在沙上滑动等。这些动作优美细腻，真实动人，与角色造型保持一致的风格。特别是其中飞翔的动作（图 6-37），或将斗篷中的手臂化身为翅膀，轻盈地扇动，或像海豚一样在空气中畅游，不时优雅地翻滚，这都体现出创作者的细致用心。飞翔动作的设计，也加快玩家的行程，免去庞大的场景奔波之苦，同时也是穿越一些高耸的必经之路所必须具备的动作。飞翔是人类梦寐以求的能力，尽管现实生活中，人类可以通过各种飞行工具体验飞翔的美妙，但也只有在动画艺术作品中，才能够将人类以自身躯体的方式真实而又优美地表现出来。游戏中角色丰富细腻的飞翔动作，继承了动画艺术的动态造型能力，为玩家的飞翔体验提供了可信的依据，除却互动上的考量，极大程度地满足了玩家自由翱翔的情感需求。

游戏中还有其他以动物为原型的 **NPC** 角色。如体型较小，时常跟随玩家飞翔的风筝，拖着三根长长的尾巴，如同鱼群一样伴随玩家左右。还有一些形似水母或鲸鱼，并以其相应的运动方式成为场景互动和视觉表现的有力补充。这些有趣的造型在设计上都以游戏中的能量符附着对象——神秘的红色布幔为主要的造型元素，用或长或短、或大或小的组建方式，构成相应生物形体，而布幔柔软的造型特征，也使得这些生物在动作呈现上显得自然贴切。

除却这些独树一帜的角色造型设计，游戏的场景造型更是在

6-36　主角与白袍长老——《风之旅人》游截图

片来源：《风之旅人》，开发者：Thatgamecompany，行日期：2012.03.15，发行平台：PS3、PS4。

图 6-37　飞翔——《风之旅人》游戏截图

图片来源：《风之旅人》，开发者：Thatgamecompany，发行日期：2012.03.15，发行平台：PS3、PS4。

图 6-38 开篇——《风之旅人》游戏截图
图片来源：《风之旅人》，开发者：Thatgamecompany，发行日期：2012.03.15，发行平台：PS3、PS4。

艺术上几近完美地创造出一个让人叹为观止的宏伟世界。

沙漠与废墟，是《旅》场景的主要造型元素。浩渺无垠的沙漠，是生命匮乏，生存受到严峻考验的场所。游戏的一开始（图 6-38），随着一颗流星划破天空降落在沙漠中，玩家扮演的角色孤坐在苍茫的天地间，伴随他的只有耳边呼啸而过的风沙声。绝望、无助，是这个场景带给玩家的第一印象。这时候，游戏给玩家提供了远处高坡上拴着布幔的墓碑，引导玩家向前探索。当玩家登上坡顶，沙尘迷茫的远处依稀耸立着一座巨大的高峰，山峰顶端的裂口中不断发出神秘圣洁的光芒，为逃离这个艰险困境提供了希望，从而指引玩家旅程的方向。游戏的开篇通过这样的场景设计，使玩家从无助的迷茫到心怀希望的开启旅程的情感过程提供了恰当的心理引导，同时在艺术造型上，也表现出苍凉荒芜的视觉氛围。

随即出现的废墟又为这种苍凉荒芜增添了一份孤寂和神秘。废墟象征着时代的变迁、文明的湮灭。正如著名文化学者余秋雨在《文化苦旅》的《废墟》一文中所说："废墟是毁灭，是葬送，是诀别，是选择。时间的力量，理应在大地上留下痕迹；岁月的巨轮，理应在车道间辗碎凹凸。没有废墟就无所谓昨天，没有昨天就无所谓今天和明天。废墟是课本，让我们把一门地理读成历史；废墟是过程，人生就是从旧的废墟出发，走向新的废墟。营造之初就想到它今后的凋零，因此废墟是归宿；更新的营造以废墟为基地，因此废墟是起点。废墟是进化的长链。"

游戏利用沙漠中的废墟静态地讲述这个世界曾经有过的繁荣，激起玩家的好奇心，鼓励他们去探求文明衰败的原因，见图 6-39。《风之旅人》中的废墟在主体造型上，借鉴了藏式建筑的结构特征，加上伊斯兰世界的有着繁复花格的门窗形式，配以南美风格的墙面纹样，线条简洁硬朗，结构粗犷结实，与沙漠柔美的线条形成强烈的对比。在颜色的设定上，以藏传佛教中的代表性红色为主体颜色，与角色的色调保持一致，更体现创作者"禅"这一意图。废墟中不时设有一些大小长短不一的布幔，上面印着与玩家围巾上相似的纹样，是游戏中能量符的附着之物。玩家可以通过吸收布幔中的能量，使自己的围巾显得更长，也让自己能飞得更高更远。柔美的沙漠背景中，矗立着一座座造型硬朗的废墟，配以散落着的随风飘动的布幔，静态的直线与动态的曲线构成宏伟壮观的视觉意境。当玩家佩戴长长的飘扬的围巾，在这样的场景中振翅翱翔，穿梭游历，所感受到的不仅是一种形式上的美，还有某种深层次的情感体验。这种情感体验来自场景强大的叙事力量，借用被时间雕刻溶解的废墟，哀述这个世界的过往辉煌，带给玩家一种将哀伤悲壮的感慨与徜徉在无边美景中的喜悦交织在一起的复

图 6-39　沙漠——《风之旅人》游戏截图

图片来源：《风之旅人》，开发者：Thatgamecompany，发行日期：2012.03.15，发行平台：PS3、PS4。

图 6-40　海洋——《风之旅人》游戏截图

图片来源：《风之旅人》，开发者：Thatgamecompany，发行日期：2012.03.15，发行平台：PS3、PS4。

杂感受。

玩家在经历了沙漠废墟的探险之旅后，接着置身于一幢体型巨大、气势恢宏的建筑废墟中。在以建筑物的内部构造为背景造型的基础上，生存着水母、鲸鱼等海底生物。而之前沙漠外景中散落着的布幔，在这里更像生长于此的藻类植物，随着海水的波动缓慢飘摇，由此将这一场景的视觉主题——海洋呈现给玩家，见图 6-40。海洋是生命的象征。玩家在经历了荒芜苍凉之后，来到这一充满生机的世界，这无疑从叙事的层面表现出明显的递进关系。在这一主题的指引下，场景中还设置了类似于水的大气效果。浓稠的质感，加上如水中微生物般的代表着生命之源的能量符号，使得生命的象征更加明显。海洋也是未知和危险的象征。在这个场景中，还生存着一种类似于眼镜蛇的巨大生物，它们冷酷无情，攻击一切靠近它的生命，玩家需要及时地躲避而不至于造成能量符的损失。为了营造出这一恐怖紧张的气氛，游戏场景利用昏暗的光线以及遮住视角的建筑结构，让眼镜蛇不时地游入或游出玩家的视线，同时在色调上也改用阴冷的深蓝，与安全场景中温暖色调形成强烈的反差，带给玩家阵阵寒意。

最后的场景是堆满积雪的寒冷高山，见图 6-41。高山象征着艰险与征服。玩家经历了一番艰难的旅程，终于来到了游戏开篇中所提示的终点：那座不断发出神秘圣洁的光芒，代表这个世界能量之源的高山，但这里并不是想象中的世外桃源。在这个场景中，玩家在皑皑积雪的悬崖峭壁间艰难地前行着，离终点越近，环境就越是险恶。上一场景中还如微生物般温和的能量符号，在这里转眼变成了漫天的飞雪。一切似乎都被冻结了，偶尔会出现的布幔都被附上一层冰霜，甚至玩家和伙伴的斗篷也慢慢爬满了霜色。场景的险恶之意被这样用视觉化的语言细腻地表现出来。在游戏的互动体验上，这一场景也给玩家带来更高级别的困难挑战。随时出现的暴风雪，以及山谷中阴魂不散的眼镜蛇，用视觉化的表现方式很好地与场景融合。而玩家的步伐，也随着暴风雪的加剧

图 6-41　雪山——《风之旅人》游戏截图
图片来源：《风之旅人》，开发者：Thatgamecompany，发行日期：2012.03.15，发行平台：PS3、PS4。

越来越慢，并最终倒在积雪之中。

在数个白袍长老的救助下，玩家在山顶的云端重生，见图6-42。这一场景无疑是游戏中对美好世界的幻想。阳光照耀着皑皑白雪覆盖下的崇山峻岭，高耸着的红色牌坊矗立在悬崖峭壁间，布幔搭建起的桥梁将它们连接起来。层层堆叠倾泻不止的瀑布也暗示着能量的生生不息，生命在这个美好世界中散发着勃勃生机，摇曳多姿的巨大海藻以及翱翔在空中的各种生物，让场景充满了欢快的生命气息。阳光是如此的耀眼，以至于在它的照射下，雪地反射出刺目的光芒。玩家在这个象征着重生的美好世界中，自由飞翔，并最终一步步地走向终点，完成了游戏中的人生旅途。

《旅》这一系列的无法用文字准确描述的奇幻壮丽的场景，使玩家感受了迷茫、探索、危险、坚持、死亡、重生以及最终的顿悟。为游戏的互动体验和故事的讲述提供真实可信的视觉支撑，是游戏如此感动人心的重要手段。

《旅》的动画艺术还体现在讲述故事的过场动画上，见图

图 6-42　重生——《风之旅人》游戏截图
图片来源：《风之旅人》，开发者：Thatgamecompany，发行日期：2012.03.15，发行平台：PS3、PS4。

6-43。玩家在各个关卡区域中，都可以找到一些墓碑群，点亮各个墓碑，处于中央的大石碑就会启动并召唤出一位白袍长老。长老用壁画的形式，讲述一段与这个世界的文明兴盛与衰败有关的故事。随着游戏的进行，玩家可以通过不断开启各场景中的石碑，了解整个故事的脉络。这些过场动画的特色首先在于玩家与白袍长老的交流。如上文所述，游戏中角色的设计略去了肢体细节，也略去了表情动作，二者的交流完全靠细腻丰富的躯干与头部动态来表现。白袍长老的温和、肃穆、善意、哀伤等，被非常好地展现出来，体现了动画赋予角色生命力的强大艺术能量。过场动画中的另一个特色在于壁画的讲述形式。壁画是白袍长老讲述内容的视觉呈现。游戏中将语言这一概念设计成单一的吟唱，复杂的叙事任务自然就交给了视觉。壁画的艺术形式采用风格强烈的直线条装饰式样，与场景的建筑废墟在设计风格上保持一致。讲述过程通过镜头从左至右的缓慢移动，卷轴式地展示了壁

a

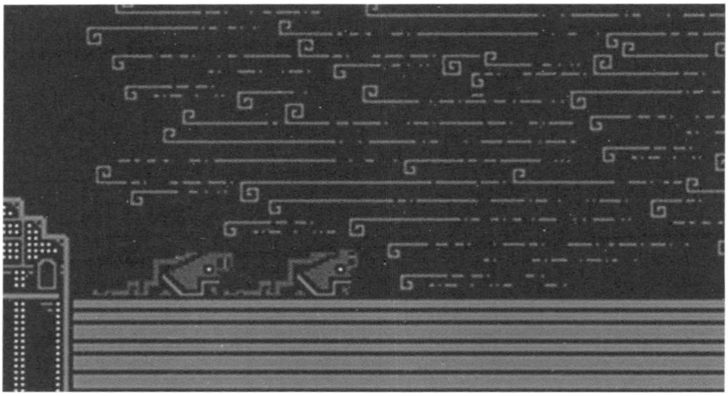

b

图 6-43 a,b　过场动画的壁画造型——《风之旅人》游戏截图

图片来源：《风之旅人》，开发者：Thatgamecompany，发行日期：2012.03.15，发行平台：PS3、PS4。

画中的叙事内容。壁画还被设计成部分动态的形式，一些元素会根据需要产生简单地示意变化，从而能更好地将故事解释清楚。《旅》的过场动画与互动内容细腻地结合，二者在艺术上有机地融为一个整体。如果光看游戏视频录像，完全可以将整个游戏作品看成是一部制作精美的动画片。

《旅》是游戏史上具有里程碑意义的作品之一，它的动画艺术形式尤其让人印象深刻。它所散发出来的独特的艺术气质，必定会对将来的游戏作品产生巨大的影响。

第七章
电子游戏中的声音艺术

音乐——游戏的臂膀。

如果将电子游戏比作是一个人的身体，将游戏画面看作是游戏的躯干，那么游戏中的声音则是助力的双臂，有了它身体才能协调并快速奔跑。有了声音的电子游戏，才是一个完整的作品。

游戏中的音乐是评判一款电子游戏好坏重要的考评对象。不管什么类型的游戏，有要求的开发者都应该重视背景音乐的质量，游戏中背景音乐的风格、节奏旋律都将直接影响玩家在游玩过程中对游戏的体验。

（一）游戏中的音乐元素

电子游戏音乐是指电子游戏中伴随的配乐或背景音乐等元素，其中包括背景音乐和游戏音效。音乐在电子游戏中的地位，就如

图 7-01　2018《塞尔达传说：荒野之息》东京音乐会现场视频截图
图片来源：2018《塞尔达传说：荒野之息》东京音乐会，指挥：竹本泰蔵，表演：东京爱乐乐团。

同电影音乐在电影中的地位一样，是游戏中不可或缺的组成部分。好的电子游戏音乐可以增加电子游戏的沉浸感，全方位地打开感官，更好地吸引玩家。同时它本身也是一个艺术作品，音乐的存在也为游戏本身提供了一定的艺术附加值。许多游戏音乐甚至已经跳脱出服务电子游戏的配角身份，成为独立的艺术元素。如著名的《塞尔达传说》系列的主题曲和配乐，发行了自己的原声碟，甚至举行全球的音乐会，受到游戏粉丝们和音乐发烧友们的追捧，如在 2018 年举办的《塞尔达传说：荒野之息》东京音乐会，见图 7-01。游戏音乐因电子游戏而存在，游戏音乐的走红又进一步推动了电子游戏的销售。

（二）游戏声音类型及功能性

1. 背景音乐及其在电子游戏中的作用

电子游戏的背景音乐是指在游戏运行的过程中，由始至终作为背景衬托的音乐，背景音乐通常是无人声的。背景音乐是电子游戏中不可或缺的一个重要组成元素，它不仅需要配合画面的情节发展，还必须有着自己独特的风格，是游戏的润滑剂与推进器。

游戏主题氛围营造

游戏的情节发展是需要相对应的背景音乐的，而贯穿于整个游戏的背景音乐就是游戏情节发展的引导线。随着游戏的开始、人物的出现和场景的变化，音乐随之层叠而起，推动着游戏中剧情的发展，渲染着人物的心绪，进而也加强了游戏的艺术力和独

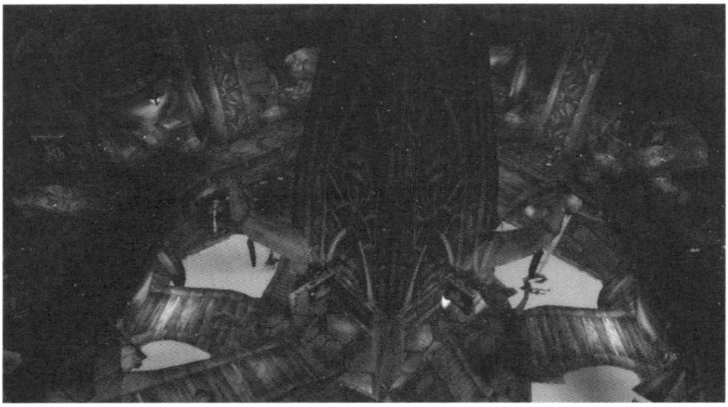

图 7-02　幽暗城——《魔兽世界》游戏截图
图片来源：《魔兽世界》，开发者：暴雪娱乐，发行日期：2004.11.23，发行平台：PC。

图 7-03　暴风城——《魔兽世界》游戏截图
图片来源：《魔兽世界》，开发者：暴雪娱乐，发行日期：2004.11.23，发行平台：PC。

特性。

有深度体验过网游《魔兽世界》的玩家应该都能清楚地回忆起进入幽暗城和暴风城时那高亢的旋律、幽暗城诡秘的曲调（图 7-02、图 7-03），以及进入精灵领地时，犹如一位女性在你耳边轻吟浅唱梦境一般的曲调。画面赋予了每一个领地个性鲜明的造型，而背景音乐则潜移默化地向玩家们诉说着每个地域的灵魂。

传达情感，引起共鸣

音乐表达的是最真实最深层的情绪情感，而一款游戏所表达的情绪情感始终依靠贯穿于整个游戏中的背景音乐传递给玩家，引起玩家的共鸣。美妙的音乐背景结合人物、场景和故事剧情，有助于提升玩家的游戏感，带来视听共享。一个游戏音乐团队，会根据游戏故事和文化背景去考证，制作与游戏相称音乐。如 20 世纪 80 年代的经典作品《超级马里奥》（图 7-04）、《魂斗罗》、《街头霸王》、《坦克大战》等游戏中的背景音乐，都是简单的旋律，

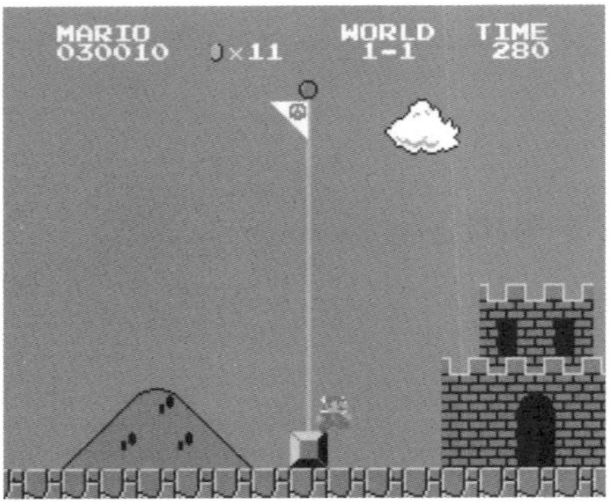

图 7-04 《超级马里奥》过关画面
图片来源：《超级马里奥》，开发者：任天堂，发行日期：1985.09.13，发行平台：FC。

却能在玩家心中经久不衰。

过关及场景转换提醒

电子游戏中背景音乐不是从头到尾都一成不变的，背景音乐常常随着游戏情节的发展而改变旋律、风格和节奏。一旦游戏中的背景音乐改变了，其实也就是在提醒玩家当前游戏的状态正在改变。

比如，我们耳熟能详的《超级马里奥》中的背景音乐，它利用渐强的节拍暗示玩家时间正在耗竭，刺激玩家产生通关的紧迫感。渐强的背景音乐可以提醒玩家危险即将来临。BOSS 战需要更激烈的音乐，给玩家施加压力，进而带来危机感。而 BOSS 被打败后，音乐节拍就会变慢，减少使用的乐器数量，暗示玩家危机已经解除。背景音乐和画面的变化必须紧密结合，以形成视听的连贯性。音乐逐渐增强使玩家有时间为下一个重要场景的变化做好心理准备；另外一个难以磨灭的音乐记忆点是《超级马里奥》

在游戏中完成过关任务后，游戏会伴随着逐渐升高的音调搭配烟火的音效，随着小旗子在城堡上慢慢升起，一种成就感油然而生。

2. 音效及其在电子游戏中的作用

游戏音效指的是电子游戏中发生特定行为或进行特定操作时播放的效果音乐。其中包括以下几个声音类型：

※ 界面音效

用于界面操作的音效，界面音效贯穿整个游戏过程，比如菜单弹出收回、鼠标选定，物品拖动等；

※ NPC 音效

所有与角色相关的音效，比如脚步声、跑步声、死亡声、被攻击的叫声等；

※ 环境音效

自然环境声，比如风声、湖水涟漪的轻声、瀑布声、鸟鸣等；

※ 技能音效

主要指各种攻击声音、刀的舞动、矛的冲刺、踢、打、爆炸等音效。

可以设想一下，在玩第一人称射击游戏时，摘掉耳机将游戏静音，游戏乐趣恐怕会大打折扣吧。如果说背景音乐是在以婉转的方式营造游戏气氛，那么音效给玩家的代入感则更加直接而有效。

相对于情感色彩较浓的背景音乐，在游戏的交互式中，音效传递的信息更为直接，使玩家下意识地了解正在进行的过程和状态，引导着游戏的进度并及时给予用户们恰当的反馈。可以说，音效在游戏中，是一种交互方式，也是玩家隐形的助手。

3. 音乐为主体的游戏

讨论游戏音乐，就不得不提及占有很大市场份额的一个游戏大类——音乐游戏 (简称“音游”，字母缩写为 MUG)。“音游”是指一个几乎都是围绕玩家跟某个乐谱或某首歌曲的节奏互动来进行的电子游戏。

音乐游戏——《节奏过山车》（*Groove Coaster*）是一款梦幻般的音乐节奏游戏。它的玩法很简单，就是随着迷人的背景音乐敲打屏幕，其屏幕中的节奏点便会随着玩家的敲打而绽放出绚丽的色彩。《节奏过山车》的进行方式与一般音游相同，根据音乐节奏触摸画面，还要根据不同的音符做出点、划、连点等操作，演奏出完整的乐曲。在开始游戏后，会有个标点沿着画面上的细线一直移动，移动的同时会不断地变更视角。

同类型的还有街机游戏——《太鼓达人》、微信游戏——《节奏大师》、网络游戏——DJMax 等。随着平板电脑的普及，搭载更大屏幕的“音游”作品也以更加舒适自由的体验感得到市场的认可。比如雷亚游戏开发的《音乐世界》（*Cytus*）系列，界面华丽、歌曲精美，同时凭借独特的动态判定线谱面成为热门游戏。而由英国游戏开发商 lowiro 开发的《韵律源点》（*Arcaea*）（图 7-05），则以新颖的三维立体下落式玩法成为这一领域的佼佼者。

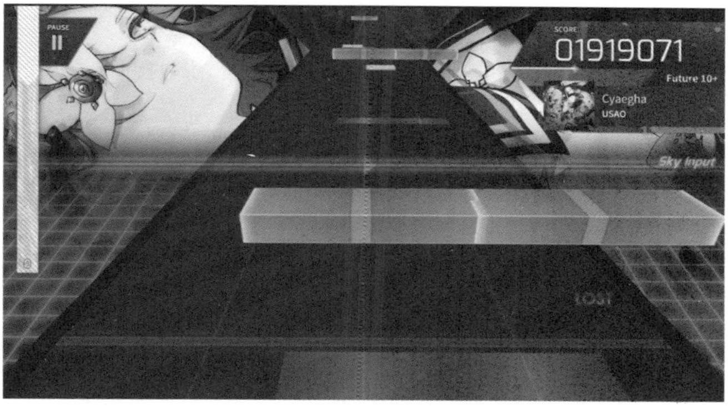

图 7-05　《韵律源点》（*Arcaea*）游戏截图
图片来源：《韵律源点》（*Arcaea*），开发者：lowiro，发行日期：2017.01.22，发行平台：iOS，NS。

在音乐电子游戏中，声音元素转身从配角变成了主角，而视觉元素成了辅助玩家完成游戏的配角。在这样的游戏中，如果玩家摘下耳机、关闭声音那也就意味着游戏结束。在“音游”中，与大型游戏不同，玩家可以很迅速地掌握游戏，通常在短时间内就可获得游戏所带来的互动趣味和成就感。

（三）游戏音乐的发展趋势

游戏音乐出现的初期，由于早期的声音合成技术和游戏卡带容量等条件限制，只能使用单轨 midi 制作简单的旋律，随着技术的进步，逐步发展到多位音轨制作。今天，电子游戏音乐已发展到与电视和电影原声带一样，有着相同的广度和复杂性。游戏音乐现在可以包括完整的管弦乐作品和流行音乐，甚至，电子游戏现在也可以根据玩家当前的行为或情况实时改变它们的配乐。随着电子游戏市场的扩大，流行音乐、古典音乐、电影业的音乐从业者也慢慢开始进入电子游戏音乐的制作领域。从21世纪初开始，电子游戏原声音乐越来越普遍作为单一的艺术形式，在商业上出售或进行音乐会。

随着游戏引擎技术的发展，游戏画面越来越精良。电子游戏讲求声画一体，玩家们自然对游戏中的音乐要求也越来越高。这就促使游戏音乐越来越强调与游戏画面相结合、营造场景和唤起玩家情绪。因此，电子游戏中无论是声音的质量，还是音乐的艺术性都有着逼近，甚至超越电影音乐的趋势。游戏音乐以越来越重的分量存在于电子游戏中。另一方面，随着智能手机的普及，休闲类的手机游戏开始发展壮大，更适合移动平台的“音游”也拥有越来越多的玩家。“音游”的玩法也逐步打破以往较为单一的音乐节奏互动。相信在未来随着市场比重的增加，音乐电子游戏无论是在玩法上还是在画面效果上都将具有很大的发展空间。

第八章
电子游戏中审美的地域性

（一）游戏审美地域性形成的原因

正如法国文艺理论家和史学家伊波利特·丹纳（Hippolyte Adolphe Taine）所指出的，种族、环境和时代对文学艺术有着深远的影响。其中，“种族因素决定了它的本质，环境给了它前进的动力，时代限定了它的方向。”[1]

正如我们所看到的一切与精神生活相关的领域，包括建筑、艺术、文学，这一切的艺术形式无不蕴含了地域与民族特色。拿服装来说，看到旗袍，自然联想到的是中国；看到和服，我们必然想到了日本；看到男士格子裙，就想到苏格兰。每个国家、地域都会形成自己标志性的视觉元素，这些元素透露出的是各国不同的审美偏向。因此，不同的民族和不同的地域必然产生不同的电子游戏艺术形式与风格，我们无法离开这些客观因素去孤立地

王欣博：《关于丹纳艺术哲学》的三因素解》，《美与时代（下）》，14年4月，第42—44页。

评价它们。

从另一个角度来说，作为大众艺术的游戏是消费主义语境下的商业产品，开发者更多的是从商品属性出发考量其价值，以为尽可能多的受众提供娱乐体验为生产目标。全球各地的文化、经济、政治等客观条件各不相同，造就了不同的市场需求，使得各国的游戏市场有着各自不同的消费趋向。

比如，相对于电脑游戏，日本玩家似乎更加青睐于主机游戏和街机游戏。同在亚洲的韩国游戏玩家则有着与日本完全不同的消费习惯，有着超过两万个按时收费的网吧，因此可见电脑游戏在韩国的流行程度。尤其是大型多人在线角色扮演游戏和即时战略游戏，深受韩国玩家的喜爱。与韩国一样，中国也拥有大量的电脑游戏玩家。但基于国情，中国游戏市场目前更加倾向于移动端游戏。根据《2021 中国游戏产业报告》显示，2021 年，中国移动游戏市场实际销售收入 2255.38 亿元，占比为 76.06%。[2]

由此可见，由于不同地区玩家喜好、感知度的不同，每个国家的游戏开发理念和从业人员根据市场的需求形成了各自鲜明的特色，而这种游戏地域性特色有着强烈的不可替代性。就拿游戏产业最成熟的国家之一——日本来说，作为拥有任天堂、索尼等世界顶尖游戏公司的国家，日本不但拥有庞大的国际市场，也是世界上游戏业占国内生产总值比重最大的国家。可见，在日本拥有一大批成熟、“挑剔”的玩家，也是他们造就了一个不同于国际市场、“口味独特”的日本游戏市场。

例如，第一人称射击游戏《使命召唤》系列一直深受全世界玩家追捧，《使命召唤 10：幽灵》发布首日就向全球零售商售出

2.《2021 中国游戏产业告》，2021 年度中国戏产业年会，广州黄埔

了价值 10 亿美元的游戏拷贝。然而就是这样在世界范围内热销的游戏，在日本却是鲜有人问津，销量不佳。即便在同年的东京游戏大展的试玩台前，也找不到日本玩家们的身影。同样，与《使命召唤》系列同类型的大型游戏《现代战争》《战地》等，一样得不到日本玩家们的青睐。

当大家在探讨这一现象背后的原因时，我们可以试着反过来思考。众所周知，日本游戏以其故事性好、游戏情节引人入胜见长。重视情感体验的日本玩家钟情角色扮演类游戏，其中包括著名的《最终幻想》和《勇者斗恶龙》等游戏。得益于多年来日本漫画文化对欧美很多国家所造成的影响力，这些游戏在欧美玩家中也具有很高的知名度。但是，对于喜欢以第一人称在相对真实的场景里进行开放式快节奏游戏的欧美玩家来说，恐怕日式 RPG 游戏的慢节奏，加上唯美的场景和可爱风格的人物造型，很难成为欧美市场游戏的主流。所以，游戏和其他艺术形式一样，甚至比其他艺术形式有着更加强烈、不可替代的地域性。

因此，分析不同地域的电子游戏美术风格与玩家审美偏好是电子游戏研究中非常重要的一部分。在接下来的几个章节中，我们将对日本、欧美国家、中国的游戏艺术进行详细的分析。

（二）日本游戏艺术风格解析

日本，这个曾经在亚洲甚至是世界电子游戏的领头羊，有着深远漫画、游戏文化的国家，对电子游戏却有着自己独特的品位和坚持。今日的世界游戏市场已经不再是日本的天下，北美、欧洲地区的游戏公司逐渐占据了大部分的市场份额。同时，亚洲其他国家的电子游戏产业也急起直追，而无论是日本国内还是国外游戏市场都在逐步的萎缩中。日本电子游戏独特的风格和坚持或许是他们在20世纪90年代创造辉煌的推手。而这种偏执的坚持，也是今天日本游戏没落的重要原因之一。

下面，我们就择取几个有代表性的日系电子游戏，进行详细的分析。

1. 任天堂《超级马里奥》

《超级马里奥》是任天堂公司最经典的游戏，推出于20世纪80年代，它和红白机（Family Computer 简称 FC）的一起出现可以看作是日本电子游戏辉煌时代的开始。这款全世界玩家无人不知无人不晓的主机游戏，应该也承载着中国20世纪70年代到80年代出生的两代人的童年美好回忆。

对于《超级马里奥》是什么游戏类型似乎有一定的争议，有的说是冒险类、有的说是动作类、有的说是FC游戏。确切地说，它是动作游戏（ACT）类型下的横版过关游戏。同时期同类型的游戏还有《魂斗罗》（*Contra*）、《沙罗曼蛇》（*Salamander*）等。

游戏描述了公主被魔王抓走，大胡子水管工马里奥通过重重关卡的考验，打败怪物营救美丽的公主的故事。游戏承袭了童话故事中惯常的套路，只是这次营救公主的不是英俊高贵的王子，而是戴着帽子、身穿背带工作服、大鼻子、留胡子的水管工。游戏主人公马里奥身材矮小，少许肥胖，无论是外形和身份都与一

图 8-01　马里奥形象

图片来源：《超级马里奥：奥德赛》，开发者：任天堂，发行日期：2017.10.27，发布平台：NS。

般英雄的形象相差甚远。然而就是这种强烈的反差，让可爱的中年大叔的形象拥有了超强的亲和力，让人过目难忘，成为任天堂标志性的形象，见图 8-01。

在 20 世纪 80 年代，电脑显示技术有限的情况下，游戏设计师并不可能像现在一样百分百地在电视机上实现设计理念。由于当时的电视机无法表现精密的画面，为了清楚表现人物的动作，就把马里奥的服装设计成了背带工作服，这样可以更好地表现出手臂的动作。关于脸部的设计，当时的考虑是，就算设计得很仔细，在电视上也无法表现出来。有特点、容易辨认，才是设计的重点。所以，才有了大鼻子、留胡子、戴帽子的设计。尽管为了激起欧美市场的认同感，马里奥的角色被设计师定位成为一个意大利籍的美国人，大鼻子、大胡子、背带裤都是典型的西方元素，但是矮小浑圆的身形，卡通化的眼睛，以及运动起来夸张的肢体动作不难看出马里奥是个充满漫画元素的“日本制造”。马里奥不光在设计表象上有着明显的日本风格，在骨子里也充分体现了日本的文化和精神。

首先，日本是一个受西方文化影响很深的国家。尽管日本有着很传统的一面，但是在很多方面它希望紧随欧美国家的脚步。不光在游戏上，同时期很多漫画中的人物造型都可以看出日本对西方的文化的借鉴。不同颜色的头发，欧式的大眼，高大健硕的男性、曲线毕露的女性角色以及欧式的服装风格。不难看出，马里奥正是日本的 ACG 文化（动画、漫画、游戏）与西方文明杂交下的混合体。

其次，马里奥的形象也是日本人奋斗精神的一个映射。与美国人不同，日本人似乎更重视小人物精神。或许是因为岛国的地理状况决定了日本是一个资源匮乏的国家，它一无石油，二无煤炭，三无钢铁资源，四是可耕种土地面积很小，资源完全依赖进口，加之人口基数相对国土面积的比例悬殊，日本人无时不在的危机感和为生存拼搏的精神让他们无法自大，同时又极度渴望成功。马里奥小人物的形象正是日本上班族的缩影，浑圆可爱的身材和匆忙的脚步，通过层层关卡，在不同场景学习各种技能，完成不同任务，吃蘑菇打怪兽，最终救回公主。只要努力，即便是大叔也能抱得公主归，就是这款游戏背后的世界观。

《超级马里奥》就是凭借东西合璧的游戏形象带来的亲和力、引人入胜的任务和不同的场景设置让玩家能更好地沉浸游戏。同时，打破寻常的小人物故事构架，让这款游戏成为任天堂公司最经典的游戏。

2.Square 公司——《最终幻想》

要讨论日本游戏，就必须提到 Square 公司出品的角色扮演游戏《最终幻想》系列。至今，它已经有 20 余年的历史，在不同平台上推出过二十几个版本，是史上最畅销的游戏之一。由于中国的主机游戏市场一直都未完全开放，甚至在 2000 年以后的一段时间完全禁止了主机游戏机的销售。所以，对于很多中国的玩家来说，注意到《最终幻想》这个游戏应该是在 Square 公司推出《最终幻想 VII》（图 8-02）的宣传片后。极度精美的游戏图片，绚丽的 3D CG 动画，唯美的人物角色，在当时无论是在技术还是艺术上都是前所未有的创新。

《最终幻想》第一部是早期游戏主机上最具影响力的 RPG 之

图 8-02　《最终幻想 VII》游戏截图

图片来源：《最终幻想 VII》，开发者：SQUARE ENIX，发行日期：1997.01.31，发布平台：PS。

一。同期的《勇者斗恶龙》游戏使用第一人称视角，进行单对单的怪物战斗；而《最终幻想》则引入了第三视角，采用一组角色对一组怪物的战斗方式。这或许迎合了日本人不喜欢与人正面起冲突的个性，直面战场对于他们来说是一件美感不足的事，让游戏与真实保持一定距离感。同时，因为《最终幻想》使用了剧情性的情节，并着重强调角色的发展与人际关系，强调在原创世界观中对剧本性质作品的代入体验，而非个人原创角色的代入体验。尤其是《最终幻想 VI》凭借复杂的剧情、丰满的人物个性，带来极强的代入感，玩家往往被剧情感动，不自觉地扮演了游戏中的角色。这比第一人称赤裸裸的代入来得更加细腻。

如果说《最终幻想 VI》在剧情上是 FF 系列的经典，那么《最终幻想 VII》则在视觉上有着划时代的意义。由于任天堂坚持使用高速但昂贵的卡带，并抵制对手系统所用的慢、便宜，但容量更大的光盘，这场和任天堂的争议导致了 Square 公司的转变。《最终幻想 VII》引入了 3D 图形并完全使用预渲染背景，而因转变为 3D，大容量的 CD-ROM 格式胜过卡带格式，开创了系列 3D 化的先河。

从《最终幻想 VII》起，该系列开始使用更逼真的视觉效果。因此担任系列一到六的画师天野喜孝，因受平台机能以及游戏质量等的限制，其狂放飘逸的画风在硬件条件局限的情况下，无法以 3D 计算机图形技术忠实再现，见图 8-03。而野村哲也写实风格的人物设定更适合《最终幻想 VII》项目的 3D 化，见图 8-04。

《最终幻想 VII》中的人物采用了高度写实的风格，但同时又保留了漫画人物唯美的形象。无论是人物、场景，还是武器依然

图 8-03　《最终幻想 IV》中天野喜孝设计的角色
图片来源：《最终幻想 IV》，开发者：SQUARE ENIX，发行日期：1991.07.19，发布平台：SFC。

图 8-04　《最终幻想 VII》中野村哲也设计的角色
图片来源：《最终幻想 VII》，开发者：SQUARE ENIX，发行日期：1997.01.31，发布平台：PS。

能明显地看到日式的欧美画法。游戏角色都有着苍白的皮肤，亦中亦西的五官，看起来像西方人同时又有着东方人的神韵。男生的脸部设计可以看到很多女性特征，男性女性化在日式漫画中也是一个主流的方向。尤其是男主角，比如《最终幻想 VII》中的克劳德（Cloud），塑料娃娃一般的脸上有着和女性一样的大眼睛，金色的发色和钢针一样炸开的发型似乎已经是日本动漫、游戏标志性的符号。而一些相对次要的男性角色（尤其是反面角色），

图 8-05 《最终幻想 VII：重制版》宣传图
图片来源：《最终幻想 VII：重制版》，开发者：SQUARE ENIX，发行日期：2020.04.10，发布平台：PS4、PS5、PC。

相对会画上细长的眼睛来区分，发色常采用深色。由于 3D 显示技术的限制，野村哲也采用了刚毅的线条表现头发，与之前天野喜孝设计的飘逸柔软的发型表现形式完全不同。硬质的头发和瓷感的脸部线条，似乎也更适合于野村哲也设计得更富于现代感的整个风格。《最终幻想 VII 重制版》（图 8-05）一改之前剑与魔法的欧式中世纪世界观，第一次采用了接近未来的设计，本作中不仅有汽车、飞机，游戏的世界中人们的生活也如同现实的世界，甚至高于现代世界的科技，最终创造了现代唯美的《最终幻想》系列。

《最终幻想 VII》在图形、游戏系统、音乐和情节上都是一个划时代转折性的作品，使日式角色扮演游戏在日本以外普及，并经常将其列在各种最佳游戏榜单的高位。如果说《最终幻想 VI》在一代玩家心中创造了一个完美神话，同时也宣告任天堂在上一个时代的终结。那么，《最终幻想 VII》的开始则是 PS 平台下新世代的开始。

3.Game Freak《宝可梦》系列游戏

如果说《最终幻想》系列在视觉上是最写实唯美的 JRPG 游戏，那么《宝可梦》系列就是将可爱发挥到极致的 RPG 游戏。《宝可梦》系列是一套由日本 Game Freak 开发，由日本任天堂株式会社于 1996 年推出的一款 Game Boy（任天堂所推出之掌上型游戏机）游戏，其后发展为跨越各界媒体的作品。宝可梦作品包括游戏、动画、漫画及相关产品，相信“皮卡丘”也是许多中国玩家很熟悉的动画形象。这套作品已成功打入全世界数十个国家，成为世界闻名的卡通形象和日本的国民动画。

以收集、育成为主题的游戏在该作发售前就已经存在。比如，1971 年至 1972 年推出的蒙面超人零食，附送收集卡，掀起一股收集的热潮。《宝可梦》就是利用了收集、养成、交换、对战四个简单的要素，成为风靡至今的游戏。

既然是收集，必定是让人爱不释手的东西。游戏制作人田尻智最初是受到《赛文・奥特曼》（8-06）动画中所出现的胶囊怪

图 8-06　《赛文・奥特曼》中的胶囊怪兽造型
图片来源：《赛文・奥特曼》，出品公司：圆谷株式会社，导演：圆谷英二，上映时间：1967.10.01。

图 8-07 《宝可梦绿宝石》角色造型
图片来源：《宝可梦绿宝石》，开发者：Game Freak，发行日期：2004.09.16，发布平台：Game Boy Advance。

兽启发。不同的是，他将面目狰狞、皮肤肌理感强烈，长着大眼睛小眼珠、散发强烈邪恶感的各种怪兽演变成了色彩鲜艳、有着无辜大眼睛的口袋怪兽。从上面两张图不难发现胶囊怪兽和宝可梦（图 8-07）有着相同的怪物元素，如犄角、爪子、长尾巴、獠牙等。在《宝可梦》中，设计师采用了明快有亲和力的色彩代替了泥土色系，既削弱了威胁感同时又起到赋予不同怪兽不同技能的作用；柔和的线条和简单的上色方法替代了《赛文·奥特曼》中怪物身体上生硬有力的线条和多层次仿真的色彩；缩小了犄角、弱化了爪子尖锐的部分；加大了眼睛在脸部的比例。这样的设计让小怪物们保持了怪兽的特征，又有了一副让大人和孩子都爱不释手的可爱面孔。

拿大家最熟悉的皮卡丘来说，见图8-08。矮胖浑圆的身形、亮黄色的皮毛、无辜的大眼睛、带着笑的兔形小嘴，脸颊上还有两块红点，可爱得像只黄色的小兔子，让玩家们爱不释手。然而，在战斗时，皮卡丘马上就变身成为一个刚毅的小战士，能变出闪电的尾巴，有着坚毅的眼神，本用来添加可爱指数的两个红点也成了小小的电气囊，会放出电来，可爱的外表下有着超强的战斗力。和《超级马里奥》一样，日本游戏的第一主角常常以浑

图 8-08　皮卡丘造型

图片来源：《宝可梦》，开发者：Game Freak，西田敦子，定案：杉森建。

圆矮小的身材、可爱的脸庞出现，似乎在告诉玩家们："虽然我个子小，但是可爱就是我的武器，千万别小看我哦。"

尽管《宝可梦》画面简单、情节幼稚、流程单调，但是它却凭借几百种外形各异、可爱而又不断进化的妖怪，不断升级的战斗技能牢牢抓住了全世界玩家们的心。

（三）欧美游戏艺术风格解析

相较于日本，同样有着成熟电子游戏产业的欧美国家却有着完全不同的电子游戏品味，迥异的两个风格让人不禁咋舌文化差异下玩家对游戏艺术需求的不同。

1. 游戏类型

或许是由于欧美文化中英雄主义的盛行，与很多电影主题一样，欧美地区的游戏类型明显带有力量崇拜的趋势。动作类、第一人称或第三人称射击类、运动类游戏在欧美国家大行其道，也被戏称“车枪球”世界。

2. 画面风格

鉴于有着先进的次世代制作技术，欧美游戏公司热衷推出超级写实风格的游戏，市场上 3A 大作之间的竞争几乎成了 3D 效果的比拼。经典之作有：《侠盗车手 5》（*GTA 5*）（图 8-09）、《使命召唤：幽灵》（*Call of Duty：Ghosts*）、《疯狂橄榄球》（*Madden NFL 25*）等游戏。它们各自属于不同类型的游戏：《侠盗车手 5》是动作类第三人称射击游戏、《使命召唤：幽灵》是第一人称射击游戏、《疯狂橄榄球》是运动类游戏。但是它们在画面风格上都有着共同的特点：写实。画面尽可能真实地还原人物的骨骼、肌肉，真实再现现实中的场景，没有花哨的色彩、注重光影表现，

图 8-09 《GTA5》游戏截图

图片来源：《GTA5》，开发者：Rockstar Games，发行日期：2013.09.17，首发平台：Xbox360、PS3，2015.04.14，发行平台：PC 。

图 8-10　《暗黑破坏神 3》游戏截图
图片来源：《暗黑破坏神 3》，开发者：暴雪娱乐，发行日期：2012.05.15，发布平台：PC、PS3、Xbox360。

旨在给玩家带来最大的视觉冲击力，让玩家更好地沉浸在游戏的快乐中。

除了写实类游戏，美国玩家对风格化的视觉表现方式也情有独钟。与日本不同的是，美国人的风格化并不等同于卡通化。拿大名鼎鼎的动作类角色扮演游戏《暗黑破坏神》(*Diablo*)（图 8-10）来说，游戏用晦暗、厚重的色调，精致细腻的哥特式画风，给玩家营造了一个“暗黑”的神秘世界。游戏中经典的场景表现让许多资深“暗黑”玩家印象深刻，石洞中阴暗的气氛、昏暗的照明，还有那群永远砍杀不完的骷髅兵。在人物设计方面，可以看到许多欧洲神话的视觉元素，设计师们拉长了角色的身躯比例，男性突出表现肌肉的张力，女性则在体现健美体魄的同时突出胸部和臀部的表现。无论是写实、还是风格化，欧美国家的游戏画面还是强调质感的体现，厚重、沉稳、色彩饱和度高，没有太夸张的变形和卡通化。力量是在游戏画面或主题中追求的终极目标。

（四）中国游戏艺术风格解析

由于国家政策的不同，国外的主机游戏设备在目前并没有得到广泛的普及，中国主机游戏产业才刚刚起步，加上国内强大的盗版业以及所形成的消费文化，导致中国的单机游戏一直发展缓慢。单机游戏在市场上的缺位，使得国产游戏在整体画面上无法施展国际顶尖的次世代技术。尽管近年来由游戏科学所开发的《黑神话：悟空》在系列宣传片推出后，为国产单机游戏的前景注入活力，但寥寥无几的数量还是不容乐观。其他如老牌 IP《仙剑奇侠传七》和《轩辕剑柒》尽管在画面上取得了很大的进步，但是其设计理念和制作水准依然无法达到国际一流的水准。

众所周知，客户端游戏和手机游戏是目前游戏市场的两大主要平台，据《2021 年中国游戏产业报告》中的数据显示，这两大平台的占比达到了游戏产业总收入的 98%。而由此发展的国产游戏，因为其技术平台的限制和众多复杂的文化因素，形成了当前具有本土气质的中国游戏特色。总的来说，目前的国产游戏在风格上可以大致分为三个走向：

1. 武侠和仙侠类

这一类游戏的风格，诞生自网络游戏风靡的时代，受到传统经典的欧美魔幻类游戏（如《魔兽世界》）的设计理念影响，结合本土的奇幻风格和传统武侠的设计元素，再融入这些年来颇具影响力的日韩审美文化，形成了辨识度较高的风格特色。

图 8-11　《剑侠情缘三》游戏截图
图片来源：《剑侠情缘三》，开发者：西山居，发行日期：2009.08.28，发布平台：PC。

武侠、仙侠类游戏由于主题类别的倾向，多以中国传统文化为设计背景，结合一些时尚元素，一般具有铺锦列绣的服饰、修长苗条的身材、线条柔和的脸型，加上夸张完美的五官等造型特色，且通常色彩搭配艳丽，动作华丽飘逸的同时略显矫揉造作。另外在游戏场景上，习惯将中式建筑、传统符号与欧式设计语言结合，以迎合市场追求奇观化的感官冲击，与东方意境相去甚远。

尽管从商业角度来说，这些游戏能够获得其相应受众的认同，但开发者往往在绘画和设计语言上缺乏创新意识，导致这一类游戏在风格上同质化严重，缺乏一定层次的艺术追求。

这一风格的代表作品有《逆水寒》、《剑侠情缘三》（8-11）、《王者荣耀》等。

2. 二次元类

二次元游戏是近些年来国内最为火爆的游戏主题倾向，主要受众是深受日本 ACG 文化影响的“95 后”和“00 后”。与传统的武侠、仙侠类游戏不同，二次元风格主要占据移动游戏市场，以更加轻质的游戏体验贴近年轻一代的日常生活。

顾名思义，二次元游戏在美术上与偏向厚涂和写实的欧美“三次元”风格形成巨大差距，通常以低龄化的少女形象为主要角色。国产二次元游戏继承了日式 ACG 的视觉语言，比如整体平面化、省略细节结构，着重五官的提炼和简化，加大甚至夸张双眼的比例等模式化的造型手段。由于国内二次元市场的繁荣，吸引了一大批优秀的二次元创作者，使得国产二次元游戏的美术品质相对较高，且受到本土文化的影响，形成了更加细腻与唯美的画风走向。

国产二次元的主题和游戏机制也深受日式游戏的影响，比如曾经引爆二次元市场的《阴阳师》直接以和风主题和日式回合制卡牌类机制为主要特色，受到二次元玩家的欢迎。随着科幻主题的火爆，《战双帕弥什》、《明日方舟》（图 8-12）等游戏也将二次元与科幻类剧情结合，拓展二次元游戏的内容。

目前，国产二次元游戏的顶峰当属米哈游科技（上海）有限公司发行的《原神》，凭借优质的游戏内容，在海外移动端获得上亿美元的收入，成为中国二次元走向世界的标杆。

但总的来说，目前二次元在造型和价值取向上有着自身的局限，且追根溯源还是基于日本的 ACG 文化，即便国产二次元加入了更多本土特色，但离真正形成中国特色的艺术风格还有很长的

图 8-12　《明日方舟》游戏截图

图片来源：《明日方舟》，开发者：鹰角网络，发行日期：2019.04.30，发布平台：iOS、安卓。

路要走。

3. 独立风格倾向

随着国内游戏市场的进一步成熟和游戏玩家素养的不断提高，国产游戏也在某些角落迸发出新的活力。这一领域目前相对小众，大多来自对游戏怀揣艺术理想的开发者。我们这里暂时将这一类游戏称为独立风格倾向。

独立风格倾向的游戏，无法用统一的风格来描述，但都具有与主流国产游戏差异化的审美倾向。如以明朝江南为题材的模拟经营游戏《江南百景图》（图 8-13），从中国古画中汲取灵感与绘画语言，结合经营类游戏的设计理念，形成自身独特的视觉风格。《绘真·妙笔千山》则对北宋名画《千里江山图》进行二次创作，通过高质量的三维化再现，为玩家带来新时代的青绿山水意境。《风来之国》则以独特的高细节像素风格，凸显国产独立游戏的创造力。

图 8-13 《江南百景图》游戏截图

图片来源：《江南百景图》，开发者：椰岛游戏，发行日期：2020.07.02，发布平台：iOS、安卓。

必须承认的是，以上对于国产游戏的艺术分类主要还是将视野集中在主流的游戏上，因而并不完善。事实上，这些游戏风格也都互相影响和流动，无法严谨地分割。但通过这样简单的梳理，我们也得以看到国产游戏目前在艺术创作上的不足。其中最为核心的问题当属游戏的商业属性和艺术表达之间的矛盾。但我们也应该乐观地看到，随着越来越多具有独特艺术能量的国产游戏问世，这一矛盾已经在由不断进步的社会生产力所带来的日常生活的审美化趋势下被逐渐消弭。

（五）总结

日本玩家对角色扮演类游戏有着疯狂的偏执，害羞内向的个性或许就是日本玩家喜欢在日式角色扮演类游戏层层推进的故事情节中慢慢享受这种独特的情感体验，按照自己的步调、不打扰到别人也不被打扰、慢慢地去享受一款游戏。日本游戏讲求的是来之不易的成就感和在胜利途中的情感体验，对他们来说游戏的过程更加重要。

如果说日本玩家是感性的，那么欧美国家的玩家要的则是赤裸裸的感官刺激，游戏中处处体现出强烈的力量展现欲。一枪毙命的射击游戏、模拟运动游戏都需要高科技模拟的真实场景带来畅快的体验感。

视觉上，欧美游戏追求真实、厚重、沉稳的画面，无论是虚拟现实、卡通，还是艺术风格化都不会背离现实的形象太远。而日本游戏则相反，或是极度卡通化的人物角色、抽象可爱的小怪兽，或是完美到无可挑剔的故事主角，总是在给玩家建造一个完全跟现实不同的虚幻世界。

多年来，全世界的游戏消费逐渐倾向欧美市场，曾经有着辉煌历史的日本游戏也一度走向衰弱。很多人将这一现象归咎于本土公司在游戏上一些墨守成规的坚持，认为他们没有跟上市场的需求，导致了当时的败落。然而2017年Switch的横空出世，以及《塞尔达：荒野之息》和《超级马里奥：奥德赛》这些佳作带来的销售与口碑奇迹，标志着任天堂追求纯粹游戏这一理念的胜利。

有自己的坚持和风格是件值得敬佩的事，无论如何当初日本游戏的崛起是因为这份坚持。至今，《宝可梦XY》依然能受到来自全球玩家的喜爱。根据任天堂的调查，截至2021年9月末，该游戏在全球共卖出1653万份，成为3DS游戏销量榜单的第2位。[3]

3 数据来源：任天堂官方站，网址：https://www.ntendo.co.jp/ir/finance/tware/3ds.html.

回头来看看国产游戏，正在起步的阶段尽管有诸多不顺，但是它仍在一步步往前走。中国电子游戏市场还不成熟，和音乐市场一样，玩家们没有像欧美国家的玩家、日本玩家一样有着在游戏中付钱消费的习惯。所以，国内游戏通常在玩家消费装备上收费，或者按时、按月收费。国内游戏的设计者，不仅仅要考虑让玩家更好地沉浸在游戏中，还要费尽心思思考在什么样的环节能赚到玩家的钱。所以，能做的只有千方百计地迎合玩家的口味，以至于限制了设计者们在电子游戏艺术上的思路。在欧美国家和日本，玩家选择一款游戏可能是因为它精美的画面、风格、玩法甚至是音乐。然而在中国，玩家加入游戏的初衷有可能只是因为游戏免费而用来打发时间。这样就导致很多网游成了包容多种游戏类型的综合性游戏，在艺术上也是采用各家游戏风格相结合的特点，以调和中国玩家不同的口味和需求。

欧美国家、日本的电子游戏有着各自的风格和艺术追求，没有好坏，只是不同。与其刻意迎合市场，不如认真学习反思，踏实用心地做出世界通用的“好玩”。日本也好，欧美国家也好，中国也好，“有趣”才是人们进入游戏最质朴最初始的动力。

第九章
国内游戏的未来展望

当我们对电子游戏中的艺术形式从各个角度进行了一番研究探讨之后，却不难发现一个令人尴尬又不得不正视的事实：我们在研究中所提及的具备优秀艺术表现力的游戏作品，大部分来自国外市场。这无法归咎于国产游戏在数量上的缺失，因为随着这些年国家宏观政策的调整与PC、网络、移动平台的普及，国产游戏在基于网络的客户端、移动平台以及网页的游戏产品呈现出一派欣欣向荣的繁荣景象，甚至出口海外的规模也在不断增长。根据《2021年中国游戏产业报告》，中国自主研发游戏国内市场销售收入达到2558.19亿元人民币（图9-01），比2014年增加了3.5倍多，已然成为国家最为重要的娱乐产业之一。[1]

当然，我们也关注到众多的国产游戏作品中不乏优秀的作品，在可玩性和用户体验方面已然取得了相当不错的成就，但我们依然难以用艺术的眼光来审视这些作品。在短期商业化利益的驱使

《2021中国游戏产业报》，2021年度中国游产业年会，广州黄埔。

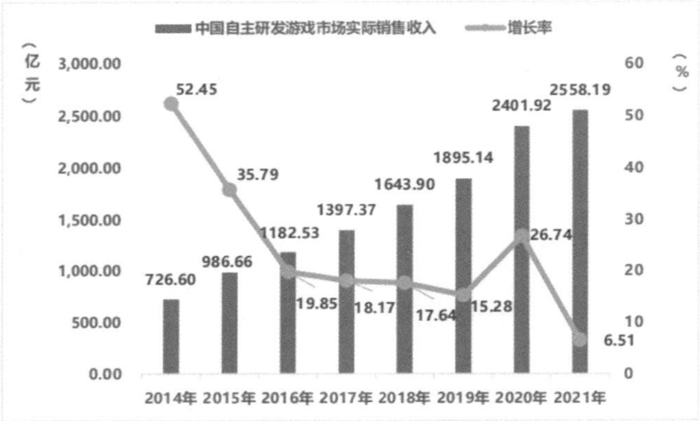

图 9-01　中国自主研发游戏国内市场实际销售收入及增长率
图片来源：《2021 中国游戏产业报告》，2021 年度中国游戏产业年会，广州黄埔。

下，很多国产游戏无论是技术还是视听呈现都缺乏一定的创新精神，在主题内容上也多以低级趣味的审美品位吸引玩家，难以在整体上形成优秀的艺术氛围。关于国产游戏在艺术追求上的缺失，我们在“电子游戏美学的地域性”这一篇章中已有所思考。而随着国家政策的进一步放宽，主机市场的开放以及业界创新意识的反思，再加上消费领域的意愿与能力的双轮驱动，在这里，我们不妨以乐观而又审慎的态度来对国产游戏的未来做出一些具有现实意义的畅想。接下来，我们将从技术、艺术、人才培养以及受众引导这几个方向对国产游戏的愿景进行论述。

（一）技术展望：学习借鉴

不可否认，国内游戏的技术研发水准远落后于欧美国家、日本等发达国家，从游戏硬件设计、软件开发到人机交互等领域的研究，我们都缺乏重要的创新产品。这样的差距，时刻警醒我们必须提高相应的学习和借鉴能力，以诚恳的态度谋取游戏技术的发展。

在硬件平台上，国际上一些划时代的 VR、AR 产品不断引爆着人们的眼球。

比如 2013 年的谷歌眼镜（Google Project Glass），具有和智能手机一样的功能，可以通过声音控制拍照、视频通话和辨明方向，以及上网冲浪、处理文字信息和电子邮件等。尽管因为价格与用户体验等综合原因没有获得商业上的成功，但却将这一类 AR 产品的概念推向大众。尽管就目前而言这个领域由于技术与创作内容的局限性，依然相对小众，但未来这一类可穿戴式的 AR 移动平台必将对人们的日常生活产生不亚于智能手机当年所带来的巨大影响。

与此相比，VR 设备显然有更多令人瞩目的突破。随着更加舒适的体验模式和更加低廉的价格，VR 游戏市场正逐步打开，更多与之配套的设备也得到不断拓展。比如美国 Virtuix 公司出品 Virtuix Omni 万向跑步机，可以将人的方位、速率和里程数据全部记录下来并传输到游戏当中，在虚拟世界中做出对现实反应的真实模拟，使人们能够在现实中 360 度地控制游戏角色的行走和运动。再如 bHaptics 公司的触觉体感背心与护腕也为玩家带来更加真实的沉浸感。

在其他领域、比如目前尚未普及的裸眼 3D 技术也正日益成熟。这类技术利用人眼具有视差的特性，在不需要任何辅助设备（如

3D眼镜、头盔等）的情况下，即可获得具有空间、深度的逼真立体影像。

目前，这些处于科技前沿的技术对于家用环境与游戏应用来说并不完善，但却势必会在不远的未来得到更大程度的普及，尤其是目前对游戏来说更具应用价值的VR技术。届时，游戏产品主流的操作方式和制作流程也必然会受到巨大的影响，这些虚拟实境的技术发展前景巨大，具有重要的商业战略意义。在巨大的商业利益以及国家对新兴技术的扶持下，国内各大企业也在不断关注这些前沿的科技产品，并通过不断地借鉴学习，自主研发制作更适合我国国情的本土和低价的产品，因此我们也不难看到国产游戏硬件乐观的发展前景。

在游戏的开发软件上，借由跨平台、低成本的优势，商业游戏引擎Unity 3D和Unreal将会继续占据主要的市场。但随着国内游戏产业的不断壮大，资金雄厚的游戏企业以自主研发游戏引擎的模式解决特性化的需求方案也是很好的积累企业核心资本的发展道路。完美时空的Angelica 3D、网易不鸣的“混沌”引擎等自主研发案例，便是我们可以预见的技术方向。

而随着移动平台的持续升温，游戏领域的进入门槛不断降低，一些更加便捷化的轻量级游戏引擎也成为行业的需求方向，包括一些更加方便实用的美术制作软件，以及引擎自身在美术资源可编辑性上傻瓜式的兼容并包功能。对一些小团队来说，一方面可以减轻核心技术的研发压力，另一方面则可以将创作的重点放在游戏的玩法以及美术等内容的制作上，用低成本的方式在技术上解放游戏创意，鼓励新鲜有趣的想法，为移动平台游戏的繁荣创造良好的技术环境。

在人机交互方面，人工智能的研发对游戏的艺术表现与情感体验具有重要的意义。在这一基础上，语音互动技术的不断成熟，也将在游戏操作体验上带给玩家更加直接和自然的人机交流方式。2013年美国科幻电影《她》就是对这一技术进行了丰富的畅想。苹果的Siri系统和微软的小冰等现已上市的产品也预示着这样的游戏方式必将成为现实。在我国尽管人工智能研究起步较晚，但在这一领域的研发热情却随着国家的富强不断高涨，相信在游戏产业快速增长的环境背景下，AI领域与游戏结合的模式也可能为国产游戏的产品内容获得重大突破。

（二）艺术展望：突破创新

与技术领域相比，国产游戏在艺术上则具备更多的创新潜力。尽管现阶段国产游戏的形式单一，同质化状况严重，整体艺术水准与国外差距明显。但随着国家政策的进一步开放，国内游戏企业经验累积与资金投入的不断增长，消费群体整体品位的提升与消费习惯的改变，以及各大高校相关专业的人才培养，成为国产游戏在艺术上突破创新的利好因素。

首先在主题上，国产游戏应该突破既有的僵化思路，以国际化的视野开拓更多的游戏主题。在大量的游戏作品中，我们看到很多围绕和展现“中国美学”的主题内容。这固然是出于市场的考虑，从而追求更多用户的文化认同感。然而这些作品大多都是以架空历史的形式，在较浅的层面上对一些中国的传统元素进行过度的包装。同时整体的主题倾向缺乏对中国当代发展的折射和社会现实的反映，由此产生的文化隔阂使得国产游戏难以踏出国门。因此在未来的国产游戏发展上，应该不断打开题材上的自我限制，科幻、魔幻、现实等都应被纳入创作的视野中。这样的目的并不是刻意在主题上弱化中国特色，而是以更深入的方式去传达中国式的理念，成为真正的文化输出重地。2020 年发售的《原神》成为为数不多的能够在海外市场大获成功的大型国产游戏，很大程度上也得益于其国际化的审美主题。

与此同时，近些年来国外游戏尤其是单机游戏中，从大制作的 3A 游戏到颇具实验性质的小型独立游戏，优秀剧情不断涌现，游戏叙事能力显著提高。我们应该积极研究并吸收这些游戏的剧本创作技巧，改变单一刻板的创作思路，增加更多细腻精巧的情节设计与人物的性格塑造，一方面可以继续保持宏大的史诗级背景架构，而另一方面也需要重视对人性的思考以及现实社会的反思。尤其是曾经辉煌一时的国产单机版游戏，尽管盗版问题对其造成不小的危害，但其自身十多年来没有进步的剧情套路设计也是其式微的重要原因。如 2020 年上市的《轩辕剑七》带给玩家的失望就值得我们反思。

在美术上，国产游戏同质化的视觉呈现和格调不高的设计倾向也将随着受众群体的素质提升而有所改变。在游戏题材视野不断放宽的前提下，以及游戏平台多样化的逐渐普及，国产游戏在美术上也必将会打破现阶段墨守成规的局面，硬派严谨的写实风格以及轻松活泼的抽象造型，都将是视觉表现上的突破方向。比如以 3A 品质为制作目标的传统西游类主题《黑神话：悟空》在 2020 年的预告片中，凭借着国际顶尖水准的次世代美术风格惊艳了国内玩家，也极大地增强了国产单机游戏品类的制作信心。同时，随着国产电影、动画市场的不断成熟，电影、动画与游戏之间在艺术造型和视听呈现上的互相吸收、借鉴也是游戏艺术发展的重要手段。

另外，国产游戏虽然在网络和移动平台获得了良好的商业回报，但游戏机制从艺术的角度并没有获得独创性的突破，更多的也只是在原有的基础上墨守成规或者对同类游戏进行借鉴甚至直接抄袭。与此同时国外一些优秀的游戏不断在玩法上带给我们新的启示，尤其是通过游戏性与叙事的完美结合，使得作品在互动体验上爆发出强大的能量，凭借着高水准的游戏艺术品质吸引玩家。如备受赞誉的 iOS 独立游戏《Bad Land》，以其精美绝伦的画面和音效设计，结合物理机制的创新型玩法，把玩家带入一个充满刺激的冒险世界。当然我们也能看到，随着技术能力以及审美水平的提升，一些国内独立游戏开发者也将关注重点放在研究新的玩法与表现形式而非短期的商业利益上，国产游戏作品也越来越多地呈现出游戏艺术的雏形。如 2021 年国产解谜类游戏《烟火》（图 9-02），虽然在游戏机制上的突破较小，但是它在一些段落成功地将叙事与玩法结合，给玩家带来颇具水准的交互情感体验。

图 9-02 《烟火》游戏截图
图片来源：《烟火》，开发者：拾英工作室，发行日：2021.02.04，发行平台：PC。

（三）人才培养：跨学科综合性

众所周知，人才是体现核心竞争力的重要因素，尤其是具备创新能力的人才更是构建核心竞争力的必要条件。现阶段中国并不缺乏专职化的游戏人才，据 2019 年初的统计，2018 年中国游戏从业人员就已达到 145 万余人。国内多年的游戏外包市场也为游戏人才的专职化培养提供了良好的环境条件。然而娴熟的专职化倾向并没有为国产游戏带来更多的创新能力，国外版权的滥用和行业内的互相抄袭成为主要的开发模式，这一方面是由于游戏开发商急功近利的短视，但另一方面，游戏作为跨学科的门类，需要的是将游戏整体作为创作目标，兼具技术和艺术的综合性人才，而这一类型的人才储备正是我国长期文理分科等国情影响下所大量缺乏的。

因而，在游戏人才培养方面，未来应该有三个方向的考虑。

首先，高等学校必须打破传统的专业性人才培养模式，建立起与跨学科人才培养相配套的教学管理制度。目前，开设动漫游戏专业的学校日益增多，但在培养目标上还是多以专业性为主，技术与艺术之间仍然存在一条鸿沟。但随着先进教学理念的不断融入，与行业沟通的加强，以及一些高校教师自身水平的提高，综合性的游戏人才培养必定会建立起规范化的模式，从而为游戏行业输送更具创新力的核心力量。

而专职化的人才培训，尤其是一些入行要求相对较低的专业，则应交由专科院校、社会培训机构以及企业内部培养。从而能够更加灵活的、以适应市场需求的高效模式，为游戏行业提供更具专业素养的技术型游戏人才队伍。

与此同时，我们也应该明白，仅在大专院校设置游戏专业是远远不够的。游戏所涉及的知识与创造领域具有较强的综合性，而对于跨学科多领域的能力培养不是高等教育就能够解决的。早在基础教育阶段，就应该注重引导和启发理性与感性的综合培养模式。当然，我们也欣喜地看到国家新课程改革的推进，文理分科制度正被逐渐取消。而在充斥着游戏与网络环境中成长的新一代，他们对于游戏的理解，结合更加开放的观念与完善的知识结构，必将会成为我国游戏行业最具创新力的人才梯队。

（四）受众引导：商业利益下的良性循环

游戏的发展也离不开作为游戏主体的玩家。目前，中国已经成为游戏消费的大国。据统计，2021 年，我国游戏市场用户保持稳定增长，用户规模达 6.66 亿人（图 9-03）。[2] 面对如此大规模的受众群，且其中绝大部分是青少年群体，游戏厂商应具备一定的社会责任感，同时结合长期商业利益的考虑，本着良性循环的目的重视游戏受众的引导。

目前，游戏在国内继续存在着被妖魔化的现象，尤其是因为青少年的网瘾问题而备受质疑。一方面，社会应该多从心理、家庭等角度出发去分析其深层次的问题，而不是一味抵制游戏媒介；但另一方面，一些国产游戏中涉及大量的色情暴力、变相诱导沉迷和过度消费也是不争的事实。而游戏的情感表达以及寓教于乐的潜能，却通常因为游戏开发商的短视被忽视。因此，国家在政策上应该出台更适合我国国情的游戏分级制度，利用法律法规保护未成年人的身心健康，而国产游戏也应该积极推动健康向上的主题内容，为青少年群体带来本土文化自信与民族文化传承，正确引导青少年的主流价值观。

另外，随着移动平台的普及，游戏用户从早期以年轻男性为主的单一化群体模式，向各个年龄、阶层和性别受众扩散。尤其是迅速增长的女性用户，更是游戏创作者需要重点考虑的目标群体，游戏的玩法以及表现形式都应该有更具针对性的设计理念。

此外，在消费习惯上，也应该注重良性循环的引导。目前国内游戏市场盗版猖獗，国内外各平台的单机游戏都遭受过盗版的命运。长期的盗版环境使得国内玩家养成了免费游戏的习惯，一些网络游戏的免费模式成为国产游戏的成功之道，但其中道具等收费模式，却使游戏的公平性遭到一定程度的破坏，降低了游戏

2.《2021 中国游戏产业告》，2021 年度中国戏产业年会，广州黄埔

图 9-03　中国游戏用户规模及增长率

图片来源：《2021 中国游戏产业报告》，2021 年度中国游戏产业年会，广州黄埔。

的核心竞争力——可玩性。因此，难以兼顾公平性和可玩性的免费模式并不一定是好的长期盈利模式。同时，在短期利益的驱动下，国产游戏的艺术表现力也缺乏创新意识，互相抄袭也成为业内尴尬的现实。这些都急需国家进一步加强知识产权保护，建立严苛的防盗版机制。

而随着用户消费意愿和消费能力的增长，搭建适应国情的游戏发布平台也是培养良好消费习惯的可持续手段。移动平台中苹果的 App store 和安卓的 Google play 自然是很好的借鉴对象。而对于单机游戏来说，PC 平台是未来的重要战略要地，国外 Steam 平台的成功就为我们提供了乐观的参考案例。而随着主机市场的开放，一个跨平台的游戏发布机制也亟待建立，由此才能更好地解决盗版问题，为国产游戏提供良好的发展环境，从而提高国产游戏的整体艺术水平和创新能力。